Cómo Vencer la Ansiedad en 30 Días: Método Natural y Efectivo:

Técnicas de Relajación, Reducción de Estrés y Superación de la Ansiedad para Mejorar tu Salud Mental y Bienestar Emocional

Table of Contents

Table of Contents 2
Introducción 7
Capítulo uno: Manipulación emocional 22
Capítulo 2: Técnicas de manipulación encubierta 34
Capítulo 3: Técnicas de manipulación de la PNL 48
Capítulo 4: Persuadir e influir en las personas 58
Capítulo 5: Cómo abordar la manipulación en las relaciones 80
Capítulo 6: La manipulación de la opinión pública como orador 88
Capítulo 7: Manipulación con Small-Talk 93
Conclusión: 114
Introducción 119
Capítulo 1: Ira 121
Capítulo 2: Causas de la Ira 133
Capítulo 3: Signos y Síntomas de Problemas Relacionados con la Ira 143
Capítulo 4: Los Costos de la Ira 151
Capítulo 5: Ira y Salud Mental 158
Capítulo 6: La decisión de gestionar la ira 166
Capítulo 7: Pasos para Manejar la Ira de Manera Efectiva 177
Capítulo 8: Manejo de la Ira y Comunicación 190
Capítulo 9: Seleccionando un Programa de Manejo de la Ira ... 194
Capítulo 10: El Uso de Técnicas de Manejo de la Ira: Reuniéndolas 212
Capítulo 11: Recaídas y Tratamiento de la Ira 217
.... 223
Capítulo 13: Resumen de Técnicas de Manejo de la Ira 226

Conclusión 233

© Copyright 2025 por Robert Clear - Todos los derechos reservados. 236

Capítulo Uno: ¿Qué es la Autodisciplina? 240

Capítulo Dos: Formas Poderosas de Comenzar a Apilar Hábitos 242

Capítulo Tres: Estrategias Probadas y Comprobadas para Construir y Mantener Hábitos Poderosos 253

Capítulo Cuatro: Ganando el Juego de la Gestión del Tiempo ... 261

Capítulo Cinco: Dominando Hábitos Positivos 278

Capítulo Seis: Construye tu Red y Relaciones 288

Capítulo Siete: ¿Obstáculos u Oportunidades? 293

Capítulo Ocho: Ejercicio Diario y Salud 298

Capítulo Nueve: ¿Por qué reinventar la rueda? 304

Capítulo Diez: Consigue un Mentor 313

Capítulo Once: Mantén un Enfoque Proactivo, No Reactivo 328

Capítulo Doce: Desarrolla tu músculo de perseverancia 338

Técnicas Secretas de Manipulación:

Las 7 técnicas más poderosas para influir en la gente, persuasión, control mental, lectura de personas, PNL. Cómo analizar a las personas y el lenguaje corporal.

Copyright 2025 por CHASECHECK LTD - Todos los derechos reservados.

Este libro se ofrece con el único propósito de proporcionar información relevante sobre un tema específico para el que se han hecho todos los esfuerzos razonables para garantizar que sea preciso y razonable. No obstante, al comprar este libro, usted acepta que el autor y el editor no son en absoluto expertos en los temas que contiene, independientemente de las afirmaciones que puedan hacerse al respecto. Por lo tanto, cualquier sugerencia o recomendación que se haga en este libro se hace con fines de entretenimiento. Se recomienda consultar siempre a un profesional antes de poner en práctica cualquiera de los consejos o técnicas que se exponen.

Se trata de una declaración jurídicamente vinculante que es considerada válida y justa tanto por el Comité de la Asociación de Editores como por el Colegio de Abogados de Estados Unidos y que debe considerarse jurídicamente vinculante dentro de este país.

La reproducción, transmisión y duplicación de cualquiera de los contenidos aquí encontrados, incluyendo cualquier información específica o ampliada, se realizará como un acto ilegal independientemente de la forma final que adopte la información. Esto incluye las versiones copiadas de la obra, tanto físicas como digitales y de audio, a menos que se cuente con el consentimiento expreso de la Editorial. Quedan reservados todos los derechos adicionales.

Además, la información que se encuentra en las páginas que se describen a continuación se considerará exacta y veraz a la hora de relatar los hechos. Por lo tanto, cualquier uso, correcto o incorrecto, de la información proporcionada dejará al editor libre de responsabilidad en cuanto a las acciones realizadas fuera de su ámbito directo. En cualquier caso, no hay ninguna situación en la que el autor original o la editorial puedan ser considerados responsables de ninguna manera por cualquier daño o dificultad que pueda resultar de cualquier información discutida aquí.

Además, la información contenida en las páginas siguientes tiene únicamente fines informativos, por lo que debe considerarse universal. Como corresponde a su naturaleza, se presenta sin garantía de su validez prolongada ni de su calidad provisional. Las marcas comerciales que se mencionan se hacen sin el consentimiento por escrito y no pueden considerarse en ningún caso un respaldo del titular de la marca.

Introducción

Alguna vez se ha preguntado cómo algunas personas pueden conseguir que otras hagan lo que ellas quieren, independientemente de que la otra persona quiera hacerlo o no. Existe una cualidad tácita casi hipnótica que hace que las personas realicen la acción deseada. Pueden ser sus palabras, su lenguaje corporal, su voz, sus estrategias furtivas o una combinación de todas ellas. El resultado final es que siempre tienen a la gente comiendo de sus manos y haciendo lo que quieren. Aunque todos hemos manipulado a la gente de una forma u otra en distintos grados a lo largo de nuestra vida, algunas personas dominan el arte de manipular, influir y persuadir a la gente para que realice la acción deseada.

Aunque las cosas parezcan de color de rosa y bonitas por fuera, incluso con una crianza ideal, una gran educación y una carrera estelar, todos hemos sido víctimas de tácticas desagradables utilizadas por personas para salirse con la suya aprovechándose de nuestros sentimientos, nuestra autoestima y nuestras emociones. Todos hemos formado parte de relaciones manipuladoras en las que los hilos de nuestros sentimientos y emociones eran controlados hábilmente por otra persona para satisfacer sus necesidades.

Aunque los seres humanos en general prosperan con el amor, la bondad y la gratitud, no se puede negar que es una especie egocéntrica. Sí, somos egoístas por naturaleza. Aunque no creas que ser egoísta o servicial es un rasgo negativo. ¿Por qué no habríamos de pensar en nosotros mismos? Sin embargo, algunas personas llevan este egocentrismo demasiado lejos. En su intento de satisfacer sus necesidades, pisotean los sentimientos y las emociones de los demás.

Cuando la gente empieza a recurrir a técnicas intencionadas, calculadas y astutas para salirse con la suya es lo que la convierte en malvada. La intensidad de esto puede variar de una persona a otra dependiendo de su crianza, entorno, personalidad, experiencias, educación y varios otros factores.

Todos somos culpables de utilizar la manipulación en algún momento, a menudo sin darnos cuenta. Del mismo modo, a menudo somos manipulados por personas cercanas a nosotros sin darnos cuenta de que estamos siendo víctimas de la manipulación. Y esto es precisamente lo que la hace tan siniestra e insidiosa. Nos hacen pensar, sentir y actuar de una manera determinada para satisfacer la necesidad de otra persona sin tener en cuenta nuestras emociones.

Por ejemplo, puede que le hagan sentir culpable por trabajar duro o por dedicar muchas horas al trabajo, aunque lo haga para construir un futuro para sus seres queridos. O le harán sentir que es una persona irresponsable por tomarse un descanso de las tareas domésticas y soltarse la melena con los amigos.

La cruda realidad de la manipulación es que se origina en personas que están lidiando con problemas relacionados con la seguridad, la autoconfianza y la comodidad. Intentan forzar su suerte en un intento de sujetar a otras personas por miedo a perderlas. Los manipuladores actúan desde un profundo sentimiento de inseguridad. Irónicamente, no se dan cuenta de que, en su intento de controlar a las personas por miedo a perderlas, acaban haciendo precisamente eso. Perder a la gente.

Otras veces, los manipuladores simplemente se aprovechan de la gente para servir a sus propósitos egoístas y degolladores. Son fríos, calculadores y despiadados en sus actos. No tienen en cuenta los sentimientos y las emociones de sus víctimas. Según ellos, el mundo es un "perro come perro", y para sobrevivir creen que tienen que utilizar a otras personas.

Los manipuladores operan con el punto de vista de que tienen que alcanzar su fin por cualquier medio que sea, y si eso acaba perjudicando a algunas personas en el camino, que así sea. Son personas a las que hay que vigilar activamente y evitar.

El propósito de este libro es que conozcas los trucos furtivos que la gente utiliza para manipular a los demás. Pretende descubrir cómo la gente utiliza la manipulación emocional, el control mental y la persuasión para satisfacer sus propias necesidades.

Cuando es capaz de identificar las técnicas manipuladoras inteligentes, le resulta más fácil protegerse de ellas. Aprenderá a leer las señales de advertencia de la manipulación y a utilizar técnicas prácticas para salvaguardar sus emociones y su confianza en sí mismo, logrando así una completa inmunidad contra las tácticas astutas de la gente.

La manipulación es muy diferente de la persuasión. Mientras que la persuasión otorga a la otra persona el derecho a elegir su respuesta a una situación concreta, la manipulación sí da a la víctima el derecho a elegir. La manipulación sólo tiene un camino: el que el manipulador quiere que tomes. Sólo hay una "elección correcta": la elección del manipulador. No hay ninguna consideración o preocupación por sus deseos, elecciones y emociones. Pagarás con el infierno si no eliges la opción que ellos quieren que elijas.

Las tácticas típicas de manipulación incluyen

-Quejándose

-Víctima del juego

-Inducción de la culpa

-Comparando

-Ofrecer excusas y racionalizar

-Soberbia ignorancia

-Chantaje emocional

-Evasión

-Demostrar una falsa preocupación

-Subir a la gente

-Culpar a los demás y utilizar defensas del tipo "¿quién soy yo?

-Mentira

-Negando

-Falsos halagos

-Intimidación

-Dar la ilusión del desinterés

-Vergüenza

- Utilizar las técnicas de entrada en la puerta

y más

¿Se ha preguntado alguna vez cómo algunas personas pueden conseguir que otras hagan exactamente lo que quieren? ¿O cómo consiguen un gran número de seguidores que están más que dispuestos a estar de acuerdo con ellos o a seguir sus instrucciones? ¿Cuáles son las habilidades vitales secretas que estas personas utilizan en el mundo real para influir en la gente y conseguir que acepten cosas?

Dominar el fino arte de ganar e influir en la gente es una ventaja para la vida. Le permite sacar lo mejor de los demás, los anima a ver las cosas desde su perspectiva y, en última instancia, les ayuda a hacer exactamente lo que usted quiere.

Es importante entender que ninguna de las técnicas descritas en el libro entra dentro de las estrategias del arte oscuro de persuadir a la gente. Influir en la gente no consiste en destruir su autoestima para sentirse bien consigo mismo.

Al contrario, se trata de construirlos animándolos e inspirándolos. Existen múltiples estrategias psicológicas para influir en las personas sin que se sientan mal consigo mismas. Adoptamos un enfoque enormemente positivo y constructivo cuando se trata de ser un increíble influenciador y de influir en las personas en la dirección correcta.

¿Se pregunta por qué algunos influencers inspiran a un grupo de seguidores que se desviven por complacerles mientras que otros apenas consiguen que la gente reconozca sus instrucciones? Se trata de crear una conexión que impulse a la gente en la dirección correcta. Por mucho que los escritores de psicología pop no quieran que lo creas, influir en la gente es más que un montón de trucos psicológicos. Se trata de profundizar en las emociones de las personas, en su subconsciente y en sus motivaciones más imperiosas.

Según una leyenda que circula, Benjamín Franklin quiso una vez complacer a un hombre que no le gustaba mucho. Se adelantó y le pidió al hombre que le prestara (a Franklin) una rara publicación. Cuando Franklin la recibió, le dio las gracias amablemente. El resultado: los dos se hicieron grandes amigos.

En palabras de Franklin, "Aquel que ha hecho una vez una

amabilidad estará más dispuesto a hacer otra que aquel a quien tú mismo has obligado". Actos aparentemente pequeños como (dar las gracias o ser amable) llegan muy lejos a la hora de forjar lazos en los que la gente le quiera de verdad y le escuche.

¿Ha oído hablar de la hipnosis conversacional? El término ha cobrado mucha fuerza recientemente y no es más que una serie de técnicas utilizadas para influir inconscientemente en el comportamiento de un individuo o grupo de tal manera que crean que su opinión ha cambiado con su propia voluntad.

Por supuesto, esta área de persuasión/influencia en las personas cae en la zona gris. Influir en las personas haciéndoles creer que es por su voluntad puede ser engañoso. Cada persona debe determinar si quiere utilizar estos trucos de forma ética o no. Sin embargo, hay un montón de técnicas probadas de sombrero blanco para empezar a hablar y comportarse de una manera que haga que la gente se siente y tome nota.

La comunicación eficaz es la base de sus encuentros personales y profesionales. Las palabras, las acciones y los gestos que utiliza para conectar con la gente les ayudan a entenderle y le facilitan influir en sus acciones a su favor.

Influir sutilmente en la gente consiste en ser un comunicador poderoso, un influenciador carismático y un individuo persuasivo. Hay montones de maneras de conseguir que la gente esté de acuerdo contigo sin ser argumentativo o negativo. Este libro le dice cómo hacerlo. Le ayuda a entender cómo reaccionan las personas ante diferentes estímulos, qué los lleva a hacer lo que hacen y cómo animarles/inspirarles de forma positiva. Empecemos ahora mismo.

Ahora que eres bastante competente en la identificación de tácticas de manipulación emocional y encubierta, vamos a entender qué lleva a las personas a manipular a los demás. Esto puede ayudarle a tratar con ellos de forma más eficiente.

Todos hemos sido víctimas de todo tipo de cosas, desde la mentira patológica, pasando por hacernos sentir inadecuados, hasta sufrir horribles campañas de desprestigio. Están más allá de las normas razonables de comportamiento humano. ¿Qué hace que las personas se conviertan en siniestros manipuladores? ¿Qué lleva a los manipuladores a utilizar las tácticas que utilizan? ¿Qué los lleva a desafiar las normas de comportamiento humano y a recurrir a técnicas turbias para salirse con la suya?

La manipulación es un arma de doble filo con connotaciones en gran medida negativas. Sin embargo, en determinadas circunstancias, también puede utilizarse para cumplir un propósito final positivo cuando ninguna otra táctica directa resulta eficaz. Este manual de manipulación no sólo le proporcionará un tesoro de consejos de manipulación y persuasión, sino también consejos para tratar con los manipuladores en la vida diaria y, especialmente, en las relaciones interpersonales. He adoptado una visión global de la manipulación como un martillo que puede usarse para destruir cosas o para golpear un clavo en la pared. Piense en ella como una herramienta poderosa: puede utilizarla para construir algo o para destruirlo. La forma de utilizar la manipulación está en sus manos. Mientras que, por un lado, se le ofrecen un montón de técnicas de manipulación para influir en la gente, por otro, hay consejos para salvaguardarle de la manipulación siniestra o negativa.

Siga leyendo para conocer más a fondo lo que hace que las personas manipulen a los demás de una forma que nunca imaginaría.

¿Por qué la gente manipula?

Los manipuladores viven constantemente bajo el miedo y la inseguridad. ¿Y si esto no sucede? ¿Y si mi pareja me deja por otra persona? ¿Y si alguien se impone sobre mí? Quieren ganar y controlar todo el tiempo para combatir una sensación inherente de miedo.

¿De dónde surge este miedo? Tiene su origen en un profundo sentimiento de indignidad. Esto se traduce simplemente en que ciertamente no soy digno de las cosas y personas buenas de la vida, por lo que estas cosas y personas me abandonarán. Para evitar que me abandonen, debo recurrir a algunas técnicas solapadas que me den el control absoluto sobre las personas y las cosas que creo que no merezco. En resumen, el mensaje subyacente es: ¡no me merezco o no soy digno de las personas y las cosas!

Miedo

¿Por qué una persona utiliza la manipulación para cumplir con su propia agenda? Simple, ¡miedo!

Es obvio que los manipuladores temen que nunca podrán obtener el resultado deseado con sus propias habilidades. Que si actúan con ética, la gente y la vida no les recompensarán positivamente. Operan desde el punto de vista de que la gente es la vida y la gente está posicionada en su contra. Los manipuladores temen a todo el mundo como su enemigo y creen que la vida no les será necesariamente favorable si actúan favorablemente.

Tienen miedo de que los recursos sean limitados y de que, si no ganan algo, lo hagan otros. Piensan que es un universo de "perro come perro" en el que hay que controlar a la gente para que les ayude a conseguir el resultado deseado. Este control puede ser de cualquier forma: emocional, psicológico, financiero o práctico. Quieren controlar a la gente para poder lograr su agenda deseada y dejar de lado su miedo.

Baja o nula conciencia

La falta de conciencia es otra razón fundamental para la manipulación. Cuando una persona no se da cuenta de que es responsable de su propia realidad, hay una mayor tendencia a operar sin conciencia. Los manipuladores no creen que exista un sistema justo. Además, han dejado de evolucionar. No aprenden de las experiencias anteriores ni tratan de lograr un estado de congruencia entre las emociones internas y la vida externa.

Consideran la manipulación como un mundo seguro para obtener el resultado deseado, a pesar de que estos resultados no les han aportado satisfacción en el pasado. Emocional y psicológicamente siguen volviendo al punto de partida de vez en cuando, sin aprender nunca la lección. Para evitar esta lección, crearán otra razón para manipular. Así, quedan atrapados en un círculo vicioso de indignidad o insatisfacción y luego crean otra necesidad de manipulación.

La manipulación no es rentable más allá del breve arreglo inicial, ya que la acción manipuladora no es auténtica, equilibrada ni eficaz. Es una reacción de defensa ante la percepción de dolor, indignidad, miedo o inseguridad. Al ser manipuladora, la persona intenta compensar estas emociones.

La manipulación es un acto deliberado que no está alineado con la conciencia de la persona ni con el bien mayor. La persona no opera con un entendimiento de "somos uno", lo que significa que busca ganar a través de la manipulación mediante la autenticidad en lugar de la no autenticidad. Todo lo que se gana a través de la no autenticidad sólo conduce a victorias estrechas, problemas continuos, vacío o miedo, e indignidad. Esto crea una sensación de indignidad aún mayor. De nuevo, la indignidad es el miedo a no ser digno del amor y la aceptación de los demás.

Las personas manipuladoras no aprenden, evolucionan ni se dan cuenta del poder de la autenticidad. La falta de comprensión del poder real de la autenticidad y la valía proviene de saber que uno es apreciado y aceptado por lo que realmente es. En esencia, un sentimiento de indignidad es a menudo el núcleo de la manipulación.

No quieren pagar el precio que conlleva alcanzar sus objetivos

Las personas suelen manipular para satisfacer sus necesidades porque no quieren pagar el precio que conlleva su objetivo. A menudo se esfuerzan por lograr el objetivo o servir a su propósito sin querer devolver o pagar el precio a cambio.

Por ejemplo, si no quiere que su pareja le deje, la relación requerirá trabajo. Tendrá que dar a su pareja amor, compasión, comprensión, tiempo, lealtad, ánimo, inspiración, un futuro seguro y mucho más.

Un manipulador puede no querer que su pareja le deje, pero no quiere pagar el precio de mantener una relación feliz, segura y sana, en la que la pareja nunca le deje. Puede que no quieran ser leales o pasar mucho tiempo con su pareja, y sin embargo esperan que se quede. Cuando las personas no están dispuestas a pagar el precio de conseguir lo que quieren, pueden recurrir a la manipulación o a técnicas turbias para conseguir esos objetivos sin pagar el precio que conllevan.

Del mismo modo, si una persona manipuladora quiere ser ascendida en su lugar de trabajo, en lugar de trabajar duro, quedarse más allá de las horas de trabajo, mejorar sus habilidades o conseguir un título, simplemente manipulará su camino hacia el puesto. La persona no estará dispuesta a pagar el precio o a hacer lo necesario para ser promovida.

A veces, está muy arraigado en la psique de una persona que los deseos son malos o que no debería tener ningún deseo, ya que le hace parecer egoísta. La manipulación se convierte entonces en una forma de conseguir lo que desean o necesitan sin siquiera pedirlo.

Los manipuladores saben que todo tiene un precio. Una persona no les hará un favor sin esperar un favor a cambio. No seguirán recibiendo cosas si no demuestran amabilidad y gratitud. Una persona no los amará o tendrá sexo con ellos sin obtener compromiso, lealtad y amor a cambio. Los manipuladores tratan de tentar la suerte intentando conseguir algo sin pagar el precio que conlleva. A menudo es una salida fácil.

They think they won't be caught

Otra razón por la que las personas manipulan es que creen que pueden salirse con la suya con sus actos furtivos y que las víctimas no se darán cuenta de que están siendo manipuladas. También confían en que la víctima no puede hacer nada aunque se descubra su tapadera de manipulación.

¿Qué es lo que hace que los manipuladores sientan que no van a ser descubiertos? Algunas personas parecen intrínsecamente despistadas, vulnerables, inseguras e ingenuas. Este es el tipo de personas de las que se aprovechan los manipuladores. Creen que una persona que tiene poca confianza en sí misma, un bajo sentido de la autoestima o que no tiene ni idea de cómo funciona el mundo es menos probable que se dé cuenta de que está siendo manipulada.

Además, los manipuladores saben que en caso de que se descubra su tapadera de manipulación, la víctima no podrá hacer mucho. Eligen astutamente objetivos con poca confianza en sí mismos, autoaceptación, imagen corporal o sentido de la autoestima. Es más fácil jugar con las vulnerabilidades de estas personas que con las personas asertivas y seguras de sí mismas que no permiten que se aprovechen de ellas.

Por ejemplo, digamos que una persona tiene poca conciencia de la dinámica social, no entiende las bromas con facilidad, no identifica una broma a tiempo, no es capaz de diferenciar entre la cortesía genuina y las insinuaciones sexuales, no puede distinguir cuando alguien se siente realmente atraído por él o simplemente quiere irse a la cama con él y otras dinámicas sociales e interpersonales similares son más propensas a ser manipuladas.

Los manipuladores son muy conscientes de que sus víctimas no pueden hacer nada si ni siquiera se dan cuenta de que se está abusando de sus debilidades. A menudo se aprovechan de la falta de conocimiento de sus víctimas diciendo que se están imaginando cosas o inventando algo. Una persona ya despistada e insegura es menos probable que cuestione esta idea. Cuando uno ya se tambalea bajo los sentimientos de inseguridad, despiste y vulnerabilidad, ¿qué tan difícil es para el manipulador aprovecharse de estos sentimientos reforzándolos aún más? Manipuladores

Los manipuladores manipulan porque creen que pueden herir o molestar a sus víctimas más de lo que las víctimas pueden herir o molestar a ellos. Casi siempre se dirigen a personas que parecen agradables y vulnerables. Cuando las personas son ajenas a la deshonestidad que existe en las relaciones sociales, no están realmente acostumbradas a las lealtades deshonestas. Esto no les proporciona los medios para enfrentarse o contrarrestar la deshonestidad, lo que les hace menos conscientes de que están siendo manipulados.

No son capaces de aceptar sus defectos.

Cuando las personas son incapaces de asumir sus defectos o no aceptan la responsabilidad o la rendición de cuentas por las faltas, existe una necesidad inherente de hacer que los demás se sientan menos que ellos.

Si los manipuladores no son lo suficientemente buenos o se sienten miserables sobre sí mismos, existe el deseo de hacer que otros se sientan igualmente indignos o miserables sobre sí mismos. Cuando una persona cree que es indigna de alguien, manipulará a la persona para que se sienta indigna también, de modo que pueda obtener el control sobre su percepción de que necesita al manipulador en su vida para sentirse digno. Al menospreciar a los demás o ganar control sobre ellos, experimentan una forma de pseudo superioridad. Si no pueden ser lo suficientemente buenos para los demás, hagamos que los demás sientan que no son lo suficientemente buenos también para mantener el control sobre ellos.

En efecto, los manipuladores no quieren que sus víctimas se den cuenta de que ellos (los manipuladores) no son lo suficientemente buenos o no son dignos de ellos (las víctimas). Por lo tanto, el manipulador cultivará cuidadosamente un sentimiento de impotencia e indignidad dentro de la víctima para mantenerla enganchada a él/ella. Si una persona se da cuenta de que es más atractiva, inteligente, rica, capaz, eficiente, autosuficiente, etc., mayores serán sus posibilidades de dejar al manipulador. Por otro lado, si el manipulador les inyecta la sensación de no estar "completos", necesitarán a alguien que los "complete".

Los manipuladores no son capaces de aceptar sus defectos ni de enfrentarse a las críticas. A menudo se enfrentan a problemas psicológicos profundos o a inseguridades. Al manipular a los demás, no tienen que enfrentarse a sus propias inseguridades para sentirse superiores a los demás. Para alguien que opera con una perspectiva tan estrecha, incluso una pequeña corrección, retroalimentación o crítica puede parecer una gran derrota.

Las personas que manipulan no saben cómo afrontar la derrota. Si duda en dar su opinión porque la persona se pone a la defensiva o saca las cosas de quicio o no se toma las cosas con el espíritu adecuado, puede ser una señal de que está tratando con alguien que no puede aceptar las críticas.

Observe que los manipuladores rara vez expresan sentimientos de gratitud o agradecimiento. Les resulta difícil ser agradecidos con los demás porque, en su opinión, al hacerlo están aumentando su sensación de estar obligados con otra persona, lo que no les da ventaja en ninguna relación.

Por ejemplo, si le hace a alguien un gran favor, se siente obligado a devolverlo, lo que le sitúa por encima de él en la dinámica de la relación hasta que le devuelva el favor. Los manipuladores no quieren darle ventaja sintiéndose obligados. Por lo tanto, demostrarán un mínimo de agradecimiento para que no crea que ha hecho algo enorme por ellos o que están obligados a usted. La idea es estar siempre por encima de usted y esta sensación de estar en deuda no les hace sentirse superiores.

Evitar la aceptación de sus defectos

Cuando las personas son incapaces de asumir sus defectos o no aceptan la responsabilidad o la rendición de cuentas por las faltas, existe una necesidad inherente de hacer que los demás se sientan menos que ellos.

Si los manipuladores no son lo suficientemente buenos o se sienten miserables sobre sí mismos, existe el deseo de hacer que otros se sientan igualmente indignos o miserables sobre sí mismos. Cuando una persona cree que es indigna de alguien, manipulará a la persona para que se sienta indigna también, de modo que pueda obtener el control sobre su percepción de que necesita al manipulador en su vida para sentirse digno. Al menospreciar a los demás o ganar control sobre ellos, experimentan una forma de pseudo superioridad. Si no pueden ser lo suficientemente buenos para los demás, hagamos que los demás sientan que no son lo suficientemente buenos también para mantener el control sobre ellos.

En efecto, los manipuladores no quieren que sus víctimas se den cuenta de que ellos (los manipuladores) no son lo suficientemente buenos o no son dignos de ellos (las víctimas). Por lo tanto, el manipulador cultivará cuidadosamente un sentimiento de impotencia e indignidad dentro de la víctima para mantenerla enganchada a él/ella. Si una persona se da cuenta de que es más atractiva, inteligente, rica, capaz, eficiente, autosuficiente, etc., mayores serán sus posibilidades de dejar al manipulador. Por otro lado, si el manipulador les inyecta la sensación de no estar "completos", necesitarán a alguien que los "complete".

Los manipuladores no son capaces de aceptar sus defectos ni de enfrentarse a las críticas. A menudo se enfrentan a problemas psicológicos profundos o a inseguridades. Al manipular a los demás, no tienen que enfrentarse a sus propias inseguridades para sentirse superiores a los demás. Para alguien que opera con una perspectiva tan estrecha, incluso una pequeña corrección, retroalimentación o crítica puede parecer una gran derrota.

Las personas que manipulan no saben cómo afrontar la derrota. Si duda en dar su opinión porque la persona se pone a la defensiva o saca las cosas de contexto o no se toma las cosas con el espíritu adecuado, puede ser una señal de que está tratando con alguien que no puede aceptar las críticas.

Observe que los manipuladores rara vez expresan sentimientos de gratitud o agradecimiento. Les resulta difícil ser agradecidos con los demás porque, en su opinión, al hacerlo están aumentando su sensación de estar obligados con otra persona, lo que no les da ventaja en ninguna relación.

Por ejemplo, si le hace a alguien un gran favor, se siente obligado a devolverlo, lo que le sitúa por encima de él en la dinámica de la relación hasta que le devuelva el favor. Los manipuladores no quieren darle ventaja sintiéndose obligados. Por lo tanto, demostrarán un mínimo de agradecimiento para que no crea que ha hecho algo enorme por ellos o que están obligados a usted. La idea es estar siempre por encima de usted y esta sensación de estar en deuda con su persona no les hace sentirse superiores.

Capítulo uno: Manipulación emocional

Aunque todo el mundo es culpable de utilizar la manipulación (a sabiendas o sin saberlo) en algún momento, lo que diferencia a los manipuladores emocionales es que habitualmente pisotean las emociones y los sentimientos de las personas para servir a sus propias necesidades egoístas. Para algunas personas es una forma de vida utilizar los sentimientos de los demás en un intento de aumentar su control psicológico o su superioridad sobre la persona.

1. Jugar con los miedos de la gente. Los manipuladores emocionales tienden a exagerar los hechos y a resaltar sólo puntos específicos en un intento de infundirte miedo. Por ejemplo, un hombre que no quiere que su mujer siga una carrera a tiempo completo fuera de casa puede decirle algo como "las investigaciones revelan que el 60% de los divorcios se producen cuando ambos cónyuges tienen una carrera a tiempo completo", ocultando disimuladamente que puede haber otras razones que no sean la carrera o el trabajo de la mujer. Esto está inteligentemente construido para aprovecharse del miedo de la mujer a perder la relación si cede a sus ambiciones.

2. Las acciones y las palabras no deben coincidir. Los manipuladores emocionales le dicen exactamente lo que creen que quiere oír, pero rara vez lo acompañan con acciones. Prometen compromiso y apoyo. Sin embargo, cuando llegue el momento de cumplir su compromiso, le harán sentir culpable por plantear exigencias poco razonables.

En un momento dado, le dirán lo afortunados que son por conocer a una persona como tú, y al siguiente le criticarán por ser una carga. Esta es una táctica inteligente para socavar la creencia de una persona sobre su cordura. Los manipuladores emocionales seguirán diciendo cosas que se ajusten a su propósito y, de repente, moldearán una percepción contraria haciendo lo contrario de lo que dijeron para desequilibrar la cordura.

Esto también tiene un precio, que reclamarán furtivamente en el futuro. Como manipulador emocional, recuerda constantemente a las personas cómo les has ayudado y lo utilizas como palanca para que se sientan obligadas contigo. Si les recuerdas constantemente un favor que les hiciste voluntariamente, harás que la otra persona sienta que te debe algo, hay muchas probabilidades de que esté siendo manipulada emocionalmente.

3. Convertirse en maestros de la distribución de la culpa. Pocas personas aprovechan el poder de la culpa como los manipuladores practicados. Los manipuladores emocionales inducen el sentimiento de culpa en otras personas para satisfacer sus necesidades. Si alguien saca a relucir un tema que le ha molestado durante la discusión, los manipuladores le hacen sentir culpable por sentirse como se siente, por muy justificados que parezcan estos sentimientos. Los manipuladores emocionales hacen que la gente se sienta culpable por mencionar el tema. Cuando alguien no menciona el tema, le hacen sentir miserable por no ser abierto y hablar de ello.

Sigue haciendo sentir la culpa en usted, independientemente de la dirección de los pensamientos y acciones de la otra persona. De una forma u otra, encuentra razones para hacerle sentir culpable. Cualquier cosa que decidan hacer está mal. Independientemente de los problemas que la otra persona pueda tener colectivamente, un manipulador emocional siempre le hará sentir que es sólo culpa suya. Los manipuladores culpan a la gente de todo lo desafortunado que ocurre en su vida y construyen un fuerte sentimiento de culpa en su interior. Si quiere conseguir que la gente haga lo que usted quiere, induzca un sentimiento de culpa y arrepentimiento. La culpa es una de las fuerzas de manipulación más fuertes que impulsan a las personas a profundizar y ceder a lo que usted desea que hagan.

Los manipuladores emocionales se aprovechan de sus víctimas haciéndose pasar por ellas. Hacen creer a sus víctimas que la culpa es siempre suya, independientemente de si son realmente responsables o no. La culpa siempre se asigna a la víctima y el manipulador se hace pasar por ella. Esto se hace con el fin de desplazar la responsabilidad de las deficiencias del manipulador para culpar a la víctima, lo que se hace con la intención de inducirla a la culpa. Cuando la víctima se siente culpable de la situación desagradable, es más sencillo para el manipulador conseguir que tome la acción deseada.

Los manipuladores se concentran en cómo la otra persona les hizo hacer algo o cómo es la culpa de la otra persona por la que ellos (los manipuladores) están sufriendo. Siempre es la otra persona la que hace que el manipulador esté enfadado, herido y molesto. Como manipulador, rara vez acepta la responsabilidad de sus propias acciones.

Veamos un ejemplo para ilustrar mejor esta estrategia de manipulación emocional. Su pareja está enfadada con usted por haber olvidado su aniversario. Lo razonable sería disculparse por la metedura de pata y compensarle más tarde con una sorpresa o un buen regalo. Sin embargo, los manipuladores recurren al juego de la culpa. La culpa se invierte en dirección a la otra persona. Se hace que la otra persona se sienta culpable por haberle hecho sentir tan mal por haber olvidado un aniversario. Se tiende a introducir un sentimiento de culpa para que la otra persona haga lo que tú quieres.

Así que para justificar el olvido de su aniversario ante su pareja e inducir un sentimiento de culpa, puede hablar de lo estresado, cansado, ocupado y agotado que ha estado, y de lo desconsiderado que es por su parte culparte de olvidar un aniversario cuando últimamente ha estado trabajando muy duro en un proyecto. En efecto, hemos hecho que la otra persona se sienta culpable por una expectativa razonable. Se le da la vuelta a la tortilla para que no asuma la culpa de haber olvidado el aniversario.

Sin embargo, los manipuladores empedernidos no se detendrán ahí, sino que irán un paso más allá y repasarán todos los casos en los que la otra persona ha olvidado ocasiones importantes en un intento de justificar sus propios olvidos. Hace sentir a la otra persona que es realmente su culpa por esperar que recuerde todas las fechas cuando está estresada con el trabajo. Actúa como una especie de justificación de sus olvidos. Los maestros de la manipulación saben cómo tejer un sentimiento de culpa en la conciencia de la otra persona para llevarla a realizar la acción prevista. Utilizan generosamente la culpa y el sentimiento de culpabilidad para satisfacer sus necesidades.

Por ejemplo, supongamos que una persona saca a relucir algo que le ronda por la cabeza desde hace tiempo. Lo más probable es que los manipuladores les hagan sentir que están haciendo una montaña de un grano de arena, y que no es gran cosa. Hacen que la otra persona se sienta culpable por hacer un problema de un asunto aparentemente sin importancia. En lugar de aceptar sus problemas y comprometerse a trabajar en ellos, se da la vuelta a la tortilla para que la otra persona se sienta culpable por mencionar el problema o sus verdaderos sentimientos. Esta técnica de manipulación se utiliza sobre todo en las relaciones personales, cuando una persona se abre a la otra, y ésta le devuelve la palabra y le culpa por sacar a relucir algo tan trivial.

Hace que la otra persona se sienta culpable de todo lo que hace. Si permanece en silencio, le acusa de no compartir sus sentimientos o de no confiar en usted para resolver sus problemas. Si resulta que comparte sus sentimientos, le culpa de crear problemas donde no los hay. Hay una constante agitación de la culpa para hacer sentir a la otra persona que siempre tiene la culpa para cumplir con su propia agenda.

Todas las acciones de la otra persona se le atribuyen o se presentan/posicionan como su culpa hasta que se ajustan a su agenda. Al mismo tiempo, se pone en el papel de la desafortunada víctima. Inducir un sentimiento de culpa es, de hecho, una de las estrategias de manipulación más poderosas para conseguir que alguien le obedezca. Esto es aún más efectivo en personas que sufren de baja autoestima o niveles reducidos de confianza en sí mismos.

Por ejemplo, si quiere que alguien realice la acción deseada, enumere con confianza una lista de favores que le haya hecho o todos los casos en los que se ha desvivido por ayudarle. A continuación, explique cómo se ha sentido defraudado cada vez que esperaba algo de ellos. Se convierte en una víctima proyectada que hizo todas las cosas maravillosas para ayudarles en su momento de necesidad, y ellos se convierten en los seres ingratos que no hacen frente a sus necesidades cuando se les exige. Esto está jugando sutilmente en la mente de las víctimas para hacerles pensar que no están devolviendo el favor o siendo ingratos.

Los manipuladores suelen conseguir que la otra persona haga lo que ellos quieren diciendo algo como: "Está bien Roger, no puedo esperar nada más de ti. Es realmente mi culpa que siga esperando mucho de ti y de nuestra relación". Esto induce un sentimiento de culpa en la otra persona, como si estuviera decepcionando al manipulador, lo que puede ser o no el caso. Le está diciendo que siempre le está decepcionando y que no puede esperar nada más de él.

¿Ha observado alguna vez cómo jugamos a la manipulación e introducimos un sentimiento de culpa en nuestras relaciones personales muchas veces? Fíjese en cómo las personas mayores hacen que sus hijos experimenten un sentimiento de culpa al mencionar que éstos nunca tienen suficiente tiempo para ellos.

Cuando los adolescentes piden permiso a sus padres para hacer salidas nocturnas y llegar tarde a las fiestas y se les niega, se quejarán de que los padres no les dejan vivir su vida o de que son demasiado asfixiantes, sobreprotectores y dominantes. Hablarán de que, tarde o temprano, tendrán que negociar con el mundo que les rodea sin que sus padres estén cerca para protegerles todo el tiempo.

Todos conocemos a esa persona que siempre está culpando a otras personas o a las circunstancias de sus defectos. Utilizarán estratégicamente su sensación de impotencia para conseguir que la otra persona realice la acción deseada. Los manipuladores dan a los demás la impresión de que ellos (la otra persona) han decidido su destino (el del manipulador) a través de sus acciones y elecciones, a menudo de forma negativa. Entonces harán sentir a la víctima que ahora es responsable de los males del manipulador y que debe reparar el daño.

Las víctimas comienzan a aceptar esta noción de que son responsables de una situación negativa creada para el manipulador y a menudo responden afirmativamente a la petición del manipulador de compensar lo aparentemente negativo que se les ha hecho creer que han hecho. El manipulador se posiciona como alguien que necesita ayuda y está condenado si no recibe la ayuda oportuna. La otra persona se siente fatal y acaba haciendo lo que quiere porque, en cierta medida, se siente responsable de su impotencia o de su desafortunada situación.

4. Hágase la víctima. En lo que respecta a la manipulación emocional, nada de lo que ocurre es nunca un error tuyo. Independientemente de sus acciones, siempre culpe a otro de sus fallos.

Insista en que le obligaron a hacer algo. Si se enfadan o se sienten heridos, usted es el responsable de crear expectativas poco razonables. Si se enfadan o molestan, usted es el responsable de herirlos. No hay ninguna responsabilidad por ninguna acción.

Por ejemplo, si una persona se olvida del cumpleaños de su pareja, y ésta se enfada por ello, generalmente se disculpará y prometerá arreglarlo en el futuro. Sin embargo, una persona emocionalmente manipuladora no se limitará a negar que es su culpa; también hará que su pareja se sienta desgraciada por culparla.

Se desprenderán de lo estresados que han estado hasta tarde debido a algo que la pareja ha hecho y que es imposible que recuerden. El manipulador irá un paso más allá y le recordará casos en los que ha olvidado algo importante para justificar su culpa.

5. Los manipuladores emocionales esperan demasiado, demasiado pronto. Desde una relación interpersonal hasta una asociación empresarial, los manipuladores emocionales siempre toman la autopista, mientras pasan por alto algunos pasos en el camino. Pueden compartir demasiado al principio de una relación y esperar que la otra persona haga lo mismo.

Su vulnerabilidad, transparencia y sensibilidad son una astuta treta. Se trata de una farsa "especial" para hacerle sentir parte de su círculo íntimo. Lenta e insidiosamente, no solo se sentirá apenado por sus sentimientos, sino también responsable de ello.

6. Los manipuladores emocionales menosprecian su fe en la comprensión de la realidad. Estas personas, hay que reconocerlo, son unos mentirosos y tramposos excepcionalmente hábiles. Insistirán con seguridad en que algo ha ocurrido cuando no lo ha hecho y negarán que haya ocurrido cuando sí lo ha hecho. Lo hacen de una manera tan tortuosa y solapada que empiezas a cuestionar su propia cordura.

Por ejemplo, si sospecha de su pareja y le enfrenta a ello, la pareja emocionalmente manipuladora lo negará rotundamente (aunque sea la verdad), y a su vez le hará sentir como una persona loca y desconfiada que no tiene control sobre la realidad.

Aunque su sospecha no es infundada, le hará sentir culpable por espiar y no confiar en su pareja. Llegará un punto en el que empezará a cuestionar su propia naturaleza sospechosa y su cordura. Estoy seguro de que muchos de ustedes están asintiendo con la cabeza a esto!

Sé que a estas alturas ya ha identificado a esas personas y relaciones y lo más probable es que ni siquiera fueras consciente de esas tácticas sarcásticas e insidiosas cuando nos manipulaban.

7. Todo el mundo debe sentirse como ellos. Vaya, esta es otra técnica de manipulación emocional solapada que se utiliza para absorber a otras personas en su estado emocional. El manipulador emocional quiere que todos se sientan como ellos. Si están de mal humor, todo el mundo a su alrededor debe ser consciente de ello.

Sin embargo, la cosa no acaba ahí. No sólo todos deben saber cómo se sienten, sino que también deben ser absorbidos por el estado emocional del manipulador. Cualquier cosa que otras personas estén sintiendo o experimentando debe ser bajada y deben coincidir instantáneamente con la frecuencia emocional del manipulador. Esto hace que las personas a su alrededor sientan que son responsables de los sentimientos del manipulador emocional, y que sólo ellos deben arreglarlo.

8. El afán de ayudar se convierte en una carga más tarde. Los manipuladores emocionales se ofrecerán a ayudar inicialmente (y con bastante entusiasmo) solo para quedar como mártires después. Actuarán como si lo que inicialmente aceptaron hacer fuera una enorme carga.

Si les recuerda que se comprometieron con la tarea, se darán la vuelta y le harán sentir como un paranoico a pesar de que parezcan deseosos de ayudar. ¿El objetivo? Inducir un sentimiento de culpa, sentirse obligado hacia ellos y probablemente incluso cuestionar su cordura.

9. Juegos de superioridad. Independientemente de la intensidad de sus problemas y desafíos, siempre harán ver que sus problemas son mucho peores. Intentarán socavar la autenticidad de sus problemas reforzando constantemente lo grandes que son sus problemas o desafíos.

Le harán sentir culpable por quejarse de cosas "triviales" cuando ellos se enfrentan a problemas serios. ¿El objetivo? Que no tenga ningún motivo para quejarse de lo 'no serio', mientras que ellos tienen todo el derecho a seguir recordándole sus problemas 'serios'. En otras palabras, quieren que se calle y deje de quejarse de sus problemas, y que siempre esté por encima de ellos en cualquier situación.

10. Conocen sus botones emocionales y saben cómo pulsarlos a voluntad. Todos tenemos nuestros puntos débiles emocionales. Los manipuladores emocionales conocen hábilmente sus puntos débiles y no dudan en utilizarlos para servir a sus propios objetivos siniestros. Utilizarán el conocimiento de sus puntos débiles en su contra.

Por ejemplo, si está inseguro de su aspecto, le harán comentarios sarcásticos sobre todo, desde su ropa hasta su peso. Si está preocupado por un discurso, se aprovecharán de sus miedos diciéndole lo duro, exigente y crítico que es el público. Utilizan el conocimiento de sus emociones no para hacerle sentir mejor, sino para manipularle para que se sienta peor.

11. Los manipuladores emocionales utilizan el humor para atacar sus debilidades percibidas y quitarle poder o hacerle sentir inadecuado. Fíjese en cómo algunas personas hacen continuamente comentarios críticos o sarcásticos sobre su pareja o amigo, a menudo con el disfraz de humor. La idea es hacer que la otra persona se sienta inadecuada, inferior o insegura.

Los manipuladores emocionales intentan quitarle poder a la

persona jugando con sus debilidades percibidas. Los comentarios abarcan todo, desde el aspecto de la persona hasta su viejo teléfono o sus habilidades. Hacen comentarios sarcásticos y aparentemente divertidos sobre todo, incluido el hecho de que haya llegado 30 segundos tarde.

La idea es hacerle quedar mal y sentirse peor contigo mismo. De este modo, el manipulador trata de ganar dominio psicológico sobre usted, desgraciadamente sin que se dé cuenta (ahora sí, ¿verdad?). El hecho de socavarle hace que se perciba como inferior, lo que automáticamente les da la tan necesaria superioridad psicológica.

12. Los manipuladores emocionales le juzgan y critican constantemente para hacerle sentir inferior. En el ejemplo anterior, vimos cómo los manipuladores utilizan técnicas encubiertas para restarle poder disfrazando sus comentarios sarcásticos de humor. Sin embargo, en este caso, el manipulador emocional le desprecia, margina, critica y ridiculiza abiertamente en un intento de conseguir una superioridad psicológica sobre usted.

Su premisa es que si le hacen sentir inadecuado y desequilibrado, sus posibilidades de conseguir que haga lo que ellos quieren aumentan. Dejará de creer en sus capacidades, su cordura y su valía, lo que les ayudará a ejercer un mayor control sobre sus pensamientos, emociones y acciones.

El agresor emocional fomentará intencionadamente la sensación de que algo no va bien en usted y que, por mucho que se esfuerce, no será lo suficientemente bueno. De manera significativa, el manipulador emocional enfatizará los puntos débiles sin ofrecer soluciones constructivas o positivas ni ayudarle de manera significativa a superar los aspectos negativos.

13. Los manipuladores emocionales le darán el tratamiento de silencio. Otro arte que los manipuladores emocionales han dominado es el de dar a las personas el tratamiento de silencio para presionarlas a hacer lo que el manipulador quiere. le harán esperar

intencionadamente y sembrarán semillas de duda, inseguridad e incertidumbre en su mente. Los manipuladores emocionales utilizan el silencio como palanca para conseguir que haga lo que ellos quieren, manteniéndole emocionalmente privado o inseguro.

Estar en el extremo receptor del tratamiento silencioso es una señal de advertencia de que está tratando con un manipulador emocional. Es un tipo de abuso emocional mediante el cual se demuestra el desprecio a través de actos no verbales como permanecer en silencio o retirar toda comunicación.

El tratamiento silencioso se utiliza como herramienta para incitar a sus víctimas a hacer algo específico o hacerlas sentir inadecuadas por la negativa a reconocer su presencia. Si sus acciones no coinciden con lo que el manipulador quiere que haga, utilizará el tratamiento silencioso para comunicar su decepción y castigar a sus víctimas.

14. Jugar a fingir. Sí, ellos también pueden hacerse los bobos siempre que sea necesario. Fingirán que no entienden lo que quiere exactamente o lo que desea de ellos. Este es uno de los trucos pasivo-agresivos, donde la responsabilidad debería ser de ellos, se convierte en la suya. Así, la carga de lo que es esencialmente su responsabilidad se echa sobre sus hombros. Esto lo suelen utilizar las personas que intentan ocultar algo o evitar una obligación.

15. Raise your voice and show negative emotions. Some emotional manipulators know how to use the power of their voice and body language to coerce you into meeting their demands.

A menudo levantan la voz como un tipo de manipulación agresiva con la creencia de que si suenan lo suficientemente intimidantes con su voz, tono y lenguaje corporal, invariablemente se someterá a sus demandas. La voz agresiva se combina a menudo con un lenguaje corporal intimidatorio, como gestos exagerados y la postura de pie, para aumentar el efecto de sus acciones manipuladoras agresivas.

16. Sorpresas negativas como norma. ¡Whoa! ¿No saben estas personas cómo desequilibrarte con sus sorpresas negativas en un intento evidente de obtener una ventaja psicológica sobre ti? De repente aparecerán con alguna información sobre que no pueden hacer algo o cumplir un compromiso como prometieron.

Por lo general, la información negativa se lanza sobre usted sin ninguna advertencia previa para cogerle desprevenido. No le queda tiempo para idear una contra-movida. Los manipuladores emocionales son lobos con piel de cordero y no escatimarán una sola oportunidad para causarte malestar, daño o perjuicio si se interpone.

Capítulo 2: Técnicas de manipulación encubierta

Reconocer las tácticas de manipulación encubierta es complicado porque, a diferencia de la manipulación abierta, éstas no son obvias ni están a la vista. Suelen ser técnicas solapadas para tratar de obtener el control de los pensamientos, sentimientos y decisiones de la víctima. Su objetivo es derribar el sentido de autoestima de la persona y destruir su creencia en sus percepciones. Cuando aprende el juego del manipulador, puede jugarlo mejor que ellos.

La manipulación socava la capacidad de la víctima para tomar decisiones conscientes y actuar de acuerdo con sus intereses. En su lugar, se convierten en meras marionetas en manos de otra persona. Los manipuladores no valoran los valores, deseos y límites personales de las personas. En pocas palabras, le obligarán a hacer algo que normalmente no haría.

Entonces, ¿cuáles son las tácticas de manipulación encubierta más utilizadas y cómo las detecta en su vida cotidiana? Siga leyendo para descifrar los juegos de manipulación encubierta de la gente. Aunque puede utilizarlas como estrategias de manipulación para conseguir que la gente haga lo que usted quiere, asegúrese de no utilizarlas en exceso o de intentar darles un giro lo más positivo posible.

1. Crear una falsa sensación de intimidad. ¿Se ha dado cuenta de que la gente comparte constantemente información íntima sobre sí misma en las primeras etapas de una relación? Hablarán de su familia, de sus antecedentes y de sus vidas (a menudo se presentan

como víctimas de circunstancias) en un intento de ganarse su simpatía, al tiempo que crean una ilusión de intimidad.

2. Introducir a otras personas en el cuadro en un intento de hacerle sentir inseguro. De nuevo, algunas personas siempre intentan crear una sensación de inseguridad o incomodidad en sus víctimas introduciendo a otras personas en el panorama. Por ejemplo, su pareja puede hablar de encontrarse con una exnovia/novio o un buen amigo para hacerle sentir inseguro.

Por supuesto, no todos los que se reúnen con amigos o exparejas están siendo manipuladores. Sin embargo, los manipuladores encubiertos utilizan constantemente esta táctica de introducir a otras personas en el panorama para desestabilizar a su pareja. Cuando una persona intenta poner a otras personas en su contra para hacerle sentir inadecuado, puede estar seguro de que se trata de una táctica de manipulación encubierta.

3. Otra técnica de manipulación encubierta es el "pie en la puerta", que es bastante fácil de reconocer. Consiste en hacer una pequeña petición a la que la víctima accede, a la que sigue la petición realmente prevista. Es más difícil de rechazar una vez que la víctima dice estar de acuerdo con la petición inicial.

La técnica del pie en la puerta, como su nombre indica, tiene como objetivo meter el pie en la puerta hasta que uno se encuentre cómodamente posicionado o colocado para pedir lo que quiere que haga la otra persona. Se remonta a la época en que los vendedores puerta a puerta colocaban el pie en la puerta para evitar que los posibles compradores se dieran un portazo en la cara. Colocar el pie en la puerta les ofrecía más tiempo para mantener la conversación y, en última instancia, realizar una venta. Esta ingeniosa estrategia de manipulación se utiliza eficazmente en todos los ámbitos, incluso hoy en día.

¿Cómo puede utilizarse eficazmente la estrategia de manipulación del pie en la puerta en el escenario actual?

Es igual de sencillo y eficaz, sólo que ahora está avanzando en la mente de una persona en lugar de en su puerta. Empiece por establecer una relación con la persona. Intente romper el hielo haciendo una pequeña petición. Recuerde que la clave es hacer una pequeña petición que la otra persona pueda cumplir fácilmente. En realidad, lo que está haciendo es meter el pie en la puerta para desarrollar una relación con la persona y conseguir que conceda una petición mayor o real más adelante. Si pide directamente lo que realmente quiere que hagan por usted, es posible que se nieguen. Empiece con una petición que no sea demasiado difícil de cumplir para la otra persona. Vaya al grano poco a poco y con constancia. Pase a la petición real de forma lenta y sutil.

Se trata de conseguir que la persona diga una serie de "sí" en una secuencia antes de pasar al asesinato real. Esto reducirá psicológicamente las posibilidades de que la persona rompa el patrón y diga que no para la petición final o real. Precisamente por eso, los psicólogos y expertos en comportamiento instan a los vendedores a formular a sus clientes potenciales varias preguntas que den como resultado un "sí". Según las investigaciones en el campo de la psicología y las ciencias del comportamiento, si un cliente potencial responde afirmativamente a seis preguntas en una secuencia, hay más posibilidades de que compre su producto/servicio o realice la acción deseada.

Utilice esta información en su favor formulando seis preguntas en serie a las que es más probable que respondan afirmativamente. La estrategia funciona a nivel subconsciente y merece la pena probarla.

Lanzamos una secuencia de respuestas positivas que hacen casi imposible que la mente subconsciente de la otra persona rechace nuestra petición final. Una vez que la persona inicia un bucle de respuesta a sus peticiones de forma positiva, subconscientemente se hace difícil romper el patrón, y ofrecer de repente una respuesta negativa.

Esto es exactamente lo que hacían los vendedores de antes. Ponían el pie en la puerta y se ofrecían a sí mismos 3-4 minutos extra con los clientes potenciales para construir el impulso de la venta, desarrollar la relación y hacer una venta. Ahora pensemos en la misma estrategia en el entorno actual. ¿Cómo se da a sí mismo esa pequeña apertura que eventualmente puede aprovechar haciendo que la gente haga lo que usted desea?

Tomemos un ejemplo para entender cómo se puede aplicar esta manipulación o persuasión en el escenario actual. Jane está terminando el proyecto que le exige construir una maqueta de los nueve planetas. Le pide a su madre que le ayude creando un modelo aproximado para el proyecto de los nueve planetas. Por supuesto, su madre hace el boceto, reúne todos los materiales necesarios para construir la maqueta y lo tiene todo listo para que Jane haga su proyecto. A continuación, Jane le pide a su madre que junte todas las piezas. Ella hace lo que le pide. Finalmente, la madre de Jane termina de hacer todo el encargo sin ninguna aportación o esfuerzo por parte de Jane. Jane utilizó la estrategia del pie en la puerta para manipular a su madre para que completara su proyecto por ella en lugar de pedírselo directamente al principio. Si Jane le hubiera pedido directamente a su madre que completara el proyecto, ésta se habría negado en redondo. Sin embargo, consiguió que su madre dijera una serie de "sí" con pequeñas peticiones que finalmente terminaron con su madre completando todo el proyecto.

Esta técnica de manipulación y persuasión fue estudiada por primera vez por Fraser y Freeman durante el siglo XX. El objetivo es conseguir que la gente responda o acepte una pequeña y sencilla petición que conduzca a un "sí" mayor. El dúo de psicólogos se dio cuenta de que una vez que la gente accede a una petición aparentemente pequeña, aumentan las posibilidades de que respondan afirmativamente a peticiones mayores. En este ejemplo, Jane consiguió que su madre terminara toda la tarea juntando varias partes de la misma y consiguiendo que aceptara cada una de estas pequeñas tareas o peticiones. Una vez acordada la pequeña petición inicial de crear un boceto para el modelo, Jane pudo conseguir que su madre cumpliera su petición más grande. Este no habría sido el caso si hubiera pedido a su madre que completara todo el proyecto desde el principio.

Al utilizar la estrategia del pie en la puerta, asegúrese de que la petición es lo suficientemente pequeña como para que la gente no responda de forma negativa. Al mismo tiempo, debe ser lo suficientemente importante como para que la otra persona sienta que ha hecho una buena acción al responder a su petición de forma positiva. Haga que la petición sea positiva para que los demás no piensen que no vale la pena cumplirla. Asegúrese de que la petición es algo que la persona estará dispuesta a hacer sin muchas influencias externas como recompensas o presiones.

Si alguien rechaza la petición real, dará la impresión de ser alguien que accede a algo que no tiene intención de hacer. Cuando se opongan a la petición real, rápidamente cambiarás las tornas para aparecer como la parte agraviada. Deja de tratarse de sus exigencias, ya que ahora es usted el perjudicado. El foco de atención se desplaza a sus quejas y ellos se colocan ahora a la defensiva. A veces, las advertencias y la preocupación por su bienestar se ocultan hábilmente como una preocupación. Los manipuladores siempre intentan socavar las elecciones y decisiones de la otra persona en un intento de sacudir su confianza en sí misma o su sentido de la autoestima. Una vez más, esta técnica de manipulación debe utilizarse con suficiente precaución y cuidado.

4. "Snakes in Suits" - En su publicación Snakes in Suits, Robert Hare y Paul Babaik aconsejan que la gente se proteja de los manipuladores que ofrecen cumplidos fuera de lugar y excesivos. Es una gran bandera roja de manipulación. Concéntrese en lo que sigue. Siga preguntándose, ¿qué quiere exactamente esta persona de mí?

5. Forzar el trabajo en equipo. ¿Se ha dado cuenta de que algunas personas siempre están creando una sensación forzada de espíritu

de equipo o de propósito compartido donde no existe? Las frases típicas que utilizan son: "somos un solo equipo", "¿cómo manejamos esto como equipo?", "ya lo hemos hecho", etc. Supuestamente, intentan dar la impresión de que ambos están involucrados en algo como un equipo.

En una situación así, ¿cómo puede saber si la persona le está ayudando de verdad o simplemente intenta manipularle? ¿Siente una extraña sensación de incomodidad al aceptar su ayuda? ¿Son sus palabras congruentes con su lenguaje corporal? (más adelante hablaremos del lenguaje corporal) ¿Le da la persona la opción de rechazar la ayuda? ¿Se toma su negativa con el espíritu adecuado? Si la respuesta es negativa, es posible que esté tratando con un manipulador encubierto, que intenta manipularle bajo la apariencia de ofrecerle ayuda.

6. Primera impresión halagadora. Los manipuladores experimentados suelen causar una primera impresión estelar. Utilizan un montón de características seductoras como modales impecables, aspecto atractivo, sonrisa carismática y cortesía para despistar a sus víctimas sobre sus verdaderas intenciones. Sí, existen más allá de las películas, en las que los estafadores se muestran como esos personajes estereotipados con una personalidad y una lengua deslumbrantes.

Con los manipuladores, lo que aparece a simple vista no es la verdad. Sin embargo, con el tiempo y la observación, se dará cuenta de las grietas en sus máscaras hábilmente usadas. Cuando se vuelve realmente sádico, utiliza el silencio para torturar a sus víctimas. Por ejemplo, un compañero de trabajo habla con todo el mundo en el trabajo pero le ignora o se niega a mantener cualquier conversación con usted.

7. Los manipuladores encubiertos aparentan ser desinteresados manteniendo sus verdaderas intenciones, ambiciones, objetivos y agendas astutamente ocultas. Sus verdaderas intenciones se ocultan bajo el disfraz de una causa desinteresada. Esto es difícil de

identificar. Estas son las personas que actuarán como si estuvieran trabajando duro en nombre de otra persona mientras ocultan su verdadera ambición de poder y dominio sobre los demás.

Por ejemplo, un manipulador encubierto dará a su jefe la impresión de que está dispuesto a hacer horas extra de trabajo cuando el jefe está de vacaciones sólo para cumplir su ambición de acabar ocupando el puesto de jefe.

8. Iluminación con gas. El término "luz de gas" como técnica de manipulación encubierta proviene de la obra de teatro del mismo nombre, que posteriormente se adaptó al cine. También se ha utilizado en la literatura y en la investigación psicológica.

Utilizando la técnica de la luz de gas, un manipulador tergiversará la realidad para cumplir sus objetivos. Independientemente de la verdad, tiene trucos bajo la manga para hacerle creer que la culpa es suya por no ser capaz de percibir las cosas correctamente. Está tan arraigado en su mente que deja de confiar en sus percepciones y, en cambio, acepta la versión artificiosa de la verdad del manipulador. La técnica pretende que se sienta tan incompetente mentalmente que deje de confiar en su versión de la realidad. Llega a un punto en el que si alguien intenta cuestionar sus percepciones, desconfíe de él.

9. Racionalización. La racionalización es una técnica mediante la cual el manipulador ofrece alguna forma de justificación para una acción hiriente, ofensiva o inapropiada. Lo que hace que esta técnica sea tan difícil de detectar es que la explicación ofrecida suele tener suficiente sentido para que cualquier individuo razonable se la crea.

La racionalización cumple tres propósitos fundamentales, entre ellos, eliminar la resistencia que los manipuladores puedan tener sobre su acción inapropiada, evitar que los demás les señalen con el dedo y ayudar al manipulador a justificar sus acciones a los ojos de la víctima.

Los manipuladores que utilizan la racionalización suelen comportarse de forma muy afectuosa a veces y luego, de repente, se muestran distantes o fríos. Cuando la víctima se cansa de su comportamiento y se enfrenta a ellos o los evita, lo más probable es que griten o lloren y mencionen cómo han estado deprimidos o disgustados últimamente y cómo es una persona tan mala por enfrentarse a ellos sobre su comportamiento aparentemente inapropiado cuando es usted quien se está comportando insensiblemente.

Le conmoverán hasta las lágrimas con lo estresante que es su vida, incluso se disculparán por ello a veces. Sin embargo, a los pocos días, repetirán el patrón. Los manipuladores son extraordinarios intérpretes. Pueden interpretar el papel de víctima con facilidad. Pueden fingir emociones, llorar a voluntad, reírse cuando quieren y fingir que están tristes o felices a petición. Examina con atención los actos de las personas que "te quieren" o que siempre intentan ganarse la simpatía.

10. 10. El análisis de los problemas y el desplazamiento de la meta. La diferencia entre la crítica positiva y la crítica negativa/destructiva es que un manipulador vendrá con normas casi impracticables y ataques personales. Estos autoproclamados críticos pretenden ayudar a su desarrollo, cuando en realidad no quieren verle mejorar. Simplemente operan con la intención de criticarle, hundirle y convertirle en un chivo expiatorio de todas las maneras posibles.

Los manipuladores encubiertos son maestros en el arte de "mover los postes de la portería" para asegurarse de que nunca les falten razones para sentirse decepcionados contigo. Incluso cuando presenta pruebas para validar su postura o actúa para cumplir con su petición, se les ocurrirá otra expectativa elevada para que la cumpla o le pedirán más pruebas para validar su argumento. Sí, ¿quién dijo que tratar con manipuladores era fácil?

Por ejemplo, pueden empezar por meterse con usted por no tener una carrera de éxito. Cuando tenga una carrera exitosa, le cuestionarán por no ser aún multimillonario. Cuando esa expectativa se cumpla, le exigirán por qué su vida personal y laboral nunca está equilibrada. Los postes de la meta seguirán cambiando y las expectativas aumentarán en un intento de hacerle sentir incompetente de una u otra manera.

Una de las formas más sencillas de detectar a un manipulador es observar si le inculca constantemente una sensación de indignidad o si siempre le hace sentir que lo que hace nunca es lo suficientemente bueno. Una persona auténtica o constructiva nunca le inducirá una sensación de indignidad. Le señalarán suavemente sus limitaciones y a menudo le sugerirán formas de superarlas. Los manipuladores, por el contrario, nunca ofrecerán sugerencias para ayudarle a superar sus limitaciones.

Si una persona le critica constantemente sin ayudarle a superar el problema o las limitaciones de forma significativa, lo más probable es que sea víctima de una manipulación encubierta. Lo presentarán astutamente como una crítica constructiva, aunque sólo sea una crítica puntillosa sin ofrecer soluciones.

Si una persona sigue exigiendo más pruebas para validar sus argumentos o sigue aumentando sus expectativas, es evidente que su objetivo no es comprenderte mejor. Lo que pretende es provocarle una sensación de incapacidad o de que tiene que seguir demostrándose a sí mismo todo el tiempo.

11. No pedir disculpas. Los manipuladores encubiertos raramente se disculpan por sus acciones. En su lugar, negarán, mentirán o cambiarán la culpa para evitar aceptar la responsabilidad de su acto. Tenga en cuenta esta técnica de manipulación encubierta examinando si la persona se disculpa y acepta la responsabilidad de sus errores.

Si una persona le hace sentir constantemente que está exagerando las cosas o que reacciona de forma exagerada en lugar de disculparse, lo más probable es que esté tratando con un manipulador encubierto. Los manipuladores tienen una fuerte necesidad de tener la razón, incluso a costa de enmendar la relación. Ocultar las disculpas no es más que otro mecanismo de control para ellos.

12. Socavar su éxito. Una vez tuve un amigo al que su pareja le hacía sentir constantemente culpable por tener éxito. Él estaba creando un futuro prometedor para ellos y sus futuros hijos, pero ella le hacía sentir constantemente mal por el hecho de que trabajaba tanto y apenas tenía tiempo para ella. Le acusaba de ser egoísta y de pensar sólo en sus objetivos, cuando en realidad estaba construyendo un futuro para su familia.

Cuando le cuenta a su pareja o a un amigo íntimo sobre un ascenso o una nueva oferta de trabajo, ¿cómo suelen reaccionar? Deberían alegrarse de que progrese en la vida. Los que se preocupan de verdad por usted querrán verle triunfar. Los manipuladores tratarán constantemente de minimizar y socavar su éxito. Siempre encontrarán alguna forma de infundir negatividad en cualquier forma relacionada con su historia de éxito. Esto surge de una clara sensación de inseguridad de que ahora se está volviendo más autosuficiente y ya no los necesitará.

La sensación de que cuanto más éxito tenga, menos podrán controlarle los lleva a comportarse de forma irracional. Así, le harán sentir miserable por su éxito. A veces, incluso se enfadan sin motivo aparente. Una de sus mayores preocupaciones es que la independencia financiera le dará la capacidad de sobrevivir sin su ayuda. Esta perspectiva puede resultar amenazante para una persona que está acostumbrada a que su amigo o pareja dependa excesivamente de él.

13. 13. Ciclo de miedo y alivio o uso del miedo seguido del alivio.

Esta es otra estrategia de manipulación encubierta que se utiliza en una variedad de entornos, popularmente utilizada por los anunciantes, los gerentes de marca y los vendedores para persuadir a su grupo de consumidores objetivo a tomar la acción deseada a favor de sus productos o servicios. ¿Cómo funciona la cadena de miedo y alivio? Básicamente, actúa en un nivel psicológico que hace que todo el proceso sea eficaz.

Esta técnica de manipulación encubierta consiste en jugar con los miedos de la otra persona para conseguir que tome la acción requerida a su favor. Se introduce una sensación de miedo y se le hace pensar en lo peor que puede ocurrir en una determinada situación. A continuación, se ofrece una sensación de alivio. La persona experimentará una gran sensación de alivio y positividad que le ayudará a tomar una decisión rápida para cumplir con su agenda.

Veamos un ejemplo. Comience diciendo algo como: "Cuando me puse tus pendientes en la fiesta la otra noche, oí un chasquido. Estaba seguro de que el pendiente se había roto. Más tarde, me di cuenta de que, en realidad, mi hermana estaba viendo un vídeo en su tableta. ¿No es gracioso? Eso me recuerda que me puedes prestar esos preciosos pendientes de nuevo para un próximo evento".

¿Qué acaba de hacer? Ha llevado a la persona a través de una curva de miedo seguida de alivio para provocar un rápido cambio en sus emociones a nivel psicológico que le ayude a actuar en la dirección deseada. La otra persona siente un gran alivio al saber que no le ha pasado nada a sus pendientes y que se encuentra en un estado adecuado. Entre en un estado mental más receptivo, flexible y positivo, lo que hace que sea más sencillo para usted conseguir que haga lo que desea.

Empiece por sembrar semillas de inseguridad y miedo en la otra persona. Haga que se imagine lo peor que puede pasar en esa situación. A continuación, siga con tacto aportando una solución o sumergiéndose en una narración sobre cómo las cosas no eran tan malas como la otra persona pensaba o imaginaba. Una vez que la persona se dé cuenta de que las cosas no son tan desafortunadas como había imaginado, será más fácil conseguir que se ponga en un estado de ánimo más receptivo y agradable. El rápido torbellino de emociones que se produce en la montaña rusa facilita que la otra persona se ponga en un estado de ánimo más positivo una vez que se le ofrece algo de esperanza para combatir su miedo. Esta positividad puede utilizarse para conseguir que hagan lo que usted quiere.

Piense en el impacto que tiene la persona a nivel psicológico. La víctima pasa por un ciclo o patrón de emociones poderosas. El miedo es una emoción enorme que es capaz de hacer que la gente tome muchas acciones rápidas. Sin embargo, debe utilizarse con moderación. Más allá de un punto, si la gente se da cuenta de que simplemente usas el miedo como una herramienta para manipularlos, dejarán de responder a él. El miedo hace que la gente se sienta incómoda y nerviosa. A esto le sigue inmediatamente el positivismo, una enorme sensación de alivio y una esperanza instantánea.

Veamos otro ejemplo para entender cómo un mercado impulsado por el consumo utiliza esta estrategia de manipulación al máximo cuando se trata de conseguir que la gente tome decisiones relacionadas con la compra. Casi todos los vendedores de seguros utilizan el ciclo de alivio del miedo en sus clientes potenciales para conseguir que les compren un seguro. Les transmiten una sensación de miedo, estrés, pánico y ansiedad para informarles de que sus objetos de valor siempre corren el riesgo de perderse o destruirse en varias circunstancias desafortunadas. Hablarán de robos, incendios, atracos y otras situaciones desafortunadas en las que sus objetos de valor pueden perderse, destruirse o ser robados. A continuación, le propondrán una solución: contratar una póliza de seguro para no sufrir pérdidas económicas. Esta técnica de ciclo de miedo-alivio genera cierta esperanza, certeza, seguridad y alivio en la persona para llevarla a tomar una decisión de compra rápida.

Piensan que la póliza es la solución o el rayo de esperanza cuando se trata de proteger el valor de sus objetos de valor.

14. Pida mucho y reduzca la escala. Es lo contrario de la técnica del pie en la puerta. En la jerga psicológica, también se conoce como la técnica de la "puerta en la cara". Comience haciendo una petición ridícula e irracional a alguien (que está garantizado que rechazará). Más tarde, vuelve y pide algo mucho más factible y menos ridículo (lo que buscaba en primer lugar).

Puede parecer una locura, pero la idea es hacer que la otra persona se sienta arrepentida de haber rechazado su petición inicial (aunque sea obviously ridícula). La próxima vez que se le ocurra algo más razonable, la persona se sentirá obligada a cumplirlo. Esto es como la retribución por haber rechazado su petición anterior, y se sienten más obligados a ayudarle a usted que a otra persona. Varias empresas y vendedores utilizan esta técnica para vender a sus clientes.

15 Falsa confianza. De acuerdo, se viste de forma atractiva, tiene un aspecto muy cuidado, lleva los accesorios más elegantes y aun así se pregunta por qué la gente no le escucha, no le sigue o no suscribe sus opiniones.

Lo más probable es que le falte el accesorio más importante: la confianza. Sí, tiene que matar al demonio de la baja confianza si realmente quiere inspirar la fe de los demás. La ropa, los accesorios y el aseo personal solo pueden llevarle hasta cierto punto.

Uno de los principios más fundamentales de la confianza es que puede fingirla totalmente incluso cuando no la siente. Todo depende de su lenguaje corporal, su voz, sus expresiones y sus gestos (que afortunadamente están bajo su control). Puede fingir ser una persona muy segura de sí misma incluso cuando se siente como un limón por dentro.

Nuestro lenguaje corporal repercute invariablemente en nuestro estado mental y viceversa. Cuando se actúa con confianza durante mucho tiempo, se acaba confundiendo al cerebro para que crea que, efectivamente, se es una persona muy segura de sí misma. Entonces, el cerebro se reprograma automáticamente y dirige al cuerpo a mostrarse confiado, creyendo que ha metido la pata en alguna parte. Así, lo que empieza como un acto pretencioso, en realidad le lleva a transformarse en un individuo más confiado y seguro de sí mismo.

Tiene que actuar con seguridad y confianza en sí mismo si realmente quiere que la otra persona se crea lo que dice. Si no parece convencido de algo, hay pocas posibilidades de que pueda convencer a los demás. Por lo tanto, la confianza es uno de los accesorios más importantes para un manipulador.

Capítulo 3: Técnicas de manipulación de la PNL

¿Qué es la programación neurolingüística?

La Programación Neurolingüística o PNL, en términos sencillos, es el lenguaje de programación de su mente. Todos hemos tenido casos en los que hemos intentado comunicarnos con alguien que no habla nuestro idioma. ¿El resultado? No nos han entendido.

Va a un restaurante a bordo y pide un filete de lujo pero acaba recibiendo un guiso insípido debido a la mala interpretación del lenguaje y los códigos.

Esto es precisamente lo que ocurre cuando intentamos comunicarnos con nuestra mente subconsciente. Creemos que le estamos ordenando que nos dé relaciones más felices, más dinero, un mejor trabajo y otras cosas similares. Sin embargo, si eso no es lo que realmente aparece, algo se está perdiendo en la traducción. La mente subconsciente/inconsciente tiene el poder de ayudarnos a lograr nuestros objetivos solo si la programamos utilizando códigos que reconoce y entiende.

Si está pidiendo a su mente inconsciente un filete y recibiendo un guiso, es hora de hablar su idioma. Piense en la PNL como un manual de usuario para el cerebro. Cuando las personas dominan la PNL, adquieren fluidez en el lenguaje de la mente subconsciente, lo cual es excelente cuando se trata de reprogramar sus pensamientos, ideas y creencias y los de otras personas. Esto les da el poder de influir y persuadir a las personas y, en el lado negativo, incluso de manipularlas.

La Programación Neurolingüística es un conjunto de técnicas, métodos y herramientas para mejorar la comunicación con las capas más profundas de nuestro cerebro. Es un enfoque que combina el desarrollo personal, la psicoterapia y la comunicación. Sus creadores (John Grinder y Richard Bandler) afirman que existe un fuerte vínculo entre el lenguaje, los patrones de comportamiento y los procesos neurológicos, que puede utilizarse para mejorar el aprendizaje y el desarrollo personal.

Influencia frente a manipulación

Entonces, ¿cree que un martillo es una herramienta de utilidad o de destrucción? Bueno, depende de cómo lo use, ¿no? ¿O de la finalidad con la que lo utilice?

La PNL es potente cuando se trata de conseguir que la gente haga lo que uno quiere. Es el martillo que puede utilizarse para fijar un clavo en la pared o destruir un trozo de madera. Del mismo modo, la PNL puede utilizarse para construir algo positivo o puede utilizarse con un propósito destructivo (manipulación).

PNL y Manipulación tienen casi el mismo significado. Ambos consisten en generar el efecto deseado en otras personas sin un esfuerzo evidente. Sin embargo, una diferencia clave entre la influencia y la manipulación es que esta última pretende influir en los demás para alcanzar los objetivos egoístas del manipulador a través de medios que pueden ser injustos, ilegales, furtivos o insidiosos. Las cosas se traman con métodos poco limpios para que resulten a favor del manipulador. Un manipulador suele aprovecharse de las inseguridades, los miedos y la culpa de otras personas. A su vez, las víctimas de la manipulación se sienten insatisfechas, frustradas, atrapadas e infelices.

Por el contrario, la influencia es la capacidad de inspirar a las personas de forma admirable, carismática y honorable. A menudo nos inspiran las personas influyentes y aspiramos a modelar nuestra vida según la suya. Hay un sentimiento general de positividad relacionado con ellas, y nos sentimos positivamente impactados en su compañía. No todas las influencias son positivas, por lo que utilizamos términos como "mala influencia" para significar el efecto negativo de una persona sobre nosotros. Sin embargo, la manipulación nunca se clasifica como buena o mala. Siempre opera con motivos siniestros. Esa es la principal diferencia entre la influencia y la manipulación.

La influencia es un arma de doble filo que puede utilizarse de forma positiva y negativa, mientras que la manipulación sólo opera con una perspectiva negativa, estrecha y egoísta para cumplir los objetivos del manipulador.

Mientras que la manipulación tiene motivos egocéntricos y cuestionables, la influencia también puede ser positiva. A diferencia de la manipulación, la influencia tiene connotaciones positivas, ya que tiene en cuenta las necesidades, los objetivos y los deseos de los demás. Como padres, ¿no queremos influir en nuestros hijos para que lleven una vida más feliz y saludable? Del mismo modo, como directivos, queremos influir en nuestro equipo para que se esfuerce al máximo.

Al igual que el martillo del que hablábamos antes, la gente puede utilizar la PNL para influir positiva o negativamente en las personas para conseguir sus propios objetivos egoístas (manipulación). La PNL es una herramienta de control mental que puede hacer ambas cosas: construir y dañar. Las técnicas mencionadas aquí pueden ser usadas para detectar a los PNL que le manipulan o para que usted manipule a otras personas. De nuevo - tiene una poderosa herramienta en su poder que puede ser usada constructiva o destructivamente.

¿Cómo se utiliza la PNL para manipular a las personas?

La formación en PNL se realiza en una estructura piramidal, con técnicas sofisticadas reservadas a los seminarios de alto nivel. Es un tema complejo (quién dijo que cualquier cosa relacionada con la mente humana sería alguna vez fácil). Sin embargo, para simplificar un concepto complicado, los NLPers o las personas que practican la PNL prestan una gran atención a las personas con las que trabajan. Observan todo, desde los movimientos de los ojos hasta el enrojecimiento de la piel y la dilatación de las pupilas, para determinar qué tipo de información están procesando las personas.

A través de la observación, los PNL pueden saber qué lado del cerebro es dominante en una persona. Del mismo modo, pueden saber qué sentido es el más activo dentro del cerebro de la persona. Los movimientos oculares pueden determinar cómo su cerebro almacena y utiliza la información. También es fácil descifrar si la persona está afirmando hechos (diciendo la verdad) o inventando hechos (mintiendo) mirando sus movimientos oculares.

Después de recopilar esta valiosa información, el manipulador de PNL reflejará e imitará sutilmente a sus víctimas (incluyendo el habla, el lenguaje corporal, los gestos, los patrones lingüísticos verbales y más) para dar la sensación de ser "uno entre ellos".

Los manipuladores de la PNL fingirán pistas sociales para hacer que sus víctimas bajen la guardia y entren en un estado mental más abierto, receptivo y sugestionable, en el que se preparan para absorber cualquier información que se alimente en su mente. Los manipuladores utilizarán astutamente un lenguaje centrado en los sentidos predominantes de la persona.

Por ejemplo, si una persona se centra en su sentido visual, lo más probable es que el manipulador de PNL lo utilice en su beneficio de forma óptima diciendo algo como: "¿Ves de dónde vengo?", "¿Puedes ver lo que estoy tratando de decirte?" o "¿Lo ves así?". Del mismo modo, si una persona es predominantemente auditiva, el manipulador le hablará utilizando metáforas auditivas como "escúchame una vez Tim" o "te escucho".

Al reflejar el lenguaje corporal y los patrones lingüísticos verbales de su víctima, los expertos en PNL o los manipuladores de PNL intentan lograr un objetivo claro: construir una relación. Como ya se ha dicho, los manipuladores también intentan conseguirlo compartiendo demasiado, demasiado pronto, o construyendo una intimidad temprana. El objetivo es el mismo: establecer una relación con sus víctimas, lo que facilita que éstas bajen la guardia.

Una vez que el manipulador utiliza la PNL para establecer una relación y bajar la guardia de la víctima mediante el uso inteligente del lenguaje corporal y los patrones verbales, la víctima se vuelve más abierta y sugestionable. Se le dan pistas sociales falsas a la víctima para que su mente sea más maleable.

Una vez que han establecido una relación, los manipuladores de la PNL comenzarán a llevar a la víctima a una mayor interacción de manera sublime. Después de haber reflejado a la víctima y haber establecido en la mente subconsciente de la víctima que ellos (el manipulador) son uno de ellos (la víctima), el manipulador aumenta sus posibilidades de conseguir que la víctima haga lo que el manipulador quiere. Cambiará sutilmente su comportamiento y su lenguaje para influir en las acciones de su víctima.

Las técnicas pueden incluir preguntas capciosas, patrones de lenguaje sublimes y una serie de otras técnicas de PNL para maniobrar la mente de la persona hacia donde quiera. La víctima, por otro lado, a menudo no se da cuenta de lo que está ocurriendo. Desde su punto de vista, todo está ocurriendo de forma natural/orgánica o según su consentimiento.

Por supuesto, los manipuladores (por muy hábiles que sean) no podrán utilizar la PNL para conseguir que la gente se comporte de una manera totalmente fuera de lo normal. Sin embargo, puede utilizarse para dirigir las respuestas de las personas en la dirección deseada. Por ejemplo, no se puede convencer a una persona fundamentalmente ética y veraz para que actúe de forma deshonesta. Sin embargo, se puede utilizar para conseguir que una persona piense en una dirección o línea de pensamiento específica. Los manipuladores utilizan la PNL para obtener respuestas específicas de una persona.

La PNL trata de lograr dos fines, la provocación y el anclaje. La provocación se produce cuando los PNL utilizan el lenguaje y el liderazgo para llevar a sus víctimas a un estado emocional. Una vez conseguido el estado de deseo, el PNL ancla la emoción con una pista física específica, por ejemplo, tocando su hombro. Esto significa simplemente que un PNLer puede invocar la misma emoción en usted tocando su hombro.

Por ejemplo, digamos que el manipulador de PNL le hace sentir deprimido o indigno utilizando el lenguaje, la conducción y otras técnicas de PNL. Esto es seguido por golpear el dorso de las palmas de las manos de una manera específica para crear anclaje. Así, cada vez que quieran crear en usted una emoción de desilusión, depresión e indignidad, le darán golpecitos en el dorso de la palma de la mano. No es otra cosa que condicionarte para que se sienta de una determinada manera con pistas físicas vinculadas.

Ahora que tiene una idea justa de lo que es la PNL o de cómo los manipuladores pueden utilizarla para someterse, ¿qué puede hacer para protegerse de los manipuladores de la PNL?

Aquí algunos consejos para evitar que los PNL le hagan sus trucos, tan inteligentes como furtivos.

1. Desconfíe de las personas que imitan su lenguaje corporal. De acuerdo, no lo sabía hasta ahora, pero que la gente imite o copie su lenguaje corporal es una de las mayores señales rojas de que intentan manipularte, influenciarte o persuadirte para que actúes de la manera deseada. Me gusta mucho poner a prueba a estos expertos en PNL utilizando sutiles gestos con las manos y movimientos de las

piernas para saber si realmente están reflejando mi lenguaje corporal para establecer una relación.

Si siguen su ejemplo, ¡es mi pista para huir! Los expertos en PNL han dominado el arte del reflejo sutil, lo que significa que puede que ni siquiera se dé cuenta de que están imitando sus acciones. Los principiantes en PNL imitarán al instante exactamente el mismo movimiento en su afán por establecer un sentimiento de unidad, ¡lo cual es una buena manera de que usted llame la atención sobre su farol!

Si buscas una forma de manipular a la gente, el reflejo puede hacer maravillas "La imitación es la mejor forma de adulatio". Para hacer que alguien le acepte al instante, sea uno de ellos o, mejor, como ellos. Reflejar las palabras y el comportamiento de alguien es un instinto primordial. Hace que la gente piense rápidamente que forma parte del "clan".

¿Ha visto cómo los vendedores inteligentes suelen repetir las palabras que usted hace o imitar sus gestos solo para persuadirle suavemente de que les compre? O cómo los influencers hablan "el lenguaje de su gente" solo para ganarse la confianza de sus seguidores. No hacen más que utilizar la potentísima técnica del mirroring.

Cuando realmente quieras influir en la gente o conseguir que hagan lo que tú quieres, observa atentamente su comportamiento, el tono de voz, los ademanes, el lenguaje corporal y los patrones de habla. A continuación, utiliza lo mismo en sus interacciones con ellos para hacerse simpático al instante. Funciona como la magia.

Las investigaciones apuntan a que las personas que son imitadas son más propensas a responder de forma más positiva a las personas que las imitan. La forma en que esto funciona a nivel psicológico es que imitar el patrón de comportamiento o las palabras de alguien les hace sentir una sensación de validación. Esta positividad se transmite directamente a la persona que los validó al reflejar su comportamiento. Llegan a asociar a las personas que las reflejan como positivas y simpáticas. ¿No aumenta automáticamente su autoestima y confianza cuando alguien le emula? E invariablemente acaba queriendo a las personas que le admiran.

Otro consejo potente en la misma línea es parafrasear lo que la gente dice y repetirlo, lo que también se denomina escucha reflexiva. Esto demuestra a la otra persona que la ha escuchado, lo que en cierto modo valida todo lo que ha dicho. Los terapeutas y consejeros utilizan generosamente la escucha reflexiva (por eso a la gente le encanta hablar con ellos).

Esta técnica puede aplicarse en casi cualquier lugar, desde sus empleados hasta sus amigos o su pareja. Cuando escucha a las personas con atención y reformula lo que han dicho en forma de pregunta para confirmar que están en la misma línea, hace que se sientan más cómodas al interactuar consigo. Es más probable que desarrollen sentimientos positivos hacia usted y le escuchen con más atención porque ya ha demostrado que lo que dicen es importante para usted.

2. Confundir con los movimientos de los ojos. Otra forma fantástica de llamar la atención de un manipulador de PNL es notar si están jugando muy cerca de sus ojos o movimientos oculares. Los usuarios de la PNL suelen examinar a su objetivo o a su víctima con mucho cuidado. Los movimientos de los ojos son escudriñados para medir cómo accede y almacena la información.

En efecto, quieren determinar qué partes del cerebro utiliza para obtener pistas sobre sus pensamientos y sentimientos. Para ello, mueva los ojos por todo el lugar de forma aleatoria. Muévala hacia arriba y hacia abajo o de lado a lado sin un patrón claro. Está despistando a su manipulador de PNL. Haga que parezca natural. Su calibración se irá por el camino.

3. Cuidado con el tacto de la gente. Como hemos comentado antes, una de las técnicas que utilizan los practicantes de la PNL es el

anclaje. Si sabe que una persona practica la PNL y está en un estado emocional especialmente elevado o intenso, no permita que le toque de ninguna manera. Desvíelo de su curso riendo repentinamente con fuerza o volando en un ataque de rabia. Básicamente, les está confundiendo sobre la emoción que necesitan anclar. Incluso si intentan establecer una pista física para invocar ciertas emociones, se quedarán con una mezcla de risa loca, rabia y cualquier otra cosa que haya hecho.

4. Cuidado con el lenguaje permisivo. El lenguaje típico utilizado por los PNL incluye "estate relajado", "relájate y disfruta de esto" y otras afirmaciones similares. Tenga cuidado con este lenguaje de estilo hipnotizador de la PNL que le induce a un estado de relajación profunda o rastrea para conseguir que piense o actúe de una manera específica. Los manipuladores hábiles o encubiertos rara vez ordenan de manera directa.

Buscarán hábilmente su permiso para darle la impresión de que está haciendo lo que ellos quieren que haga por su propia voluntad (uno de sus muchos trucos siniestros). Si observa a los hipnotizadores experimentados, nunca le ordenarán directamente que haga algo, sino que buscarán su permiso para que parezca que se hace de forma orgánica, con su consentimiento.

5. Evitar el galimatías

Cuidado con las tonterías que no tienen ningún sentido lógico o con las afirmaciones retorcidas/complicadas que no significan nada. Por ejemplo, "A medida que liberes la sensación de estar retenido por sus pensamientos, se encontrará alineado con la voz de tu éxito". ¿Tiene esto algún sentido? Los manipuladores de la PNL no dirán nada a propósito, sino que programarán su estado emocional para llevarlo hacia donde ellos quieran.

Una de las mejores maneras de protegerse contra este tipo de manipulación inducida por el hipnotismo y la PNL es instar al manipulador a ser más específico. ¿Puede ser más claro al respecto?

¿Puede especificar exactamente lo que quiere decir? No sólo interrumpirá su técnica astutamente establecida, sino que también forzará la interacción con un lenguaje preciso, rompiendo así el trance provocado por las palabras y frases ambiguas.

6. No acepte nada rápidamente. Si se ve obligado a tomar una decisión instantánea sobre algo importante y siente que le dirigen en una dirección concreta, escape de la situación. Espere un día para tomar una decisión. No se deje arrastrar o llevar a tomar una decisión que no quiere tomar por impulso. Los profesionales de las ventas son expertos en manipular a los compradores para que compren algo que no necesitan utilizando tácticas de manipulación y PNL. Cuando alguien le apresura a tomar una decisión, debería ser una señal de advertencia para que se eche atrás y espere hasta que haya reflexionado más sobre la situación.

Capítulo 4: Persuadir e influir en las personas

La gratitud es otra gran cualidad de influenciador/influenciador/modelo de rol. Los manipuladores e influenciadores eficientes conocen el poder del simple agradecimiento para canalizar a las personas en la dirección correcta. Un simple gesto como dar las gracias a la gente, apreciar el esfuerzo que han puesto en un proyecto o elogiar públicamente sus habilidades, contribuye en gran medida a inspirar su lealtad hacia usted.

Elija siempre reconocer el trabajo o los esfuerzos de los demás y concéntrese en elevarlos como brillantes modelos de conducta para los demás. Pocas cosas suben la moral de una persona que ser presentada como un ejemplo brillante. Esto no sólo hace que la persona se sienta de maravilla, sino que también le ayuda a reforzar lo que es correcto hacer. Todo el mundo quiere ser apreciado y valorado y, por tanto, se sentirá motivado para hacer las cosas como se deben hacer. Una vez que una persona se da cuenta de que le agradece algo, seguirá haciéndolo aún más.

Otro consejo que puede convertirle en un magnífico manipulador, influenciador y persuasor es la capacidad de ayudar a la gente a salvar la cara en una situación potencialmente embarazosa o incómoda. La persona se sentirá en deuda contigo de por vida. Sentirá una profunda gratitud por haberle ayudado a salir de una situación complicada, lo que a su vez le inspirará una lealtad inquebrantable.

Puede ayudar a desviar la atención del error de la persona. Por ejemplo, si alguien dice algo que no debería haber dicho por error o por accidente, cambie rápidamente de tema antes de que nadie se dé cuenta o haga como si no hubiera pasado nada.

Como influenciador o manipulador, está mostrando a la gente que se preocupa lo suficiente por ellos como para encubrir pequeñas vergüenzas o faltas. Sin embargo, no deje que la gente se aproveche de su amabilidad. Asegúrese de que la persona sea informada asertivamente en privado (si se trata de un asunto potencialmente importante) de que no mostrará una indulgencia similar si se trata de una infracción habitual.

Entrena y orienta a las personas en lugar de humillarlas. Si detectas un esfuerzo sincero por cambiar, ayúdales a cambiar. Trabajen juntos en estrategias que puedan ayudarles a alcanzar sus objetivos.

Relájese

Los comportamientos relajados, racionales y constantes tienen más probabilidades de lograr el éxito influyendo en la gente que los enfoques emocionales, volátiles y exigentes. Ser ecuánime e imperturbable puede hacerle ganar más adeptos que una actitud irracionalmente dogmática.

La gente tiende a escucharle mejor cuando habla despacio, de forma relajada y seguro de sí mismo. Si se pone a despotricar y a insultar, seguro que pierde el respeto con el paso del tiempo. Los influencers rara vez muestran reacciones emocionales extremas. Exudan una seguridad natural en sí mismos que, en última instancia, les ayuda a influir en los demás sobre sus ideas.

Si realmente quiere que la gente le escuche, evite dar órdenes. Eso le hace parecer muy prepotente e irrespetuoso. En cambio, cuando demuestras que realmente le importan las aportaciones de los demás, es más probable que la gente responda a su petición. Se sentirán menospreciados y harán exactamente lo contrario de lo que les pides.

En su lugar, haga peticiones educadas y respetuosas. Utilice la palabra "por favor" siempre que pueda. En lugar de ordenar a una persona que realice una llamada de ventas al aire libre durante el día, puede decir algo como: "¿No hace un día precioso fuera hoy? ¿No sería un buen día para hacer su llamada de ventas al aire libre? Es poco probable que la persona se niegue. Pídalo de una manera que a la gente le resulte difícil de rechazar.

Preste atención a su lenguaje corporal

¿Sabía que el lenguaje corporal representa el 55% del proceso de comunicación? ¿Y que el tono de su voz supone un 38 por ciento de toda la comunicación? Esto significa simplemente que la comunicación no verbal es más importante que lo que habla o la comunicación verbal.

No se reduce a lo que dice, sino también a cómo lo dice o a la forma en que comunica algo. Todo, desde los gestos hasta la postura y la expresión de los ojos, influye en el mensaje que se intenta transmitir. Por ejemplo, cuando una persona tiene una expresión estoica en la cara y cruza los brazos sobre el pecho, sabe que le está hablando de forma acusadora. Sin embargo, una voz más calmada, unos brazos y piernas sin cruzar y un lenguaje corporal generalmente relajado harán que la otra persona se sienta más tranquila. Es probable que se ponga menos a la defensiva y sea más receptiva al mensaje.

Aquí algunos consejos para mantener un lenguaje corporal positivo. Mire de frente a la persona mientras le habla. Mantenga el contacto visual sin mirar fijamente y sin hacer que la otra persona se sienta incómoda. Está bien cambiar la mirada de vez en cuando. No se mueva ni de golpecitos con los dedos o los pies. Puede dar a su amigo la impresión de que no le interesa lo que está diciendo. Uno de los mejores consejos para revelar su interés en la otra persona o en lo que está diciendo es inclinarse en su dirección. Mantenga su lenguaje corporal menos rígido y muéstrese relajado o cómodo.

El lenguaje corporal es un componente integral de su persona como manipulador e influenciador. El tono de voz, las expresiones, los gestos, la forma de caminar, la postura y otras pistas no verbales son determinantes a la hora de conseguir que la gente haga lo que tú quieres.

Mantenga siempre un tono de voz asertivo, firme, decidido y bajo. Los estudios han revelado que hablar con la gente en tonos bajos tranquilizadores y reconfortantes hace que sean más eficientes. Esto no implica en absoluto que no debas tener una voz fuerte, segura y naturalmente confiada que demuestre que va en serio. Pero no vaya por ahí hablando en tono alto todo el tiempo para afirmar su autoridad si quiere que la gente le tome en serio. Hable siempre despacio y haga pausas efectivas para reforzar la autoridad. Parecerá menos autoritario si habla rápido sin salpicar su discurso con pausas impactantes.

El apretón de manos de un influenciador y manipulador es firme sin ser intimidante y apretado. Su objetivo debe ser asegurar a la gente en lugar de establecer un statu quo con su apretón de manos. No recurra a un apretón de manos flojo utilizando sólo las puntas de los dedos de la mano. Utilice toda la mano. Tiene una sola oportunidad de crear una primera impresión poderosa, y su apretón de manos puede causar un impacto instantáneo.

¿Sabía que la gente se apodera de usted y forma una opinión de su persona en los 4 segundos iniciales de su primera interacción con ellos? Haga que cada segundo cuente. Un apretón de manos firme transmite confianza, afabilidad y positividad. Simboliza la unión de dos poderes que pueden unirse para crear algo formidable. Las personas influyentes siempre dan la mano de una manera que transmite su fuerza y control.

No utilice gestos aleatorios, distraídos o nerviosos al dirigirse a su grupo. Utilice gestos que complementen la comunicación verbal. Por ejemplo, si está hablando de un trabajo bien hecho o de un agradecimiento dirigido a su empresa, utilice el gesto del pulgar hacia arriba. Estos gestos apoyan su discurso y crean una impresión memorable en la mente de los seguidores.

Mantenga siempre una postura poderosa. Los influenciadores fuertes comunican confianza, seguridad en sí mismos y fuerza de forma muy sutil a través de su postura. Mantenga su postura extendida y abierta para proyectar transparencia, confianza y poder. La cabeza debe estar recta. Mantén un contacto visual ininterrumpido mientras hablas con la gente. No se olvide de sonreír.

Uno de los mejores trucos antes de presentar una idea (con la que quiere que la otra persona esté de acuerdo) es practicar posturas frente a un espejo. Invariablemente, te sentirás más seguro de ti mismo y transmitirás inconscientemente a tu público que tienes todo el control, que eres positivo con respecto al futuro de la organización y que eres capaz de establecer objetivos poderosos. Cuando estés en el escenario, intenta caminar, hacer una pausa y volver a caminar para conseguir un mayor efecto, en lugar de realizar movimientos erráticos o permanecer inmóvil. El movimiento representa la energía, el entusiasmo y el compromiso, que pueden ser muy contagiosos para los seguidores.

Los gestos de ansiedad, como tirarse del cuello de la camisa o levantarse el pelo, indican un cúmulo de energía nerviosa, lo que no contribuye a asegurar a los seguidores en una crisis. Los empleados esperan que las personas influyentes estén tranquilas y controlen la situación cuando están nerviosas. Si detectan nerviosismo en su lenguaje corporal, también tienden a perder la confianza. Mantenga su lenguaje corporal calmado, frío y tranquilo para restablecer la seguridad. Esto reconforta a los seguidores y facilita la colaboración.

Desarrollar un estilo de comunicación impresionante

Cada persona tiene sus propias preferencias y estilos de comunicación a la hora de transmitir sus ideas, pensamientos y conceptos. Si quiere tener una posición más dominante o quiere que los demás le vean como una persona influyente, desarrolle un estilo de comunicación único. ¿Cuál es su principal medio de comunicación? ¿Pone más énfasis en la comunicación verbal o no verbal?

En una ocasión, una formadora me dijo que le encantaba la forma en que gesticulaba con las manos mientras hacía una presentación. Añadía más impacto al mensaje y lo hacía aún más eficaz. A partir de entonces, empecé a incorporar conscientemente estos poderosos gestos con las manos en mi presentación para darle más fuerza, lo que realmente me funcionó. ¿Cuál es su USP de comunicación? Si se le dan bien las palabras, aprovéchelo. Si tiene una cara más expresiva o animada, comuníquese a través de las expresiones.

Descubra sus propias preferencias de comunicación. Yo soy una persona que hace ojitos, así que puedo comunicarme fácilmente a través de mis ojos si no estoy satisfecha con algo. Haga un balance de sus puntos fuertes y débiles y de sus estilos de comunicación. No siempre tiene que seguir los pasos de los demás en lo que respecta a la comunicación. Póngase delante de un espejo y observe su estilo de comunicación. Preste atención a sus gestos, su voz, sus expresiones, su tono... ¿Cómo se comunica con la otra persona? ¿Qué palabras y frases utiliza con frecuencia? ¿Su estilo de comunicación anima a la gente a escuchar o a desconectar? ¿Su lenguaje es positivo o negativo?

Por ejemplo, si alguien no está rindiendo a la altura de sus expectativas, ¿dice "eres pésimo en esto" o "tienes el potencial para hacerlo mucho mejor"? ¿Su lenguaje cierra las brechas o destruye las relaciones? ¿Sus palabras animan a seguir conversando? ¿Inspiran a sus jefes, compañeros de trabajo o subordinados a aportar ideas? ¿Cierras a la gente con lo que habla? Todo esto es importante cuando se trata de la comunicación en el lugar de trabajo.

Las personas suelen tener uno de estos tres estilos de comunicación, que pueden variar según la situación. Algunas personas tienen estilos de comunicación más autoritarios o dictatoriales, mientras que otras son más sumisas. La tercera es la categoría asertiva, que es a la que debe aspirar. El dogmático o dictatorial dice: "Siempre tengo razón. Mi palabra es la verdad del evangelio". La sumisión dice: "Tú siempre tienes la razón y yo cedo a todo lo que dices".

Sin embargo, la asertividad dice: "Creo que tengo razón, pero eso no significa que no respete tu opinión o tu derecho a discrepar". La asertividad es el respeto por su punto de vista y por el de la otra persona. Es defenderse a sí mismo sin menospreciar a la otra persona. Es el medio perfecto entre ser dogmático y sumiso. Fíjese en el personal de alta dirección de cualquier organización. La mayoría de las veces, observará que han dominado el arte de exponer su punto de vista sin ofender a los demás. Por supuesto, también hay muchas excepciones. Yo he tenido mi cuota de jefes infernales. Sin embargo, las personas que saben hablar para que los demás los escuchen sin ofenderse han dominado prácticamente el arte de la comunicación empresarial.

Identificar una base común sólida

Cuando veas que la gente se desentiende de la conversación o no responde favorablemente a lo que dices, cambia de tema. Encuentra un punto en común entre tú y la otra persona para establecer un nivel de comodidad. Los vendedores utilizan esta técnica de comunicación todo el tiempo. Están entrenados en el arte de crear una relación con los clientes potenciales.

Busque pistas hasta que encuentre algún punto en común. Entable una conversación con la persona sobre el tema durante un rato hasta que se descongele. Haga que se sientan cómodos y luego vuelve al tema inicial. Estarán más receptivos y abiertos a lo que dice. A menudo nos rendimos cuando nos damos cuenta de que la otra persona no está respondiendo o reaccionando favorablemente a lo que estamos diciendo. Sin embargo, los comunicadores poderosos son capaces de encontrar rápidamente una conexión a través de un hilo conductor y hacer que la otra persona se relacione con ellos de una manera más positiva.

Say things at the right moment

Este es uno de los puntos más importantes a la hora de comunicarse con la gente en el ámbito profesional. A veces, el problema de la comunicación no se basa en cómo se dice algo, sino simplemente en el momento en que se dice. Si tiene un problema con alguien en el trabajo, dígase a él directamente en lugar de hacérselo saber a todo el lugar de trabajo. Del mismo modo, todo el mundo tiene sus días y momentos malos. Muestra más empatía hacia las personas comprendiéndolas. Todos nos estresamos y tenemos nuestra parte de días improductivos o ineficientes. Está bien tender la mano a la gente y ser comprensivo con ellos cuando es evidente que lo están pasando mal.

No debería haber lugar para el dramatismo en un entorno profesional. Asegúrese de elogiar a las personas públicamente cuando hayan hecho algo maravilloso y de criticarlas personalmente. Conozco a una persona influyente en las redes sociales que es muy popular y querida en su comunidad porque elogia públicamente a las personas. Siempre destaca sus aspectos positivos y reconoce públicamente su fuerza.

Sin embargo, cuando algo no sale como estaba previsto o los resultados no están a la altura, llama a su personal al interior de la cabina y mantiene una conversación individual con ellos. Nadie se entera de la conversación que comparte con sus asistentes. Esto hace que su aura sea muy positiva e inspiradora. Ni que decir tiene que la gente se toma en serio su palabra y la escucha.

Del mismo modo, mantenga un lenguaje corporal potente y positivo mientras se comunica con la gente. Por ejemplo, mantenga el contacto visual para demostrar que le interesa o respeta lo que le están diciendo. Sea más consciente y atento a su lenguaje corporal mientras se comunica con la gente. Imagine que un compañero de trabajo le está expresando sus preocupaciones y usted coloca la barbilla sobre la mano mientras pones los ojos en blanco periódicamente mientras le escucha. ¿Qué señal les está enviando? Que no le importa nada lo que están diciendo o que esté completamente aburrido.

Utilice siempre un lenguaje que resuene con su gente. Si está tratando con un grupo de becarios, evite utilizar una jerga demasiado técnica que no entiendan o con la que no se identifiquen. Puede que se sientan identificados con una jerga ligeramente más desenfadada y milenaria. Del mismo modo, si se dirige a un grupo de altos directivos, puede que tenga que recurrir a un lenguaje más técnico y profesional que resuene con ellos.

La jerga técnica innecesaria puede complicar o confundir a la gente. Es posible que no pueda impartir la información con eficacia o transmitir sus ideas de manera impactante. Utilice un lenguaje que provoque un mayor compromiso y debate. El objetivo principal de la comunicación debe ser comunicar su punto de vista de forma convincente, no pasar por listo.

Utilice la técnica del sándwich

La técnica del sándwich no puede calificarse realmente como una técnica altamente manipuladora. Sin embargo, es eficaz porque le ayuda a conseguir que la otra persona haga lo que usted quiere utilizando la carta de la diplomacia. Se trata de uno de los métodos más poderosos cuando se trata de comunicar algo complicado y potencialmente ofensivo a su pareja. El método consiste en intercalar una afirmación potencialmente negativa u ofensiva entre un par de afirmaciones positivas.

Por ejemplo: "Escucha, Bridget, te adoro mucho y me haces

realmente feliz. Sin embargo, me resulta difícil que trabajes las veinticuatro horas del día. Si redujeras tu trabajo y pudiéramos pasar un buen rato juntos, sería muy feliz. Me siento tan bien cuando estoy contigo". ¿Ve lo que hemos hecho? Hemos utilizado una acusación potencialmente conflictiva (no pasas suficiente tiempo conmigo por culpa de tu trabajo) entre dos afirmaciones que suenan dulcemente y que garantizan que se derrita el corazón de su pareja.

No lance una bomba a su pareja lanzando acusaciones de la nada. Utilice siempre señales o indicadores para avisar de algo, de modo que la persona esté preparada para ello y no se vea sorprendida. Si tiene una preocupación genuina que quiere que escuche, empiece la conversación con algo como: "Quiero quitarme esto de encima" o "Me vendría bien que me aseguraran que...". De este modo, su interlocutor se da cuenta de que no le está acusando realmente, sino que sólo necesita que le tranquilicen y le escuchen.

Practicar la escucha activa

De nuevo, la comunicación consiste tanto o más en escuchar que en hablar. Se trata de permitir que su otra mitad sepa que está 100% atento e interesado en lo que está hablando.

Puede ser en forma de varias pistas verbales y no verbales, como el contacto visual, el reconocimiento de lo que están diciendo, el parafraseo de lo que han dicho (para demostrar que ha estado escuchando con atención y quiere entenderlo correctamente) y mucho más. No mire el teléfono o el periódico mientras su interlocutor está hablando. Hágale saber que tiene toda su atención.

Resista el impulso de interrumpir a su interlocutor mientras habla. Manténgase centrado, interesado y atento. Conocí a un amigo que solía interrumpir para dar consejos a su mujer cada vez que ésta exponía sus quejas en el trabajo. Muchos hombres lo hacen, y en realidad no es culpa suya.

Simplemente están conectados para arreglar todo desde los tiempos primitivos. Una mujer puede querer simplemente hablar con su corazón para sentirse más ligera. Puede que no busque necesariamente consejos, orientación o sugerencias. Sin embargo, el hombre se cree su caballero de brillante armadura y empieza a ofrecerle soluciones inmediatas. Esto también puede ocurrir a veces con las mujeres. Resiste el impulso de ofrecer soluciones y céntrate en escuchar a tu pareja.

Cuando terminen de hablar, podrá averiguar si están pidiendo consejo. No se precipite a dar su opinión cuando todavía estén hablando. Deje que terminen antes de dar un consejo.

Mire a su pareja mientras habla y responda de vez en cuando con un movimiento de cabeza o con pistas verbales como "u-huh", "ya veo" y "hmm". Haga un tiempo de conversación diario reservado solo para usted y su pareja. Puede ser durante el desayuno o la cena o justo antes de irse a la cama. Respete la necesidad de la otra persona de hablar o incluso de permanecer en silencio. A veces, la persona puede no querer hablar, lo cual también está bien. Puede entablar una conversación cuando se sienta más preparada o con más energía para ello.

Aunque no esté de acuerdo con lo que dice, aguante un rato. Haga que la comunicación honesta y abierta sea su principal objetivo para conseguir una relación más gratificante y satisfactoria.

Preste atención al mensaje general

Reflexione sobre el mensaje que su pareja ha transmitido a través de sus palabras, en lugar de limitarse a captar algunas palabras aquí y allá. Compruebe con ellos si realmente entiende sus sentimientos. Puede comprobarlo de la siguiente forma: "Cariño, lo que entiendo de lo que dices es" o "Si lo he entendido bien, creo que te sientes...".

Esto le dice a su pareja que le importa lo que dice y que está atento a su mensaje. Está muy interesado en asegurarse de que le entiende correctamente y de que no hay margen para malentendidos o falta de comunicación. De nuevo, esto le ayuda a empatizar con la perspectiva de la otra persona.

Por mucho que lo deteste, conocer e interactuar con extraños es una parte integral e ineludible de su vida. En nuestro día a día nos cruzamos con personas que no conocemos de nada. La buena noticia es que existen algunos trucos inteligentes para caerle bien a los desconocidos.

Estos son mis consejos favoritos cuando se trata de influenciar y manipular a extraños.

Utilizar su nombre varias veces

Los desconocidos no esperan realmente que utilice sus nombres en cuanto se presentan a usted o se los presenta una tercera persona. Además, la gente está predispuesta a adorar el dulce sonido de sus nombres (el narcisismo se paga). Una vez que conozca el nombre de alguien, utilícelo unas cuantas veces durante la conversación de forma natural.

No exagere o parecerá falso. Siempre me doy cuenta de que cuando me dirijo a los representantes del servicio de atención al cliente con sus nombres unas cuantas veces durante la llamada, se muestran aún más dispuestos a ayudar. La persona invariablemente siente una sensación de conexión o amistad hacia usted. Las gélidas vibraciones de ser extraños se descongelan un poco y él/ella se vuelve más familiar cuando se dirige a usted por su nombre.

Además, cuando repite el nombre de una persona más de una vez, las posibilidades de recordarlo aumentan. Esto puede ahorrarle la vergüenza de olvidar nombres (y enterrar definitivamente sus posibilidades de caerle bien a la persona).

Sonreír y mantener el contacto visual

Esta es una obviedad, sin lugar a dudas. La sonrisa es una expresión universal de vinculación o apertura a alguien. Ofrece a los desconocidos una sonrisa genuina y cálida para aumentar la sensación de familiaridad. Le hace parecer más accesible, amigable y simpático. Además, establece un tono más positivo para futuras interacciones. El pequeño acto de sonreír hace que el cerebro libere hormonas químicas que le hacen sentir más feliz como persona. De este modo, entrará en una interacción sintiéndose más amable, más feliz y positivo, lo que invariablemente le hace más simpático.

El contacto visual es una expresión universal o una señal de confianza, transparencia, honestidad y autenticidad. Más del 50 por ciento de nuestra comunicación se produce visualmente. Por eso, mirar a los ojos de una persona le da un impulso de familiaridad inmediato. ¿Quiere dar la impresión de estar seguro de sí mismo sin rayar en lo espeluznante? Mantenga una proporción saludable de 60:40.

Utilizar la inclinación de la cabeza

El título de la cabeza es una magnífica forma no verbal de comunicar su interés por un desconocido o de caerle bien a un desconocido. Basta con inclinar la cabeza hacia un lado u otro. Esto comunica subconscientemente a la otra persona que no es una amenaza para ella porque está exponiendo su arteria carótida. Es la arteria principal que suministra sangre al cerebro, y cualquier daño a esta arteria puede conducir a la muerte instantánea o a un daño cerebral permanente. Al exponer esta región de su cuerpo, está indicando al desconocido que ni él es una amenaza para usted ni viceversa. De forma no verbal, está sentando las bases para una relación no amenazante.

Utilizar declaraciones empáticas

Las afirmaciones empáticas ayudan a mantener el foco de atención en la otra persona, lo que hace que usted resulte más simpático. En general, a las personas les gusta que la atención se centre en ellas mismas y no en los demás. Se sienten muy bien cuando son el centro de atención. No repitas sus afirmaciones, ya que puede parecer paternalista o condescendiente. Reformule lo que han dicho manteniendo el foco en ellos. La fórmula estándar para crear declaraciones empáticas debería ser: "Así que, lo que sientes o estás diciendo es ....."

Esto los convierte inmediatamente en el centro de la conversación. Algo así como: "Entiendo cómo te sientes". La idea es que la otra persona sea siempre el centro de la conversación. Esta fórmula básica rara vez falla cuando se trata de caer bien a los desconocidos.

Pedir favores

Sé que esto parece divertido e incluso contraintuitivo. Es decir, si le pide un favor a alguien y lo cumple, le caerá bien, ¿verdad? Sin embargo, Ben Franklin se dio cuenta de que cada vez que pedía un favor a sus compañeros de trabajo, les caía mejor que cuando no pedía favores. Esto también puede funcionar con los desconocidos cuando se trata de romper el hielo y abrir a la gente hacia usted. "Oh, tú trabajas para la empresa XYZ, y me gustaría que me dieras los datos de contacto del director de marketing para una asociación de marcas o un acuerdo. Sería muy amable si pudieras ayudarme con sus datos de contacto".

Cuando alguien hace un favor, se siente muy bien consigo mismo, y si le pide un favor a una persona le está ayudando a sentirse maravillosamente bien. Esto contribuye en gran medida a aumentar su cociente de simpatía. Hace que la persona que hace el favor sea más grande o foco de atención, lo que la hace sentir bien. Sin embargo, no exagere a la hora de pedir favores a la gente sólo para caerles mejor. Pedir demasiados favores hará que la gente corra en dirección contraria. Así, está manipulando a una persona para que desarrolle sentimientos positivos hacia usted al pedirle favores.

Mantenga su lenguaje corporal abierto y accesible

¿Sabía que los desconocidos se forman una impresión sobre usted en los primeros cuatro segundos de haberle visto o conocido? Los primeros cuatro segundos son cruciales a la hora de formarse una impresión de los desconocidos. Esto significa que la persona se formará una opinión sobre usted incluso antes de que usted diga nada. En estos casos, la responsabilidad recae en sus señales no verbales o en su lenguaje corporal. Mantenga su lenguaje corporal relajado y abierto.

Por supuesto, las acciones hablan más que las palabras. Funcionan a un nivel muy subconsciente y primordial. Mantenga sus gestos, postura, expresiones, movimientos de piernas, etc. más accesibles. Esto puede ayudar a determinar a nivel subconsciente si los desconocidos le ven como una persona abierta y receptiva. Su lenguaje corporal determinará si le gusta a una persona o no, independientemente de lo que diga.

Mantenga las palmas de las manos y los brazos abiertos si quiere parecer una persona más accesible y receptiva. Las piernas deben estar más abiertas y el torso y la cabeza deben apuntar en dirección a la persona con la que se está comunicando. Se añaden puntos por mantener el contacto visual. La gesticulación consiste en utilizar las manos para añadir más significado o expresión a su mensaje verbal. Por ejemplo, señalar con el dedo para enfatizar una palabra o frase.

Esto le hace más simpático a los desconocidos, ya que da la impresión de ser alguien con mucha energía, expresión y entusiasmo. Se percibe como una persona más expresiva, animada y elocuente. La gente responde más positivamente a las personas que son animadas en sus gestos.

Ofrezca cumplidos sinceros y específicos

Uno de mis consejos para romper el hielo con los desconocidos es hacerles un cumplido genuino y específico. Puede ser un cumplido pequeño, casual y específico que les alegre el día. Yo iría un paso más allá y les preguntaría dónde han comprado esas cosas. Es una forma increíble de abrir otras vías de conversación. Por ejemplo, puede preguntar a un desconocido o a una persona que le acaban de presentar de dónde ha sacado su precioso bolso o cartera.

A esto, pueden responder que lo compraron en Londres mientras estaban de vacaciones allí. ¡Bingo! Esto le da la oportunidad de hablar de sus vacaciones en Inglaterra. De este modo, provocará un recuerdo feliz, lo que hace que les guste. ¿A quién no le gustan los cumplidos sinceros? Un consejo profesional a la hora de hacer cumplidos es que sean específicos para que suenen auténticos.

En lugar de decirle a alguien lo maravilloso que es su traje, puede decir que el corte le queda magnífico o que le encanta cómo le queda el atuendo. Del mismo modo, en lugar de decirle a alguien que es un buen orador, escoja trozos de la conversación que realmente le hayan gustado. Otro favorito es, en lugar de decir "eres preciosa" o "tienes unos ojos preciosos", decir algo como "el color de tus ojos es precioso" o "tienes unos ojos muy conmovedores". Empieza con una sonrisa cálida, mantén el contacto visual y luego elogia sus ojos. Funciona de maravilla.

Aplauda el humor que han utilizado en el discurso o su potente vocabulario. Hacer el cumplido de forma específica le hace parecer más genuino que un simple halago. Los elogios son una forma estupenda de ganarse la simpatía de los desconocidos.

Hacer reír a la gente

De todos los consejos de comunicación que doy a la gente, este probablemente encabeza la lista cuando se trata de romper el hielo con desconocidos. La gente le adorará si les hace reír. No es ningún secreto que los vendedores que hacen reír a sus clientes potenciales obtienen altas cifras de ventas o los representantes de atención al cliente que hacen reír a los clientes obtienen altas puntuaciones de satisfacción.

Asegúrese de no hacer chistes ofensivos ni recurrir al humor relacionado con temas delicados como la religión, el racismo, etc.

Mantenga la limpieza, la inteligencia, la sencillez y la salud. La gente suele estar estresada, agotada y aburrida de su rutina diaria. Cuando recurre al humor, les aligera el día haciéndoles reír. Les da un respiro de una existencia mundana, lo que le hace entrañable para ellos. Si le dicen que tienen un día difícil o que han llegado tarde al trabajo, dele un toque más desenfadado. Esto transformará su estado de ánimo hosco y les hará más receptivos a una conversación.

Algunas de mis personas favoritas en el mundo son las que me hacen reír, y no es muy diferente para la mayoría de la gente.

Evite enojarse

Había un niño pequeño con bastante mal genio. Su padre le dio una bolsa de clavos y le pidió que clavara un clavo en la valla cada vez que el niño perdiera la calma. El primer día, el niño clavó 37 clavos en la valla. Poco a poco, el número de clavos perforados en la valla se fue reduciendo. El chico descubrió que era más fácil contener su ira que pasar por todo el proceso de clavar clavos en la valla.

Un día, el niño no perdió los nervios ni una sola vez. Fue y se lo contó a su padre con orgullo. El padre le pidió entonces que le quitara una uña por cada día que lograra controlar su temperamento. Pasaron varios días y todos los clavos habían desaparecido. El padre le cogió de la mano y le llevó a la valla. Le dijo: "Lo has hecho bien, hijo. Sin embargo, mira los agujeros que han quedado. La valla nunca volverá a ser la misma. Cuando se dicen cosas con rabia, se dejan cicatrices permanentes. No importa cuántas veces sientas o digas que lo sientes, la herida es para siempre".

No vale la pena ser un Adolf Hitler moderno. Las reprimendas duras pueden hacer que la gente actúe por miedo a corto plazo. Sin embargo, será menos eficaz a largo plazo, debido a la reducción de la moral del equipo, la baja motivación y la inexistencia de un propósito superior para lograr el objetivo. Sea paciente y tolerante con las debilidades de las personas. En lugar de enfadarse, vea cómo puede ayudarles a superar esos defectos para aumentar la productividad.

Me viene a la mente la famosa cita maquiavélica "Y aquí viene la cuestión de si es mejor ser amado que temido o temido que amado". Aunque lo ideal es un equilibrio entre ambas cosas, el amor puede ayudar a ganar una lealtad feroz, compañerismo y fe. Hace que los seguidores estén intrínsecamente motivados para dar lo mejor de sí mismos y evitar defraudar a su influenciador. Esto puede ser mucho más potente que las recompensas físicas o las reprimendas.

Puede que creas que el miedo es más potente y estable a la hora de realizar las tareas. Sin embargo, también puede conducir a la corrupción y a medios poco escrupulosos en los que las personas tratan de torcer el sistema para evitar la reprimenda. En lugar de actuar con un sentido de lealtad interna, simplemente hacen cosas para evitar el castigo o la ira de su persona de influencia, lo que puede llevarles a utilizar medios poco éticos.

Por ejemplo, Adolf Hitler. Era alguien que no dirigía más que por el miedo. Ascendió al poder rápidamente inculcando una sensación de miedo a sus seguidores. La gente no tenía más remedio que obedecer. ¿Cuáles fueron los resultados? Devastadores, por decir lo menos.

Consoling people when they make mistakes and building trust

Sé siempre una fuente de consuelo para las personas cuando quieras que realicen una acción o piensen de una manera determinada. Las personas deben poder sentirse seguras y reconfortadas en las horas más sombrías. No sea una fuente de depresión, negatividad, miseria y desánimo de sus seguidores. ¿Cómo afrontas las situaciones en las que su cónyuge, sus empleados, sus hijos y otras personas cercanas le decepcionan? ¿Reacciona inmediatamente y causa aún más daño a la situación ya volátil? Puede que esa no sea la mejor manera de afrontar la situación.

Consolar a las personas cuando se equivocan o le decepcionan ayuda a que se arrepientan del error en lugar de ponerse a la defensiva. Si se lanza a la ofensiva, prepárese para aceptar un camión de excusas y defensas. En lugar de culpar a las personas o acusarlas, intente ganarse su confianza haciéndoles entrar en razón. Los manipuladores saben cómo perdonar a la gente o pasar por alto sus faltas y, posteriormente, utilizar este perdón como palanca para generar confianza y conseguir que la otra persona realice la acción deseada o piense de una determinada manera.

Veamos un ejemplo. Un empleado por lo demás brillante, Rick, ha sido bastante decepcionante en su último proyecto. En lugar de menospreciarle por su dejadez, intente reconfortarle para que entienda qué es lo que realmente le ha llevado a esta inverosímil situación. Pregúntele a Rick si hay algo que pueda hacer para ayudarle. Intente averiguar si algo ha cambiado en los últimos días o si su moral está baja.

Acusar y reprender a la gente puede no llevarte muy lejos. Puede que no llegues a la raíz del problema. El miedo no fomenta las conversaciones constructivas. Supongamos que Rick ha hecho un nuevo grupo de amigos, que beben en el bar local hasta altas horas de la noche todos los días, lo que le ha llevado a no poder dedicar suficiente tiempo al trabajo. Es posible que no lo comparta con usted si considera que su enfoque es condescendiente y crítico. Una vez identificado el problema, podrían trabajar juntos para resolverlo. Sin embargo, para concretar el problema, tiene que ser una persona accesible, que le dé seguridad y le reconforte.

Descarte los rencores y sea positivo

Como manipulador o influenciador, es fundamental marcar el ritmo de una cultura organizativa más inclusiva que se nutra del progreso, la positividad y el perdón por encima de las mordidas, la venganza y las palabras sueltas que pueden obstaculizar la productividad. Dado que los influenciadores operan en el punto focal de las relaciones humanas, cada uno de sus movimientos debe estar dirigido a dar un ejemplo de generosidad y perdón.

Reflexione y recuérdese a sí mismo que guardar rencor o malos sentimientos contra la gente genera negatividad en su interior y ayuda inconscientemente a la otra persona a detectarla. Absorbe su energía y puede conducir a acciones irracionales o negativas. Le quita el foco a los objetivos productivos. Póngase en el lugar de otra persona. Imagínese en su lugar para intentar comprender qué le llevó a comportarse de esa manera sin juzgar duramente sus acciones. No es necesario que respalde o esté de acuerdo con sus acciones. Intente ver de dónde vienen. Una vez que les muestre una comprensión inesperada, se sentirán en deuda con usted. Esto puede ser aprovechado más tarde para conseguir que realicen la acción deseada.

En lugar de guardar rencor y buscar venganza, hable con la persona honestamente sobre cómo se sintió y acabe con ello. Se sentirá mejor y menos propenso a albergar rencores después de expresarse. Perdonar y olvidar el acto necesita un cierre. No se dirija a las personas con rabia, y al mismo tiempo libérese de guardar cualquier tipo de rencor hacia ellas. Además, no sirve de nada hablar a la gente en la cara y guardar rencor contra ellos en su interior. Deshágase de todos los malos sentimientos interna y externamente. Muestre compasión, hable con dulzura, intente comprender qué ha llevado a las personas a comportarse como lo han hecho y perdónelas por dentro.

Una de las mejores estrategias para descartar los rencores es llegar a algún tipo de entendimiento con una persona o grupo de personas. Consiga una garantía clara de que las personas no repetirán sus acciones. Esto le ayudará gradualmente a restablecer la confianza y a eliminar los rencores.

El perdón no le hace menos influyente. No implica que no esté operando desde una posición de poder o renunciando a su papel dominante. Simplemente significa que es lo suficientemente sabio como para dejar de lado las emociones negativas y centrarse en la positividad para aumentar la productividad de la organización.

Ser positivo es el grupo sanguíneo de todos los influencers. Hablando más en serio, todo el mundo tiene algunas características positivas y negativas. Si ha encontrado el ser perfecto, probablemente exista en otro planeta. Los grandes influenciadores, persuasores y manipuladores conocen el valor de cultivar una cultura que fomente los errores de los empleados como forma de aprendizaje y crecimiento. Aunque esto suena abiertamente optimista, a la larga conduce a menos errores. Todos los fracasos pueden incluir algún tipo de aprendizaje.

En lugar de centrarse en los puntos débiles de sus empleados, intente destacar sus puntos fuertes incluso cuando se refiera a sus errores. Esto da un poderoso giro positivo al proceso de evaluación de su acción. Veamos un ejemplo. Una empleada, Ann, carece de habilidades de gestión del tiempo, por lo que se ha saltado un par de plazos. Sin embargo, es muy buena investigadora.

Empieza diciéndole lo maravillosamente bien investigado que está el proyecto y el mayor aprecio que era capaz de obtener si se hubiera entregado a tiempo. Esto no hace que los miembros de su equipo se sientan devaluados o desmotivados. Estarán más motivados y decididos a aprender de su error en el futuro. El mero hecho de resaltar los aspectos negativos hace que la moral del empleado caiga en picado.

Un consejo sólido para ganarse la lealtad y la fidelidad de la gente es ser bueno con ellos cuando menos lo esperan. La gente asume automáticamente reacciones duras de los influencers cuando cometen errores. Sin embargo, si los trata con amabilidad y compasión, resaltando sus aspectos positivos, sólo estará reforzando su moral para no repetir el error.

Critique o amoneste el error, no a la persona. Un influencer maduro no recurre a los insultos ni a los ataques personales. La gente se frustra y se desmoraliza cuando se le critica en lugar de señalar sus actos. Esto genera resentimiento y rebelión en los seguidores. La gente no se sentirá muy cómoda discutiendo abiertamente con un influencer que recurre a criticar sus actos. Cuando la gente comete errores, ya se siente miserable por ello. Cuando les perdonas por ello, siempre recordarán el favor. Esto le da una base sólida para conseguir que hagan lo que usted quiere más adelante.

Hablar con dureza es como echar sal en las heridas existentes. No digas algo como "eres un trabajador terrible". En su lugar, intenta decir "lo que hiciste no fue lo mejor. En su lugar, podrías haber hecho esto". De este modo, sigues señalando el error sin parecer personalmente ofensivo. Además, cuando se produzcan errores y surjan problemas a causa de ellos, deshazte del juego de la culpa. Forma parte de la solución en lugar de hacer que la gente se sienta fatal por sus errores. Un influenciador eficaz pasa del problema y utiliza un enfoque orientado a la solución. Céntrate en cómo remediar la situación problemática.

Capítulo 5: Cómo abordar la manipulación en las relaciones

La manipulación emocional o estar en una relación manipuladora es una de las cosas más desafortunadas que una persona puede experimentar. No sólo destruye su sentido de la autoestima, sino que también le impide disfrutar de relaciones satisfactorias y gratificantes en el futuro. La manipulación va en contra del espíritu de una relación sana, feliz, positiva e inspiradora.

Si bien todos manipulamos de una u otra manera a nuestros seres queridos, la manipulación se vuelve siniestra cuando golpea las emociones o el sentido de autoestima de una persona para cumplir con una agenda egoísta. He aquí algunos tratos eficaces para hacer frente a la manipulación en las relaciones.

1. Observe atentamente sus sentimientos después de cada interacción. ¿La mayoría de las conversaciones o interacciones con su pareja le hacen sentir confuso, indigno o invadido por la duda? Si hace una comprobación rutinaria de sus sentimientos, podrá identificar una causa clara.

Por ejemplo, si se da cuenta de que siempre se siente culpable después de una conversación con su pareja. Rebobine la conversación y repase lo que ha dicho su pareja después de cada interacción. ¿Cómo empezó? ¿Cuáles son las palabras y frases típicas que utiliza al hablar? ¿Existe un patrón en lo que dicen y en cómo le hacen sentir?

Sería aún mejor si pudiera anotar sus sentimientos para identificar fácilmente el patrón emergente.

Dígase que el problema son ellos y no usted. Recuerde que sólo le están engañando para que piense que es su culpa o que no es lo suficientemente bueno. Lo más probable es que el manipulador esté lidiando con graves problemas propios, que es incapaz de manejar con eficacia. Esto es sólo para ayudarle a establecer un contexto para sus actos, no para que sienta simpatía por ellos. Tenga en cuenta que los manipuladores rara vez merecen compasión.

2. Evalúe su relación de forma objetiva. Si no puede determinar si realmente está en una relación manipuladora o si la persona lo es, obtenga una revisión de la realidad hablando con amigos o personas de confianza.

Pídales una evaluación objetiva de su relación con franqueza. ¿Creen que su pareja tiene expectativas poco razonables de usted? ¿Creen que su pareja se está aprovechando de usted? ¿Creen que está siendo emocionalmente vulnerable?

A veces, al hablar con una tercera persona, obtenemos una perspectiva que no habíamos considerado antes. Probablemente le dará una nueva forma de ver las cosas, lo que le permitirá actuar inmediatamente si le están manipulando.

3. Enfréntese al manipulador. Considere varios ángulos antes de ir a por todas y enfrentarse a su manipulador. Lo más probable es que no admita sus actos de manipulación, sobre todo si pareces inseguro y nervioso.

En lugar de hacer afirmaciones generales sobre cómo "te han estado utilizando" o "se han aprovechado de ti", vaya al grano. ¿Cómo le hace sentir una acción o unas palabras concretas? Enumere los casos concretos en los que ha sentido que se han aprovechado de usted. A continuación, haga una petición positiva y amable, pero asertiva, para que enmienden su comportamiento.

Le está comunicando al manipulador que es consciente de sus trucos, lo que le hace ser más cauto a la hora de manipularle. En el mismo sentido, también le está dando la oportunidad de que se ponga las pilas. Para salir de una relación emocionalmente manipuladora se necesita un verdadero esfuerzo y compromiso por su parte. Tendrá que permanecer atento y desarrollar reservas ilimitadas de autoestima y positividad.

4. Golpee con fuerza en su centro de gravedad. Si nada más parece funcionar, golpea al manipulador con fuerza en su centro de gravedad. A menudo recurrirá a estrategias malvadas, como hacerse amigo de sus amigos y luego hablar mal de usted o tentarle con una recompensa y luego echarse atrás o no cumplir su compromiso.

Como conoce a la persona a la medida, golpéela donde más le duele. Su centro pueden ser sus amigos, sus seguidores o cualquier cosa que consideren integral para su existencia. Utilice este conocimiento para ganarles en su propio juego.

5. No se adapte a sus ideas. La clave para evitar que le manipulen es reinventarse y tener sus propias ideas sobre las cosas en lugar de suscribir las suyas. Los manipuladores le meterán sus ideas por la garganta, ya que necesitan controlarle para promover su agenda. Tenga sus propios puntos de vista, ideas y opiniones claras sobre varios aspectos de su vida. Si le meten constantemente una idea determinada en la cabeza, es como consiguen encerrarle en una caja.

No intente encajar, céntrese en la reinvención. Trabaje duro para destacar entre los demás. Sea diferente, único y notable a su manera. El crecimiento personal y la construcción de su autoestima es la clave para luchar contra la manipulación.

6. No se comprometa. La culpa es una emoción poderosa que aprovechan los manipuladores. Utilizarán sus dudas y su

culpabilidad en su beneficio. El objetivo es destruir su sentido del equilibrio e infundirle una sensación de incertidumbre. Esta incertidumbre acaba llevándole a comprometer sus valores, ideales y objetivos.

Evite sentirse culpable o comprometerse. No dude de sí mismo ni de sus capacidades. Aunque tenga una relación con una persona, no le debe nada si no le trata con respeto. Toda persona merece sentirse maravillosa y positiva consigo misma. Si una persona no le hace sentir bien consigo mismo o con sus logros, puede haber un problema. Cree firmemente en sus valores e ideales. No comprometa sus valores, creencias, objetivos e ideales. Recuerde que merece sentirse bien consigo mismo y con sus logros. Debe haber un fuerte sentimiento de autoestima, seguridad en sí mismo y confianza en lo que está haciendo.

Un manipulador se vuelve impotente ante una gran confianza en sí mismo. Empiezan a perder su influencia una vez que aprendes a operar con confianza y te niegas a comprometerte con cualquier cosa que socave tu autoestima o tus valores fundamentales.

7. No pidas permiso. Esto es como darle al manipulador el pase para que le manipule como quiera. El problema es que desde la infancia estamos condicionados a pedir permiso. Cuando somos bebés, pedimos permiso para comer y dormir. A lo largo de la escuela, pedimos permiso para ir al baño, comer el almuerzo o beber agua.

Una consecuencia directa de esto es que, incluso de mayores, no dejamos de pedir permiso a las personas cercanas. En lugar de informar a su pareja de que tiene previsto quedar con un amigo para comer, le preguntará inconscientemente si le parece bien que planee algo con su amigo. Al pedir permiso constante y habitualmente, sólo está dando el control de su vida a otra persona, especialmente si es del tipo más manipulador.

No se preocupe demasiado por ser educado o hacer sentir bien a los demás a costa de su propia comodidad y felicidad. Recuerde que tiene derecho a vivir su vida exactamente como quiera. La manipulación emocional consiste en hacerle sentir en deuda o esclavizado por alguna regla imaginaria que sólo existe en la mente del manipulador. Nunca querrán que se sienta autosuficiente y tome sus propias decisiones porque eso disminuye su poder sobre usted.

No es necesario someterse a sus dictados autoritarios ni consultarles antes de todo lo que hagas, a menos que les afecte de manera importante. Tuve un compañero de trabajo que pedía permiso a su novia incluso antes de ir a tomar un café o salir a comer. Era ridícula la forma en que ella lo trataba y trataba de controlar cada uno de sus movimientos. Como era de esperar, la relación terminó con una nota amarga.

Sin embargo, nadie puede hacerle sentir miserable sin su permiso. Y al pedir constantemente permiso, le está dando permiso a su pareja para que le haga sentir miserable, si es que eso tiene sentido. Puede hacer caso omiso de la obsesión del manipulador por confinarse en cualquier momento viviendo su vida como quiera, sin su interferencia o permiso.

8. Esté abierto a nuevas oportunidades. El manipulador quiere que pongas todos los huevos en su cesta para poder tirarla cuando le apetezca. No se encierre en ellas ni se ate a un compromiso con el que no se sienta cómodo. No se conforme ni acepte su vida actual. Si está en una relación muy manipuladora o abusiva emocional/físicamente, intente liberarse y explorar otras relaciones u oportunidades.

Los manipuladores en las relaciones suelen aprovecharse del hecho de que su pareja está "acostumbrada a ellos", "es adicta a ellos", "no puede prescindir de ellos" o "no puede conseguir a nadie mejor". A menudo permanecemos en relaciones abusivas porque creemos que no merecemos nada mejor o que no conseguiremos a nadie mejor. Existe un miedo a la soledad o una falsa sensación de estar en el capullo de una relación.

Libérese de esos patrones de pensamiento auto limitadores y poco saludables. Por supuesto, se merece algo mejor en la vida o encontrará a alguien que le trate con respeto y dignidad. Para mantenerse en su sitio, los manipuladores recurrirán a muchos insultos. Si expresa un deseo, le harán sentir que es arrogante, egoísta, orgulloso, frío e inhumano y muchas otras etiquetas poco caritativas.

Quieren que siga dependiendo de ellos. Al buscar nuevas oportunidades de trabajo, relaciones, aficiones, etc., sólo está debilitando su control sobre usted. Busque nuevas personas, haga nuevos amigos, únase a un club de aficiones, hágase voluntario en una ONG. Haga algo con propósito y significado que le dé la oportunidad de conocer gente nueva y vivir una vida más intencional. Sólo así podrá empezar a ser autosuficiente e independiente.

9. No sea un bebé. Si le engañan una o dos veces, es vulnerable, pero si deja constantemente que la gente le pase por encima sin aprender la lección, es un auténtico bobo. Deje de permitir que los manipuladores se aprovechen de su credulidad. Desarrolle la autoconciencia sobre los manipuladores y conozca cómo operan. Tenga suficiente autoestima para rechazar a los manipuladores.

Conozco a muchas personas que van dormidas por la vida, permiten que la gente se aproveche de ellas y luego culpan a los demás de su situación. No puede ir por ahí ajeno a los manipuladores que intentan utilizarle para cumplir sus planes. En lugar de culpar al mal que le rodea, sea inteligente y tome el control de su vida. Sí, la desafortunada verdad de la vida es que las personas negativas y manipuladoras existen. Se aprovechan de las personas para llevar a cabo sus planes.

Sin embargo, esto no debería ser su billete para cometer los mismos errores una y otra vez y llorar. Los manipuladores no pueden manipular sin el permiso de sus víctimas. Acepte la responsabilidad de sus éxitos y fracasos. Si le superan en inteligencia o estrategia, no es culpa de nadie. Aprenda de los errores del pasado. Esté atento a un patrón que pueda revelar sus propias vulnerabilidades. No sigas confiando en las personas equivocadas una y otra vez.

Del mismo modo, no sigas dando múltiples oportunidades a una persona crónicamente manipuladora. Libérase de ellos. Elimine a los manipuladores de su vida. Comprométase a rodearse de personas positivas, alentadoras y afines que no se aprovechen de usted.

Recuerde que tiene el control total de su vida. Apueste por sí mismo y no por otras personas. Si apuesta por otras personas o confía excesivamente en otras personas para su felicidad, se hace más vulnerable a la manipulación.

De nuevo, las víctimas de la manipulación no tienen mucha confianza en sus juicios. Aprenda a confiar en sus juicios e instintos. Usted sabe lo que es bueno para sí mucho mejor que nadie. No vaya por ahí preguntando a la gente cosas como "¿en qué soy bueno?", "a qué me dedico", "quién es el verdadero yo", etc. Simplemente está abriendo las puertas de la manipulación. No vaya por ahí demostrando su falta de conocimiento sobre sí mismo.

De nuevo, conozco a mucha gente que va por ahí buscando la validación constante de los demás. Miran a los demás para que los definan. Estas personas ni siquiera se compran un pantalón si no lo aprueban los demás. ¿Por qué deberían definirle los demás?

Defínase y confíe en su criterio. Los ganadores no son personas que tienen una capacidad más evolucionada para escuchar a los demás. Son los que han desarrollado la capacidad de sintonizar con sus creencias y juicios. No dependen de la validación o aprobación externa de sus creencias. Una confianza establecida en sus creencias y juicios hace que los manipuladores no tengan poder. Cuando no busca la validación de los demás, ellos no tienen el control de cómo le hacen pensar y sentir. Empiece a confiar en su instinto y en su juicio.

10. Manipuladores dependientes. Esto es un poco opuesto a la imagen estereotipada de un manipulador, pero existen. Al contrario que la mayoría de los manipuladores, un manipulador dependiente le hará sentir constantemente que no tiene poder y que depende completamente de sí. Le conceden la posición más alta en una relación hasta tal punto que se siente emocionalmente agotado mientras trata con ellos.

La manera de manejar este tipo de manipulación es hacer que tomen decisiones gradualmente. Hágales ver que son tan responsables de su bienestar como usted. Póngalos conscientemente en posiciones en las que se vean obligados a tomar una decisión. Hábleles de que su falta de responsabilidad en la toma de decisiones es estresante para usted. Con el tiempo, puede que les guste asumir la responsabilidad.

Capítulo 6: La manipulación de la opinión pública como orador

Si hay algo que distingue a los influencers del común de los mortales, siendo todo lo demás igual (talento, conocimientos, habilidades), es la forma de hablar de los influencers. El lenguaje de los influencers no es un lenguaje mágico. Sin embargo, es un lenguaje cotidiano hablado con eficacia. Los influencers conocen los secretos de la comunicación de impacto y, por lo tanto, son capaces de atraer a una mayor audiencia. Si ha pasado algún tiempo estudiando a los influencers, se dará cuenta de que hay algo que los diferencia de los empleados típicos. Exudan un aura de confianza, un magnetismo indiscutible y claridad a la hora de comunicar su mensaje. Su presencia vocal es suficiente para inspirar y animar a las multitudes.

Desde Benjamin Franklin hasta Bill Clinton, los buenos influenciadores son comunicadores excepcionales que han dominado el fino arte de influir en su audiencia a través de su voz y sus palabras.

Entienden que su carisma reside en hablar de una manera que inspire a la gente a escucharles. Entonces, ¿qué es el "lenguaje de los influencers"? se preguntará. He aquí algunos consejos de eficacia probada que pueden hacer que hable como tal.

1. Deshágase de esos embragues verbales

A menudo, cuando se dirige a un grupo de personas, la gente expone puntos fabulosos, pero lo arruina todo en un instante o disminuye el impacto/eficacia de sus puntos al incluir frases desechables que no contribuyen a dar más fuerza al mensaje. Por ejemplo, la gente suele terminar las frases con "y otras cosas", "etcétera" y "ya sabes, cosas así". No son más que deslices lingüísticos aletargados que se producen cuando no se sabe cómo terminar una frase/argumento con una postura verbal de impacto.

Estas muletillas verbales son más prominentes cuando se hace una pausa al dirigirse a un grupo o al pronunciar un discurso/presentación. Los sonidos ininteligibles como "er", "um" y "aa" pueden resultar enormemente incómodos e ineficaces. También lo son los gestos de lamerse los labios, los movimientos dramáticos de las manos y la tos constante. Todo esto distrae a los oyentes y afecta gravemente a la credibilidad del orador. El problema principal es que muy pocos nos damos cuenta de que hay un problema.

Una de las mejores maneras de abordar esta cuestión es utilizar una aplicación de teléfono y grabarse a sí mismo hablando de un tema al azar extemporáneamente durante un par de minutos. Después, vuelva a la grabación y anote el número de veces que ha utilizado muletillas verbales. Esta sencilla técnica le ayudará a ser más consciente de sí mismo mientras hablas.

Una buena narración y un lenguaje eficaz implican el uso de palabras definitivas pronunciadas con garbo y humildad. Absténgase de utilizar términos como "como" y "más o menos". No sólo es débil e ineficaz, sino que resulta francamente chocante para el público.

2. Use los superlativos con moderación

Cuando se suelta "asombroso", "fantástico", "épico", "increíble" y cosas por el estilo a cada momento, se empieza a perder el sentido. El exceso de énfasis en los superlativos desvanece su verdadero significado. Cada vez que una persona influyente o un modelo de conducta asigna lo extraordinario a cosas comunes, contribuye a que suene repetitivo, lo que hace que lo realmente excepcional no destaque.

Así que cada vez que tenga la tentación de decir que la presentación de alguien ha sido increíble o que el proyecto se ha llevado a cabo de forma "increíble", tómese unos minutos para reflexionar sobre su elección de adjetivos. Hable de cómo el proyecto estaba bien investigado, era completo y estaba lleno de datos raros. Los elogios o descripciones genéricas no sirven para inspirar a la gente ni para que le escuchen. "Esto es muy detallado y articulado" puede ser más eficaz que "buen trabajo" para levantar el ánimo de la gente, al tiempo que le hace parecer como un comunicador eficaz.

3. Resistirse a retroceder

No intente equivocarse cuando hable de temas cruciales o difíciles. Es comprensible que hablar de cosas no tan agradables requiera una gran valentía verbal y personal, sin embargo, no tiene sentido dar rodeos cuando hay que transmitir asuntos importantes al equipo.

Resista el impulso de utilizar un lenguaje perezoso, ya que el uso de un lenguaje claro y conciso sólo aumentará su valor y le ayudará a conectar/internar lo que realmente hay que decir, por muy desagradable que parezca.

Utilice frases concretas y correctas para describir la situación. Aclare su postura si es necesario. Como influencer, tendrá que aprender a llamar a las cosas por su nombre. Practique su discurso frente al espejo si se pone nervioso antes de una presentación o discurso importante. Se dará cuenta de sus gestos, expresiones, lenguaje corporal y, básicamente, sabrá con exactitud la eficacia con la que se presenta ante el público para hacer los cambios necesarios.

4. Simplificar la narración

Utilice la antigua narrativa para estructurar su discurso: introducción, cuerpo y conclusión. Cuanto menos complicada sea la narración, más fácil será su comprensión. Sepa exactamente qué información debe incluir y qué debe eliminar para que sea breve pero impactante. A nadie le gusta escuchar a alguien que repite las mismas ideas. Al final, la idea pierde su impacto.

Como regla general, evita hablar de más de una diapositiva por minuto, y más de cuatro puntos por diapositiva. Si hay que cubrir más información mientras se dirige a un grupo, hable sólo de lo más destacado, mientras distribuyes folletos a su audiencia. Intente siempre abrir y cerrar la presentación con una diapositiva similar para mantener la uniformidad y una buena simetría. Utilice gráficos y vídeos para ayudar a su narración y contar una buena historia.

Además, preste mucha atención a su inflexión durante la narración. Demasiados aspirantes a influenciadores y personas influyentes hacen una inflexión hacia arriba hacia el final de la frase, lo que produce un efecto de canto muy molesto que le hace parecer ineficaz y tímido. La inflexión hacia abajo le hace parecer autoritario y seguro, lo que es vital cuando se trata de influir en la gente.

La charla con inflexión ascendente le hace aparecer como un individuo que carece de disciplina, confianza y atención. Deténgase ahora mismo si está haciendo esto.

Los cliff hangers son otro punto negativo para un influenciador carismático. Muchos presentadores alcanzan un crescendo brillante en sus charlas, pero lo echan a perder por no saber concluir de forma clara y decidida. Esto es especialmente cierto si está influenciando a la gente para que le compre. Hay que incluir una "llamada a la acción" definitiva o desencadenar a la gente en la dirección correcta terminando el discurso de forma persuasiva. Termine con el impacto necesario y deje unos segundos para que el público asimile sus comentarios o preguntas finales.

5. Pasar por alto las lagunas verbales

¿Cuántas veces ha observado que los presentadores interrumpen torpemente el ritmo de un discurso disculpándose por un lapsus que nadie ha notado? Está bien tropezar con algunos términos aquí y allá mientras se dirige a un público o a un grupo. A no ser que se trate de una gran metedura de pata con importantes ramificaciones, no es necesario detenerse a mitad de camino para pedir disculpas. Siga adelante como si no fuera gran cosa.

La mayoría de la gente no se da cuenta de estos deslices hasta que los menciona voluntariamente, lo que atrae la atención inútilmente y aleja el foco de su mensaje principal. No sólo se desconcierta a sí, sino que también despista al público.

6. Crear momentos memorables para la audiencia

La mayoría de los oradores creen erróneamente que la presentación o la charla gira en torno a ellos. Nada más lejos de la realidad. Para que su charla sea más impactante, haga que gire en torno a su público. Es más probable que le escuchen y se dejen influir cuando se den cuenta de que está centrado en ellos.

Reconozca o agradezca a un miembro del público, tal vez un incondicional que ha estado trabajando incansablemente para la organización y que se va a jubilar pronto. Celebre un logro reciente importante de un miembro del público. Cuanto más atraiga a su público al centro de atención reconociendo sus esfuerzos, mayores serán sus posibilidades de aumentar su propio poder de reconocimiento.

Capítulo 7: Manipulación con Small-Talk

Según los estudios, cuando se conoce a una persona por primera vez, ésta le juzga en los primeros 4 segundos de la interacción. Sí, es cierto. Deciden si les gusta o no a los 4 segundos de conocerle. ¿Asusta? ¿Cómo se conquista a personas que se acaban de conocer? También tengo una poción mágica para eso: se llama "small talk".

Aunque pueda parecer inútil, las conversaciones triviales son un excelente método para romper el hielo y eliminar elementos de incomodidad y malestar entre la gente. Le hace parecer una persona amable y simpática, además de ayudarle a desarrollar una buena relación con la gente y crear una primera impresión estelar. Las conversaciones triviales también sientan las bases de una relación gratificante. Cree un ambiente más positivo y beneficioso que pueda desencadenar conversaciones más amplias.

Cuando se trata de romper ese incómodo hielo inicial y de preparar el terreno para una relación significativa y fructífera, pocas cosas funcionan tan milagrosamente como una pequeña charla. Tanto si se trata de una reunión de negocios como de un club de citas, las conversaciones triviales tienen un gran efecto a la hora de manipular e influir en la gente, establecer relaciones y ser un persuasor carismático.

¿Se ha preguntado alguna vez cómo consiguen algunas personas que les compren las bebidas en el bar o que hagan amigos en hordas allá donde vayan? ¿Por qué las interacciones con algunas personas quedan grabadas en nuestra memoria para siempre mientras que de otras apenas nos acordamos? La respuesta es, bueno, la charla. He aquí 15 reglas para conquistar a la gente utilizando el poder de la charla trivial.

1. Limítese a los temas seguros

Cuando hable con personas que acaba de conocer, céntrase siempre a temas universales, inofensivos y no tóxicos (especialmente con gente de otra cultura, lugar, raza, religión, etc.). Los temas infalibles de la charla son el tiempo, el cine, la economía mundial, las noticias de última hora y la comida. Un consejo profesional sugerido por los psicólogos sociales es basar la conversación, en la medida de lo posible, en puntos comunes. Identifique los puntos en común entre usted y la otra persona y céntrese en esos temas.

Es fácil medir el nivel de comodidad de una persona sobre un tema concreto a través de su lenguaje corporal (a menos que lea un montón de libros de autoayuda como usted y haya aprendido a fingir). Si su reacción ante un tema concreto es positiva y entusiasta, siga con él. Preste siempre atención a las pistas no verbales cuando saque un nuevo tema de conversación. Los manipuladores saben exactamente cómo llevar a la otra persona a un estado de ánimo más positivo para conseguir que haga exactamente lo que ellos quieren. Una vez que la persona desarrolla una relación sólida contigo y se siente bien en su compañía, es más probable que haga lo que usted quiere.

2. Hacer preguntas abiertas

La regla de oro para atraer a las personas a una conversación o conseguir que compartan más en sus interacciones iniciales es hacer más preguntas abiertas. Los influencers e influenciadores entienden la importancia de hacer preguntas suaves y genuinas que revelen que están realmente interesados en saber más sobre la otra persona.

Una de las estrategias de manipulación más importantes a la hora de establecer una relación con desconocidos o de entablar una conversación es recopilar toda la información posible sobre ellos y aprovecharla para que realicen la acción prevista.

Por ejemplo, si acaba de enterarse de que la persona con la que está conversando forma parte de una ONG local, hágale preguntas abiertas relacionadas con ella. ¿Qué les inspiró a formar parte de la ONG? ¿Cuáles son las iniciativas en las que ha participado?

Aprenda a fijarse en lo que realmente apasiona a la gente y cree un flujo de conversación basado en la formulación de preguntas abiertas relacionadas con ese tema para aprender más sobre ellos. Si a alguien le apasiona de forma innata explorar diferentes lugares y culturas, pregúntele por sus últimas vacaciones. Aléjese de los temas controvertidos y personales. La persona le aceptará rápidamente si parece genuinamente interesado en saber más sobre sus intereses.

3. Don't overdo it with the humor

A veces, la gente está tan dispuesta a causar una buena impresión haciéndose pasar por ingeniosa y graciosa que acaba por molestar a la gente, especialmente a aquellos cuyos gustos no conoces.

Para evitar que el humor sea contraproducente, no se pase de la raya con las burlas, los comentarios sarcásticos o el humor irónico. Puede que a usted le parezca divertido, pero la otra persona puede no apreciarlo. Incluso los comentarios aparentemente inofensivos transmiten una impresión equivocada sobre usted. Los chistes/comentarios neutrales e inteligentes están bien hasta cierto punto, pero no los haga personales.

Evite tratar de parecer demasiado inteligente o familiar burlándose de la gente sin entender si son capaces de tomarlo con el espíritu correcto. Tómate el tiempo necesario para conocer y entender bien a la gente sin actuar de forma familiar y extra-amigable.

4. Desacuerdo amistoso

Para evitar que la conversación inicial resulte polémica, exprese su desacuerdo sin diplomacia. En lugar de lanzarse a un ataque enconado o a un insulto a la defensiva (algo que está absolutamente prohibido), intente un enfoque más políticamente correcto (pero genuino).

Diga algo genuino y no controvertido como: "Es una perspectiva interesante y diferente. Ahora siento curiosidad por ese punto de vista. ¿Puedes explicarlo mejor?", está afirmando que el punto de vista no coincide con el tuyo sin preparar el terreno para la Tercera Guerra Mundial.

5. Sea un oyente excepcional

No es ningún secreto. En un mundo en el que todos quieren hablar de sí mismos, los buenos oyentes son muy apreciados. Es fácil influir en las personas cuando están convencidas de que le interesa de verdad lo que tienen que decir.

La gente cree erróneamente que ser un buen comunicador consiste en poseer las mejores habilidades para hablar. Eso es sólo una parte, amigos. La otra mitad, probablemente más importante, es escuchar.

Ser un ninja de las habilidades sociales no significa hablar hasta la saciedad sin dar a los demás la oportunidad de hablar. Las personas influyentes saben cuándo dejas que los demás hablen y responden de forma positiva/alentadora.

Demuestre a la gente que se interesa seriamente por lo que están hablando a través de pistas verbales y no verbales. Reconozca o parafrasee lo que dicen para que sepan que realmente les está escuchando. Asienta con la cabeza, exprese con la mirada, inclínese hacia delante y mantenga los brazos/piernas desplegados (para mostrar que está abierto a escucharles) para revelar su interés en lo que están hablando a través de reacciones no verbales.

A todo el mundo le gustan las señales de afirmación de que se les escucha con entusiasmo, lo que a su vez les anima a corresponder cuando usted habla. Las personas influyentes, los modelos de conducta y los influenciadores excepcionales comprenden el poder de desarrollar grandes habilidades de escucha para hacerse más simpáticos a sus seguidores.

6. Revele un hecho interesante sobre sí mismo

De acuerdo, esto no significa que se lance a contar con quién está saliendo o que su cuenta bancaria acaba de marcar un millón de dólares. Sin embargo, un hecho divertido, inofensivo e interesante sobre usted mismo le hace inmediatamente simpático a la gente. Será más probable que presten atención a lo que dice cuando se den cuenta de que confiaba lo suficiente en ellos como para compartir cosas sobre usted. Pero no lo haga demasiado personal, es la regla de oro.

Puede ser algo parecido a su autor favorito y por qué le gusta su obra. ¿Por qué elegiste una vocación o una especialidad en la universidad? ¿Por qué te gustó viajar a un lugar concreto y disfrutaste de su ambiente/cultura? Debe ser como un interesante adelanto de sí mismo (por qué le gustan las magdalenas o por qué decidió llamar a su perro por un nombre concreto) sin que suene personal, jactancioso o exagerado.

7. Evitar los callejones sin salida de la conversación

Habrá esos incómodos huecos en la conversación que quizás no consiga llenar. Lo mejor que puede hacer en ese caso es buscar pistas a su alrededor para reavivar la conversación. Puede ser cualquier cosa, desde un folleto hasta otras personas que le rodean, pasando por detalles sobre el local en el que está. Hay pistas de conversación en casi todas partes sobre las que puede empezar a construir una conversación estimulante y significativa.

8. The fine balance between questions and statements

Mantenga un fino equilibrio entre hacer declaraciones y formular preguntas. Una pequeña charla exitosa mezcla brillantemente preguntas y declaraciones para crear un intercambio más sano.

Demasiadas preguntas harán que parezca un interrogatorio unidireccional. Mientras que demasiadas afirmaciones harán que parezca que la charla se centra sólo en ti, lo que puede resultar muy molesto para la otra persona.

Los modelos de conducta saben cómo equilibrar la conversación para que la gente escuche. Acompañar las afirmaciones con preguntas de reflexión, como: "Me gusta mucho el aeróbic y la zumba, ¿cómo pasas tus horas de ocio?" o "Me gusta mucho ver ese reality show que la mayoría de la gente cree que está guionizado, ¿lo ves?

Está compartiendo sus puntos de vista, pero también está dando a la otra persona la oportunidad de compartir su opinión. Esta técnica de ida y vuelta le permite mantener una conversación agradable y completa.

9. Empatizar con la gente

Empatizar con la gente es una de las formas más seguras de ganarse su confianza y conseguir que le guste. No confundas la empatía con la simpatía. La empatía no consiste en compadecerse de alguien o hacerle sentir lástima por sí mismo. Se trata de ponerse en el lugar de otra persona y tratar de entender cómo se siente o las emociones que experimenta.

Decir cosas como "entiendo de verdad por qué te sientes así" o "comprendo de verdad cómo te sientes sobre este tema" o "debe haber sido muy duro para ti, pero has demostrado un valor ejemplar" contribuye en gran medida a crear una relación con la gente. Esto sienta las bases de una ecuación basada en la empatía, la comodidad y la comprensión, que es lo que los influencers/modelos de conducta necesitan para inspirar a sus seguidores.

Es más probable que la gente hable y comparta sus sentimientos con usted cuando se da cuenta de que entiende su situación. Pero no se ponga dramático y finja llorar lágrimas de cocodrilo para demostrar que realmente siente algo por la otra persona. Eso lo desvirtúa por completo.

10. Manténgase positivo

Cuando conozca a alguien por primera vez, mantenga siempre la conversación centrada en temas positivos. Incluso cuando sienta que la otra persona se adentra en un terreno negativo o controvertido, llévela suavemente a un terreno de conversación más positivo. Además, cíñase a temas de los que la mayoría de la gente del grupo tenga un conocimiento decente. Obviamente, no va a encontrar muchos adeptos si se pone a hablar de la dinámica del mercado de valores en una clase o grupo de meditación. Mantenga una actitud positiva para ganarse la confianza de la otra persona antes de conseguir que haga lo que usted quiere.

Antes de que lleven a cabo la acción prevista o le "compren", tienen que "comprar" su confianza y su fe. Para ello, hay que mantener una actitud positiva al principio para crear el factor de confianza.

Quédate con los temas que ofrezcan un margen mínimo para el desacuerdo, los conflictos y las controversias. Mantén el equilibrio y la sencillez para que la conversación tenga éxito al principio. Si molestas a la otra persona al principio con un montón de temas negativos o controvertidos, es probable que se desconecte y desarrolle sentimientos negativos hacia ti, algo que no quieres.

11. Body language says a lot

El lenguaje corporal o las pistas no verbales pueden transmitir mucho más que las palabras. Envía las señales de lenguaje corporal adecuadas para crear una impresión más favorable y hacerse más simpático.

Pequeños gestos como sonreír con frecuencia, asentir con entusiasmo, rozar ligeramente con el brazo a la otra persona, mantener un contacto visual constante, dar un apretón de manos firme, mantener un tono enérgico y animado y otras señales similares pueden contribuir en gran medida a establecer una persona más simpática e influyente. Recuerde que no tiene una segunda oportunidad para causar una primera impresión. Deje que cada gesto cuente.

12. Excavar un poco

Un poco de trabajo de fondo sirve para crear una primera impresión impactante. Tanto si se dirige a una fiesta como a un importante evento de networking empresarial, tenga preparados algunos temas tras investigar los intereses predominantes del grupo. Por ejemplo, si se entera de que el anfitrión o los socios están muy interesados en el espiritismo, los viajes o la cocina, investigue los temas de moda en esos ámbitos para iniciar una conversación interesante. Esto le ayudará a encajar en el grupo sin esfuerzo.

Podrá animar la conversación y sacar a la gente de su ignorancia. Busque en los periódicos del día los titulares más destacados, repase las reseñas de libros, lea las críticas y valoraciones de las películas o infórmese sobre la última tendencia en materia de salud que circula por las redes sociales. Estos temas de interés para la mayoría de la gente pueden ayudarle a parecer bien informado y conocedor del mundo ante un nuevo público.

Si conoce los nombres de las personas con las que se va a reunir de antemano, puede rastrear sus huellas sociales en las distintas redes sociales (pero no se dedique a acosarlas y a hacer evidente que está consultando su perfil cada dos minutos). Es fácil calibrar los intereses, la actitud y las opiniones de las personas a través de sus perfiles en las redes sociales. Esto le dará una buena indicación sobre sus gustos y manías, que luego puede utilizar para entablar una conversación provechosa.

13. Aprovechar las similitudes

Esto es especialmente cierto cuando se interactúa con personas de diversas culturas y orígenes. Encuentre puentes de conexión y aproveche cada oportunidad que se le presente. Encuentre un interés común, su cocina favorita, un libro que ambos hayan disfrutado leyendo o cualquier otro punto en común.

Incluso si se trata de algo aparentemente cursi, como llevar la misma camisa/vestido o zapatos, menciónalo siempre para establecer una plataforma de simpatía. Los seres humanos se sienten atraídos por las personas que son similares a ellos. Cuando la gente se da cuenta de que sus gustos o preferencias son muy parecidos a los suyos, es más probable que le escuchen o admiren.

14. No descuide el aseo personal

Aunque sea un excelente conversador con un lenguaje corporal impecable, pocas cosas pueden crear una primera impresión negativa como un aseo personal descuidado. Aunque esto parezca básico, mucha gente lo considera insignificante y se centra en las "cosas más importantes".

No asista nunca a ninguna reunión social sin ducharse o peinarse con esmero. Mantenga una higiene y un aseo correctos. Utilice una fragancia agradable, pero que no sea excesiva. Lleve unos cuantos caramelos de menta consigo. Lleve un peinado cuidado, mantenga las uñas bien cuidadas y los dientes blancos y brillantes.

Llevar la ropa limpia y planchada. Es sorprendente la cantidad de personas que salen perdiendo simplemente por no prestar atención a estos aspectos elementales. La ropa y el aseo personal contribuyen a su imagen incluso antes de empezar a hablar. Lo más probable es que si se presenta mal arreglado, la gente ni siquiera le dé la oportunidad de hablar con ellos. La gente desorganizada y de aspecto desordenado rara vez influye en los demás o actúa como modelo creando una primera impresión favorable.

15. Deje de lado la incomodidad del saludo

Saludar a las personas cuando se las presentan por primera vez puede ser sin duda incómodo, especialmente si pertenecen a una cultura o región diferente. Es posible que no sepa cuál es el saludo adecuado. Algunas personas no se sienten cómodas ni siquiera con un ligero beso en la mejilla, mientras que otras pueden no apreciar un prolongado apretón de manos. En ese caso, es seguro esperar a que la otra persona dé el primer paso. Si no lo hace, mantenga la universalidad: sonría con su mejor sonrisa, salude y ofrezca un breve pero firme apretón de manos.

Bono - Consejos para detectar y superar la manipulación y fortalecer su autoestima

Te guste o no, el mundo está lleno de lobos con piel de cordero. No se puede hacer mucho contra los manipuladores patológicos y emocionales que intentan aprovecharse de sus sentimientos y emociones para satisfacer sus deseos. Sin embargo, puede ganarles en su propio juego utilizando un montón de técnicas de astucia. La manipulación, si no se reconoce y se maneja con eficacia, puede acabar con su sentido de la autoestima y la cordura. Al reconocer y hacer frente a la manipulación, se defiende y no permite que los siniestros manipuladores cumplan sus planes pisoteando sus sentimientos.

He aquí algunos trucos inteligentes y eficaces para superar a los manipuladores en su propio juego.

1. Ponga en el punto de mira a los manipuladores planteando preguntas de sondeo. Los manipuladores exigen constantemente cosas o hacen ofertas a sus víctimas. Como víctima, le harán sentir que tiene que demostrar su valía todo el tiempo. A menudo se desvivirá por cumplir estas exigencias. Deténgase. Cada vez que se encuentre con una petición irrazonable, responda con unas cuantas preguntas de sondeo y cambie el enfoque hacia ellos.

Por ejemplo, ¿le parece una petición legítima y razonable?

¿Crees que lo que me has pedido es justo o ético?

¿Tengo derecho a negarme?

¿Me estás pidiendo o exigiendo que lo haga?

¿Qué gano con esto?

¿Realmente esperas que lo haga?

¿Está razonablemente justificado que espere que lo haga?

¿Quién es el que más gana con esto?

Básicamente, son preguntas que les muestran el espejo, donde pueden ser testigos de su verdadera estratagema siniestra. Si el manipulador es consciente de sí mismo o se da cuenta de que ha visto sus motivos, lo más probable es que retire la petición.

Los manipuladores intentan poner el foco en usted como si fuera indigno o "malo" si no hace algo por ellos. Tiene que volver a poner el foco en ellos haciéndoles pensar si su petición está realmente justificada o es razonable, haciendo que se vean como personas con motivos malvados.

Las preguntas acabarán obligando al manipulador a darse cuenta de que está viendo su juego. La responsabilidad de la acción pasará ahora de usted a ellos.

Por ejemplo, si usted rechaza la petición del manipulador, la carga de justificar su acción no recae sobre usted. Al hacer preguntas de sondeo, está pidiendo al manipulador que justifique la razonabilidad de su petición. Así, en lugar de sentirse culpable por rechazar algo, está haciendo que el manipulador se dé cuenta de que tiene la culpa por tener expectativas poco razonables.

Además, hágale saber a su manipulador que no acepta que le trate como lo hace. Deje suficientemente claro que no aprecia sus formas.

Por ejemplo, si usted ya está preocupado por algo y el manipulador le pide que haga algo por él, diga algo así como: "No me gusta cuando ya estoy trabajando en algo y me haces otra petición antes de terminar la tarea actual".

Del mismo modo, cuando una persona intente forzarle a tomar una decisión que le beneficie, diga algo como: "Soy capaz de tomar mis propias decisiones y le agradecería mucho que no me coaccionara para tomar una decisión a toda prisa". Está siendo asertivo y regañando a su manipulador sin ser grosero. Simplemente está defendiendo su derecho e informándole de que tiene derecho a tomarse su tiempo para decidir, y que podría ser contraproducente si le presiona para que tome una decisión.

2. Tómese su tiempo para satisfacer una petición. Los manipuladores no solo harán peticiones poco razonables, sino que también le presionarán para que tome una decisión rápida. Quieren ejercer un control, una influencia y una presión óptimos sobre usted para conseguir que actúe de una manera específica inmediatamente. Los manipuladores se dan cuenta de que si se toma más tiempo, las cosas pueden no ir a su favor.

Haga exactamente lo contrario de lo que quieren, tomándose más tiempo. Los vendedores siempre se centran en cerrar el trato pronto. Distánciese de la persuasión del manipulador y tómese su tiempo para llegar a una decisión. No tiene que actuar de inmediato por mucho que la persona intente presionarle.

Toma el control sobre la persona y la situación diciendo algo como: "me gustaría tener más tiempo para pensarlo" o "es mi derecho tomarme más tiempo para pensar en una decisión tan importante como esta" o "necesito evaluar los pros y los contras antes de llegar a una decisión".

Puede aprovechar este tiempo para negociar a su favor.

3. Diga no de forma asertiva pero diplomática. Este es un arte que sólo se consigue con la práctica. No querrás ofender al manipulador diciéndole un no rotundo. Sin embargo, debe ser firme y hacerle saber que no va a permitir que le pisotee. Manténgase firme, sin dejar de ser educado y cortés. No tiene que sentirse culpable por su derecho a rechazar una petición poco razonable.

Si no está dispuesto a hacer algo, diga: "Entiendo que quieres que haga esto, pero también siento que no estoy dispuesto a hacerlo ahora mismo". Otra forma de articular sus necesidades es: "lo mejor que puedo hacer en este momento es...". Una de las apuestas de respuesta es centrarse en sus necesidades por encima de las del manipulador sin sentirte culpable.

Uno de los trucos más astutos que utilizan los manipuladores es hacer que se sienta culpable cada vez que no accede a su petición. Cuando deja de sentirse culpable por defenderse o por ejercer su derecho a ser tratado con respeto, los manipuladores se vuelven impotentes.

4. Conozca sus derechos fundamentales y su valor. El arma más importante cuando se enfrenta a los manipuladores es saber cuándo se violan sus derechos. Tiene el derecho absoluto de defender esos derechos y defenderse. Tiene el derecho fundamental a ser tratado con respeto y honor.

De nuevo, tiene derecho a expresar sus emociones, necesidades y sentimientos. Tiene derecho a establecer sus prioridades, a rechazar algo sin sentirse culpable, a protegerse a sí mismo o a sus seres queridos de cualquier daño, a adquirir lo que paga y a vivir una vida feliz, sana y plena.

Estos son sus límites y puede recordar a la gente que respete estos derechos. Los manipuladores psicológicos suelen querer quitarle sus derechos fundamentales en un intento de ejercer un mayor control sobre sí. Sin embargo, el poder y la autoridad para tomar las riendas de su vida reside en sí, y no debería perder la oportunidad de recordarle a su manipulador que sólo usted tiene el control de su vida. Aléjese de las personas que no respetan estos límites básicos.

5. Mantenga la distancia. Una de las formas más eficaces de detectar a un manipulador es observar si actúa de forma diferente con distintas personas o en diversas situaciones. Por supuesto, todos venimos con algún diferencial social, pero si la persona se comporta habitualmente fuera de su carácter en los extremos, puede ser un maestro de la manipulación.

Piense en ser antinaturalmente cortés con una persona y al minuto siguiente francamente grosero con otra, o en actuar de forma vulnerable en un momento y en el siguiente volverse agresivo. Cuando sea testigo de este tipo de comportamiento, mantenga las distancias con esa persona. Evite interactuar con estas personas hasta que sea absolutamente necesario. Puede acabar invitando a los problemas. Hay muchas razones por las que la gente manipula, y es muy complejo psicológicamente. No intente arreglar a los manipuladores todo el tiempo. No es su deber cambiarlos. Sálvese a sí mismo pasando página.

6. Evite culparse o personalizar. Uno de los trucos más suaves que utilizan los manipuladores es hacer sentir a sus víctimas que siempre es su culpa (la de la víctima). Independientemente de lo que

el manipulador haga o sepa, nunca asumirá la responsabilidad de sus faltas. Siempre culparán a la víctima de todos sus males.

Como víctima de la manipulación, tiene que dejar de personalizar. El problema no está en sí, ya que simplemente le hacen sentir que es su culpa, por lo que cede sus derechos al manipulador y se vuelve impotente.

No se deje llevar por la idea de que es un problema o que el problema está en sí. Conocí a una amiga a la que su marido reprendía constantemente por trabajar duro para mantener a la familia. Él no perdía la oportunidad de recordarle que no era una buena esposa o madre porque siempre estaba trabajando. En su mente, estaba trabajando duro para dar a sus hijos un gran futuro (lo que realmente no la convertía en una mala madre).

Sin embargo, en su intento de conseguir el control absoluto sobre ella, la culpaba constantemente y la hacía sentir incompetente como esposa y madre. Al principio, mi amiga creía todo lo que le decían de que era una mala madre y esposa. Sin embargo, con el tiempo, se dio cuenta de que simplemente la culpaban porque su marido no podía asumir sus propios defectos.

Hágase estas preguntas antes de culparse a sí mismo -

¿Te tratan con respeto?

¿Son razonables las exigencias de la persona?

¿Me siento bien conmigo mismo cuando interactúo con esta persona?

Estas son pistas importantes sobre el verdadero problema.

7. Establezca consecuencias para el comportamiento manipulador. Los manipuladores psicológicos y patológicos siempre insistirán en ignorar sus derechos. Rara vez aceptan un "no" como respuesta, y se

ofrecen a montar en cólera o a volverse agresivos. Reconozca y establezca claramente las consecuencias si recurren a la agresión como respuesta a su negativa a cumplir con su petición irrazonable.

Una consecuencia comunicada y afirmada eficazmente puede servir para inmovilizar a una persona manipuladora y obligarla a cambiar su postura, pasando de violar sus derechos a respetarlos. Al reforzar las consecuencias, descubre sus intenciones ocultas y le obliga a cambiar su actitud hacia usted. Básicamente, le está quitando el poder.

Es importante oponerse a las tácticas de intimidación del manipulador. A menudo intentarán asustarte para que cedas a sus exigencias. Los manipuladores pretenden aferrarse a sus debilidades para sentirse superiores y poderosos. Si se mantiene pasivo y les sigue el juego, se aprovecharán más de usted. Enfréntese a ellos y ejerza sus derechos. Como los manipuladores son intrínsecamente cobardes, se retirarán.

Las investigaciones han demostrado que la manipulación está estrechamente relacionada con una infancia abusiva o con ser víctimas de acoso escolar. Esto no justifica de ninguna manera el acto de un manipulador. Sin embargo, si tiene esto en cuenta, encontrará formas más sanas y eficaces de responder al manipulador.

8. Valórense por lo que son. Los manipuladores se alimentan de la baja autoestima de sus víctimas. Siempre atraparán a personas vulnerables, inseguras, con poca confianza en sí mismas y que no conocen su verdadero valor.

Rara vez el manipulador irá a por personas con una alta autoestima o sentido de la valía personal. Si puede mantenerse fuerte y enfrentarse al manipulador estableciendo su autoestima, es evidente que no permitirá que nadie le controle.

9. El silencio es oro. A los manipuladores les encanta el drama. A

menudo provocarán en usted sentimientos de ira, miedo, tristeza y más para pensar que han ganado puntos sobre usted. La mejor manera de lidiar con esto es mantener la calma y practicar la respiración profunda. Concéntrese en su respiración y en cómo se siente su cuerpo. Intente relajar los músculos y mire al manipulador a los ojos.

Este simple lenguaje corporal de confianza y afirmación puede sacarlos de la tangente. Un manipulador no sabe cómo lidiar con su tranquilidad en una situación así. Están totalmente equipados para lidiar con su ira y su miedo. Sin embargo, no esperan que reacciones con calma. Eso les enfurece y les dice que la estratagema no me parece eficaz en usted. Aprenderán que las emociones no cambian y cambiarán de objetivo.

No me malinterprete. No estoy abogando por abandonar una relación a la primera señal de manipulación. La manipulación puede aparecer poco a poco incluso en relaciones por lo demás felices y satisfactorias, y no significa necesariamente el fin de una relación. Antes de tomar cualquier medida drástica, mantenga una conversación franca y abierta con su pareja o con la persona que le manipula. Ármese de valor y pregúntele por qué le están haciendo esto. Estas respuestas pueden darle pistas vitales sobre su estado de ánimo y su próximo paso.

Si ya ha intentado tener una comunicación abierta con su pareja y no quiere, puede ser el momento de explorar otras opciones como la terapia o el asesoramiento. Sin embargo, ambos deben comprometerse a superar la manipulación en la relación.

Si nada más funciona, tendrá que armarse de valor para dejarlo. He visto a personas salir de relaciones manipuladoras a través de la terapia, y no llevan vidas más felices y satisfactorias. Así que no es que la manipulación sea el fin de una relación. En todo caso, utilícela como una oportunidad para identificar los defectos de su relación y repararlos gradualmente.

10. Practique el autocuidado. Enfrentarse a una relación de manipulación puede ser intensamente agotador y estresante. Asegúrese de practicar el autocuidado para nutrir su mente, cuerpo y espíritu, y no deje que la manipulación le pase factura. Es común sentirse estresado al final de cada interacción con un manipulador (ya lo he hecho).

Cuando sienta que su energía mental se agota tras la comunicación con un manipulador, haga meditación, yoga o respiración profunda. Infunde una sensación de calma en su ser. Haga algo agradable y emocionante para evitar que los sentimientos negativos le estropeen el día. Vaya a dar un largo paseo en medio de la naturaleza o hable con alguien de confianza.

Consejos sólidos para aumentar su autoestima

El núcleo de ser manipulado es experimentar sentimientos de incompetencia e indignidad. Rara vez verás a personas seguras de sí mismas, con una alta autoestima y un alto sentido de la valía personal, siendo manipuladas. Los manipuladores psicológicos prosperan haciendo que la gente se sienta indigna y desequilibrada. Al inducir este sentimiento de insuficiencia en sus víctimas, intentan obtener un mayor poder y control sobre ellas y, a su vez, utilizar su sensación de impotencia para cumplir con agendas egoístas.

Una de las mejores maneras de inmunizarse contra la manipulación es desarrollar una alta autoestima y confianza en uno mismo. Al tener un alto sentido de autoestima y una opinión positiva sobre sí mismo, está evitando que los manipuladores hambrientos le saboteen.

Aquí algunos consejos poderosos para aumentar su autoestima general y hacerle menos susceptible a la manipulación.

1. Controle a su crítico interior. Sí, todos tenemos ese molesto enemigo interior que no deja de recordarnos lo incapaces que

somos de hacer algo o lo miserable que es nuestra vida en comparación con la de los demás. Esta voz interior moldea sus pensamientos y opiniones sobre sí mismo.

Minimice su voz negativa y sustitúyala conscientemente por términos más positivos y constructivos. Por ejemplo, "Soy muy malo en esto" puede sustituirse por "Puede que no sea bueno en esto, pero eso no debe impedirme aprender todo lo que pueda sobre ello y dominarlo". Acaba de dar un giro positivo a una afirmación sin esperanza. Elija utilizar palabras más esperanzadoras, positivas e inspiradoras cuando se hable a sí mismo.

Quédese parado en voz alta cuando encuentre a su crítico interior rugiendo su monstruosa cabeza. También puede recurrir a un gesto físico como pellizcarse lentamente o morderse los labios cada vez que encuentre a su crítico interior en modo hiperactivo.

2. Sea más compasivo con los demás o trátelos bien. Una de las mejores maneras de aumentar su propia autoestima es tratar a otras personas con mayor compasión. Cuando hace que los demás se sientan bien con ellos, automáticamente se siente bien consigo mismo. Cuando trata bien a la gente, les inspira para que le traten bien a usted a cambio.

Practique la amabilidad en su vida diaria ofreciéndose como voluntario para una causa social (un enorme refuerzo de la autoestima), sosteniendo la puerta a la gente, escuchando a alguien desahogarse, dejando que la gente pase por su carril mientras conduce, comprando café o golosinas a gente al azar, animando a una persona que se siente desanimada y otros gestos similares. Todo ello contribuirá en gran medida a reforzar su autoestima.

3. Probar cosas nuevas. Las personas que prueban constantemente cosas nuevas o se reinventan a sí mismas tienen casi siempre la autoestima alta. Se desafían constantemente a sí mismas saliendo de su zona de confort. Prueban de todo y aprecian las distintas experiencias, lo que aumenta su sentimiento de competencia.

Cuando sigue aprendiendo cosas nuevas y desarrollando sus habilidades, se siente muy bien consigo mismo. Evite caer en la rutina. Siga probando una nueva aventura o adquiriendo una nueva habilidad periódicamente. Anímese a ser activo, apasionado y productivo. Ponga en marcha su espíritu y su alma de vez en cuando, retomando una afición, adquiriendo una nueva habilidad o leyendo un libro inspirador.

4. Evite las comparaciones. Se está destruyendo poco a poco al compararse constantemente a sí mismo o a su vida con los demás. No hay victoria en esto, ¡siempre perderá! Es una trampa que sólo le hará sentir más inadecuado e indigno.

En su lugar, mire dónde estaba hace unos años y lo lejos que ha llegado para lograr lo que es hoy. Céntrese en sus logros y realizaciones actuales en comparación con los de hace unos años.

Albert Einstein dijo: "Todo el mundo es un genio. Pero si juzgas a un pez por su capacidad para trepar a un árbol, se pasará toda la vida creyendo que es estúpido". No sea ese pez.

5. Pase tiempo con gente positiva. Otra buena manera de reforzar su autoestima es rodearse de personas que le apoyen, le animen y le inspiren. Deben ser personas a las que admire y que puedan influir positivamente. Puede ser cualquiera, desde un profesor hasta un mentor, pasando por un gerente o un buen amigo.

Evite relacionarse con personas que se centran en sus defectos para intentar derribarle en cada oportunidad disponible para sentirse superiores a ellos mismos. Tenga cuidado con los ladrones de sueños o con las personas que se ríen de sus sueños o de su capacidad para alcanzar sus objetivos. La autoestima prospera en un entorno positivo en medio de personas positivas. Acompáñese de personas que le hagan sentir bien consigo mismo.

Además, preste atención a los libros, sitios web y páginas de redes sociales que lee. Deje que carguen su energía, no que la minen. No lea revistas que promueven imágenes corporales poco realistas. La próxima vez que tenga tiempo libre, escuche podcasts que le levanten el ánimo y le inspiren. Mire programas de televisión que eleven su espíritu.

6. Sudar la gota gorda. Innumerables estudios han establecido una alta correlación entre el ejercicio y una autoestima sana. El ejercicio conduce a una mejor salud mental y física, lo que a su vez reduce el estrés y le hace sentir bien. También aporta más disciplina a su vida, lo que invariablemente aumenta la autoestima.

El ejercicio no tiene por qué ser aburrido. Puede practicar algo divertido e interesante como el baile, el ciclismo, la natación, los ejercicios aeróbicos o el kickboxing, entre otros. Cualquier cosa que le haga sudar y le dé una pequeña sensación de logro al final. La actividad física potencia la secreción de endorfinas en el cerebro, lo que nos hace "sentirnos bien". Y todos sabemos que sentirse bien puede tener un efecto positivo en nuestra autopercepción y autoestima.

7. Practique el perdón. ¿Hay algún rencor que lleva guardando mucho tiempo? Puede estar relacionado con una expareja, con un familiar durante sus años de crecimiento, con un amigo que le traicionó o incluso consigo mismo. No se aferre al sentimiento de rencor. Supere los sentimientos pasados de vergüenza, culpa y arrepentimiento, ya que aferrarse a él sólo le arrastrará más al círculo de la negatividad.

Conclusión:

Gracias de nuevo por comprar este libro.

Espero que haya podido ayudarle a comprender no solo las formas en que la gente le manipula, sino también formas poderosas de manipular a la gente e inmunizarle contra la manipulación.

El siguiente paso es simplemente utilizar todas las poderosas estrategias y técnicas utilizadas en el libro para entender las técnicas de manipulación y evitar que la gente le manipule en las relaciones, en el trabajo y dentro de su círculo social. Estas estrategias de manipulación se pueden utilizar eficazmente en nuestra vida diaria para conseguir que la gente haga lo que nosotros queremos.

Hay un montón de consejos prácticos, pepitas de sabiduría e ilustraciones de la vida real para ayudarle a obtener una sólida comprensión de cómo funciona la manipulación y cómo se puede utilizar en su vida cotidiana.

Por último, si le ha gustado este libro, me gustaría pedirle un favor, ¿sería tan amable de dejar una reseña para este libro? Se lo agradecería mucho.

Gracias y buena suerte.

Thank you

Muchas gracias por leer mi libro.

Espero que esta colección te haya ayudado a comprender mejor la manipulación.

Así que GRACIAS por recibir este libro y por llegar hasta el final.

Antes de irte, quería pedirte un pequeño favor.

¿Podría considerar publicar una reseña en Amazon o si decide obtener la versión Audible GRATIS (instrucciones en otra página)?

Publicar una reseña es la mejor y más fácil manera de apoyar el trabajo de autores independientes como yo.

Your comments will help me continue writing the kind of books that you like.

Manejo de la ira:

10 Poderosos Pasos para Tomar el Control Completo de sus Emociones, Para Hombres y Mujeres, Guía de Autoayuda para el Autocontrol, Psicología Detrás de la Ira. Incluso Para Padres.

© Copyright 2025 por Chasecheck LTD - Todos los derechos reservados.

Este Libro se proporciona con el único propósito de ofrecer información relevante sobre un tema específico para el cual se han hecho todos los esfuerzos razonables para garantizar que sea tanto exacto como razonable. No obstante, al comprar este Libro, usted consiente en que el autor, así como el editor, no son expertos en los temas aquí contenidos, independientemente de cualquier afirmación al respecto que pueda hacerse en su interior. Como tal, cualquier sugerencia o recomendación que se haga dentro se realiza puramente por su valor de entretenimiento. Se recomienda que siempre consulte a un profesional antes de emprender cualquiera de los consejos o técnicas discutidos en este libro.

Esta es una declaración vinculante que se considera tanto válida como justa por parte del Comité de la Asociación de Editores y la Asociación Americana de Abogados y debe ser considerada como legalmente vinculante dentro de los Estados Unidos.

La reproducción, transmisión y duplicación de cualquier contenido aquí encontrado, incluyendo cualquier información específica o extendida, se realizará como un acto ilegal independientemente de la forma final que tome la información. Esto incluye versiones copiadas de la obra, tanto físicas como digitales y de audio, a menos que se proporcione el consentimiento expreso del Editor por adelantado. Todos los derechos adicionales reservados.

Además, la información que se puede encontrar en las páginas descritas a continuación se considerará tanto precisa como veraz en lo que respecta a la narración de hechos. Como tal, cualquier uso, correcto o incorrecto, de la información proporcionada liberará al Editor de responsabilidad respecto a las acciones tomadas fuera de su ámbito directo. En cualquier caso, no hay escenarios en los que el autor original o el Editor puedan ser considerados responsables de alguna manera por daños o dificultades que puedan resultar de cualquiera de la información discutida aquí.

Además, la información en las siguientes páginas está destinada únicamente a fines informativos y, por lo tanto, debe considerarse como universal. Como es propio de su naturaleza, se presenta sin garantía sobre su validez prolongada o calidad interina. Las marcas registradas mencionadas se hacen sin consentimiento por escrito y de ninguna manera pueden ser consideradas como un respaldo por parte del titular de la marca.

Introducción

¡Felicidades por descargar Anger Management y gracias por hacerlo! La ira es parte de las emociones humanas diseñadas para advertirnos sobre ciertas situaciones. Esta emoción puede resultar de la frustración, el estrés, la pérdida, el desprecio, las malas relaciones, la pobreza, etc. La ira puede asustar a cualquiera, especialmente si se vuelve abrumadora y no se gestiona, ya que puede hacer que una persona actúe de manera irracional. En la mayoría de los casos, nos han enseñado que la ira es una emoción peligrosa y debe ser evitada. Sin embargo, es muy difícil evitar la ira en esta vida porque hemos experimentado ciertas cosas que nos hacen ofensivos o defensivos y alertas.

La ira es un suceso natural, pero cómo reaccionamos ante ella es una elección. Nuestras reacciones son voluntarias o involuntarias. La ira descontrolada puede ser peligrosa: obstaculiza la capacidad de toma de decisiones de un individuo, daña relaciones, destruye carreras y tiene otras consecuencias adversas. Por lo tanto, es esencial que uno entienda la ira y las formas en que puede manejarla. El manejo de la ira es la capacidad de prevenir o controlar la ira con éxito para que no conduzca a problemas.

Con ese fin, este libro discutirá la ira, sus efectos y las prácticas que una persona puede aplicar para manejar la ira. La información que encuentres en este libro se puede practicar tan pronto como una persona lo desee. El primer capítulo cubrirá la introducción a la ira, la expresión de la ira, la comprensión de la ira y la ira inteligente, entre otros. Los capítulos 2 y 3 tratarán sobre las causas, signos y síntomas de la ira y la ira no gestionada. Los capítulos 4, 5 y 6 cubrirán el costo de la ira, la ira y la salud mental, y la elección de gestionar la ira. Los capítulos 7, 8 y 9 hablarán sobre pasos para manejar la ira de manera efectiva, la gestión de la ira y la comunicación, y formas de seleccionar un buen programa de gestión de la ira. Los capítulos 10, 11 y 12 cubrirán el uso de técnicas de gestión de la ira, las recaídas y la medicación. Finalmente, el capítulo 13 resumirá las técnicas de gestión de la ira.

Capítulo 1: Ira

En algún momento u otro, todos se sienten enojados. En algunas ocasiones, las personas lo perciben como un fastidio temporal, mientras que en otras, lo experimentan como una rabia plena. La ira es una parte normal de la vida humana y es saludable. La emoción nos ayuda a discernir momentos en los que nos sentimos ofendidos, cuando las cosas no están funcionando como planeamos o esperamos. Nos da una forma de expresar sentimientos negativos y nos motiva a encontrar soluciones para los desafíos.

Aunque la ira es buena y saludable, puede ser destructiva cuando se sale de control. Pueden surgir problemas en el trabajo, en las relaciones y en la calidad de vida saludable. La ira incontrolada puede hacer que uno se sienta a merced de una emoción poderosa e impredecible. En consecuencia, muchas personas buscan maneras de controlar la ira.

La intensidad del estado emocional de ira varía de leve a completa rabia y furia. Cambios físicos y psicológicos la acompañan. Por ejemplo, cuando uno está enojado, la frecuencia del latido del corazón cambia; la presión arterial aumenta; los niveles de energía cambian, dependiendo de la situación; y las hormonas, la adrenalina y la noradrenalina se alteran.

La ira puede surgir de eventos internos o externos. Por ejemplo, uno puede estar enojado por un embotellamiento, la falta de hacer algo en particular, la cancelación de un vuelo, acoso, pérdida, humillación, etc. Internamente, la ira puede surgir porque uno siente que está preocupándose o rumiando demasiado sobre problemas personales, está frustrado por el fracaso, etc. Los sentimientos de ira también surgen por cosas que ocurrieron a una persona en el pasado—por ejemplo, eventos traumáticos durante los años de infancia. La ira se caracteriza generalmente por un conflicto hacia una persona o una cosa debido a un acto indebido particular realizado hacia la persona.

Patrones de Pensamiento Negativos

Típicamente, la ira tiene menos que ver con el evento inmediato y más con nuestra reacción hacia el evento. Patrón de pensamientos negativos específicos a menudo preceden a un estallido de rabia. Estos patrones incluyen:

Sobregeneralización - Este patrón ocurre cuando uno está atrapado en el pensamiento en blanco y negro. Él/ella solo piensa en lo que es visible de inmediato. Las personas atrapadas en este patrón tienden a usar palabras como 'nunca' y 'siempre'. La sobregeneralización hace que una situación parezca peor de lo que es.

Culpar - Culpar implica que una persona afirma que las emociones negativas o eventos son culpa de otra persona. En la mayoría de los casos, una persona acusa a la otra cuando intenta evitar la vergüenza o la responsabilidad.

Lectura de la mente - Esto implica que una persona se convenza de que la otra le está haciendo daño intencionadamente. La persona puede imaginar hostilidad cuando no la hay. Las personas enojadas verán peligro donde no lo imaginarían en circunstancias normales.

Rigidez - Esto ocurre cuando uno no puede reconciliar los acontecimientos que suceden con lo que imaginaba. Por ejemplo, uno puede haber supuesto que llegaría a la oficina a las 8 a.m., pero un embotellamiento de tráfico se lo impide. En lugar de aceptar que está tarde, una persona enojada se enojará y probablemente permanecerá en un mal humor durante un período prolongado.

Recogiendo paja - Esto implica un escenario en el que una persona enojada cuenta mentalmente cosas en un intento de justificar su enojo. En consecuencia, la persona permitirá que una serie de pequeños incidentes se acumulen en su cabeza hasta que se rompa la última gota.

Desafiar estos pensamientos puede ayudar a una persona a reducir la ira.

Expresión de ira

Las personas utilizan diferentes maneras de expresar la ira. La forma más intuitiva y natural de expresar la ira es la agresión. La mayoría de las personas reaccionan agresivamente hacia las personas o cosas que les enojan. Esto se debe a que; la ira está diseñada para ayudar a los seres humanos a responder a amenazas y ciertas situaciones no deseadas. Como tal, la emoción inspira poder/fuerza que generalmente se manifiesta como agresión, especialmente si el individuo carece de conocimiento sobre cómo controlarla. Estos sentimientos y comportamientos nos permiten defendernos, luchar y encontrar soluciones para nuestros desafíos. Por lo tanto, podemos decir que un cierto nivel de ira es necesario para la supervivencia humana.

Sin embargo, no podemos responder a cada persona y cosa de manera agresiva o física solo porque estamos enojados. Existen normas sociales, leyes y lógica que limitan la forma en que nos comportamos bajo ciertas circunstancias. La situación y las circunstancias (personas involucradas, tiempo, lugar, razón, etc.) determinan la manera en que reaccionamos. Por ejemplo, en un entorno de oficina, sería difícil que uno se desahogue con el jefe, incluso si él/ella está pisando los pies de cada otra persona. También sería difícil hablar con los abuelos como queramos solo porque estamos enojados.

Las personas utilizan tanto procesos inconscientes como conscientes para lidiar con su ira. Hay tres enfoques principales a los que se refieren como suprimir, expresar y calmar. Las investigaciones muestran que la mejor (más saludable) manera de lidiar con la ira es mostrar la emoción de manera asertiva y no agresiva. Para expresar adecuadamente la ira de manera asertiva, uno necesita aprender cuáles son sus necesidades y comunicarlas claramente sin herir a los demás. La asertividad no significa ser agresivo o exigir demasiado; preferiblemente, significa hacer las cosas de una manera que respete a los demás.

También se puede suprimir la ira, luego convertirla o redirigirla a algo positivo. La supresión de la ira ocurre cuando se retiene la ira, se evita pensar en ella y se enfoca en algo agradable. La esencia de la supresión es inhibir la ira y convertirla en cosas constructivas. Sin embargo, hay un desafío que ocurre con la supresión de la ira si no se maneja bien. Si falta una expresión externa, uno podría volver la ira hacia adentro y culparse a sí mismo. La ira reprimida se ha identificado como una causa subyacente de depresión y ansiedad. La ira no expresada puede interrumpir relaciones, afectar patrones de comportamiento y pensamientos, y también crear una variedad de problemas físicos. La ira que se vuelve hacia adentro puede llevar a hipertensión, hipertensión arterial y depresión.

La ira no expresada también conduce a otros problemas. Una posible consecuencia de la rabia es la expresión patológica de la emoción, por ejemplo, a través del comportamiento pasivo-agresivo o una personalidad que es ordinariamente hostil o cínica. El comportamiento pasivo-agresivo se refiere a los patrones de vengarse continuamente de las personas de manera indirecta sin decirles la razón. Las personas con comportamiento pasivo-agresivo evitarán la confrontación. Las personas que les gusta criticar todo, menospreciar a los demás o hacer comentarios cínicos de vez en cuando no han aprendido formas de manejar la ira de manera constructiva. Como tal, estas personas son menos propensas a tener relaciones exitosas.

Calmarse es la forma más exitosa de enfrentar la ira. Calmar lo interno significa que uno no controla solo el comportamiento exterior, sino también las respuestas internas. Las técnicas de calmarse permiten reducir la frecuencia cardíaca y otros cambios físicos y dejar que los sentimientos se disipen. Cuando uno no puede utilizar ninguna de las tres técnicas (expresar, reprimir o calmar) de manera constructiva, entonces la ira se vuelve dañina.

Otros Métodos de Expresión de Ira

La forma en que expresamos la ira determina nuestra salud y el bienestar de las personas que nos rodean. Por lo tanto, es vital comprender las diferentes maneras en que se manifiesta la ira y cómo podemos elegir mejores habilidades de expresión. Aparte de la expresión principal, los métodos de supresión y relajación, hay otras formas que la gente utiliza para mostrar su desagrado. Estas incluyen:

Agresión abierta - La agresión abierta implica una situación en la que uno expresa enojo a través de acciones y palabras, más que a través de la culpa, la intimidación, la explosividad y la rabia. El desafío con estas técnicas es que hay altas probabilidades de causar daño a la otra persona. De hecho, el principal objetivo de las personas que utilizan esta opción es causar daño a la otra persona (intimidando a los demás). Al final, todos los involucrados en la situación experimentan luchas de poder recurrentes.

Agresión pasiva - En esta opción, la persona no recurre a la hostilidad abierta; en su lugar, prefiere utilizar el sabotaje sutil para frustrar a los demás o vengarse. Por lo general, implica no hacerle un favor a alguien debido a la voluntad de irritarlo. La similitud entre el agresor abierto y el agresor pasivo es que ambas personas compiten por la superioridad. Ambas situaciones perpetúan una tensión no deseada y suelen generar relaciones poco saludables. Como tal, la elección de la agresión pasiva dará lugar a otro conflicto indeseable.

Enojo asertivo - La expresión de la ira generalmente implica palabras y acciones que muestran respeto y dignidad por todos en la situación. Las personas que utilizan este estilo entienden que el tono de voz utilizado en cualquier situación creará una atmósfera positiva o negativa. Esencialmente, no siempre es fácil para uno expresar ira de manera asertiva, pero con autodisciplina y mucho respeto, es manejable. Recuerda que el enojo asertivo no es abrasivo ni insistente; en cambio, es fuerte y respetuoso. Expresar la ira con confianza es una opción que es muy constructiva y reduce la tensión en cada relación.

Dejar de lado la ira - Esta opción es casi similar al estilo de calmarse. La persona enojada acepta que los otros métodos de expresar ira no funcionarán, por lo tanto, elige dejar el asunto ir. Normalmente, las personas que optan por la ira asertiva son las que deciden dejarlo. Las personas agresivas quieren llevar la pelea hasta el final, pero las personas asertivas buscan formas de resolver conflictos con la menor altercación posible. Dejar de lado la ira no es fácil, y implica acomodar las diferencias y elegir perdonar incluso sin recibir una disculpa.

En conclusión, muchas ocasiones en la vida llevan a la ira cada día. Como tal, es difícil manejar la ira utilizando solo una opción. Sin embargo, con práctica, podemos elegir y mantener una opción de expresión de ira que mejore el bienestar de todos a nuestro alrededor.

Entendiendo la ira

La ira también se denomina furia, cólera o rabia. Es una emoción que no debe subestimarse. Ocurre con frecuencia para algunas personas y raramente para otras, pero en la mayoría de los casos, sus consecuencias son muy perjudiciales. La ira es una experiencia natural para muchas personas, y a veces, todos tienen razones válidas para enfadarse o enojarse. Si alguien dice algo que parece injusto para el otro, entonces puede haber una razón convincente para enojarse.

La principal causa de la ira es el ambiente en el que uno pasa el tiempo. Los problemas financieros, el estrés, una mala situación social y familiar, el abuso y otros requisitos abrumadores de tiempo y energía pueden contribuir a la aparición de la ira.

Los trastornos de ira pueden ser prevalentes en personas que provienen de familias con los mismos desafíos, similar a la forma en que las personas son más propensas al alcoholismo si crecieron en familias con el trastorno. La capacidad del cuerpo para lidiar con ciertas hormonas y químicos y la genética también juegan un papel en la manera en que uno maneja la ira. Si el cerebro de un individuo no reacciona de una manera saludable a la serotonina, él/ella puede encontrar más difícil manejar las emociones.

La ira toma diferentes formas en diferentes personas; por ejemplo, algunos se enojan durante un período prolongado debido a un evento que ocurrió hace mucho tiempo, pero no harán nada serio debido a esa emoción. Otros permanecerán durante un período muy largo sin enojarse, pero una vez que lo hacen, estallan en explosivos arrebatos de rabia.

Independientemente de la forma que adopte la ira, cualquier emoción incontrolada afectará el bienestar emocional y la salud física del individuo. Según investigaciones, la ira y la hostilidad descontroladas aumentan las posibilidades de desarrollar enfermedades coronarias y empeoran las situaciones para las personas que padecen enfermedades cardíacas. La ira también provoca problemas relacionados con el estrés, como insomnio, dolores de cabeza y problemas digestivos. La ira también puede resultar en comportamientos riesgosos y violentos, incluyendo peleas y abuso de drogas y sustancias. Además, la ira puede causar un daño significativo a las relaciones en las familias, entre amigos y con colegas.

Fisiología de la Ira

Como cualquier otra emoción, la ira tiene efectos en nuestras mentes y cuerpos. Los científicos han encontrado una serie de eventos biológicos que ocurren a medida que nos enojamos. Según investigaciones, las emociones tienden a comenzar dentro de nuestros cerebros en dos estructuras en forma de almendra llamadas la amígdala. La amígdala es responsable de detectar las cosas y situaciones que amenazan nuestro bienestar, por lo tanto, activa una alarma para que nos defendamos. Una vez que suena la advertencia, tomamos las medidas necesarias para proteger nuestros intereses. Esta sección del cerebro es tan útil que nos hace actuar antes de poder pensar con claridad.

La parte cortical del cerebro es responsable del juicio y del pensamiento, por lo tanto, se encarga de verificar la razonabilidad de una reacción antes de que se lleve a cabo. Cuando estamos enojados, la corteza no actúa lo suficientemente rápido. En términos simples, el cerebro está diseñado para influir en nuestros actos antes de que podamos siquiera considerar las consecuencias de nuestras acciones. Sin embargo, esto no debería ser una razón para que nos comportemos de manera incorrecta: podemos aprender a controlar los impulsos agresivos con el tiempo y la paciencia. La gestión adecuada de la ira es una habilidad que uno debe elegir aprender; no es algo con lo que la gente nace instintivamente.

A medida que te enojas, los músculos de tu cuerpo se tensan. En el cerebro, se libera un neurotransmisor químico conocido como catecolamina, lo que resulta en una experiencia de explosión de energía que dura hasta varios minutos. Esa explosión de energía es la principal razón por la que la ira viene acompañada de un deseo inmediato de tomar acción protectora. Al mismo tiempo, la frecuencia cardíaca se acelera, la presión arterial aumenta y la tasa de respiración se incrementa. Algunas personas experimentan enrojecimiento en la cara a medida que el aumento del flujo sanguíneo llega a las extremidades mientras el cuerpo se prepara para la acción física.

En el momento de la ira, la atención de una persona se vuelve estrecha y se centra en el objetivo. Pronto, uno no puede prestar atención a nada más. Rápidamente, se liberan hormonas adicionales, especialmente la adrenalina y la noradrenalina, así como neurotransmisores en el cerebro, lo que desencadena un estado completo de excitación. En ese momento, uno está listo para luchar.

Dado que el cuerpo tiene un proceso de preparación cuando uno está enojado, también tiene un proceso de calma. Una vez que la fuente de nuestra amenaza ya no es accesible, o la amenaza inmediata ha desaparecido, comenzamos a relajarnos y a volver a nuestro estado de reposo normal. Es difícil relajarse cuando ya se está enojado. La excitación que resulta de la descarga de adrenalina dura mucho tiempo. Para algunas personas, la excitación puede durar unas pocas horas, mientras que otras la experimentan durante un día o más. Ese estado prolongado de excitación facilita que uno se enoje rápidamente de nuevo incluso después de que la situación inicial ha pasado. Toma mucho tiempo para que uno regrese a un estado de reposo completamente normal. Durante el lento proceso de enfriamiento, uno tiene más probabilidades de perder los estribos en respuesta a una pequeña irritación que no nos molestaría.

Este despertar persistente también interfiere con nuestra memoria, y por eso olvidamos los eventos que ocurrieron durante el estallido. El persistir nos mantiene listos para más ira. No podemos desafiar el despertar porque es esencial para la funcionalidad del cerebro. Sin el despertar, probablemente estaríamos eternamente somnolientos. Cualquier estudiante sabe que es casi imposible aprender nuevo material cuando se está somnoliento. Un despertar moderado mejora la memoria y ayuda al cerebro a aprender, desempeñarse y concentrarse. La forma de despertar que ocurre durante momentos de ira es demasiado y por lo tanto dificulta el desarrollo de nuevos recuerdos. La pérdida de memoria es una de las desventajas de la ira incontrolada.

Smart Anger

Muchas personas buscan maneras de lidiar con la ira porque la encuentran desagradable y, en la mayoría de los casos, resulta en implicaciones negativas. Lo que hacemos cuando estamos enojados determina muchas cosas en el futuro. Debido a que la mayor parte de la ira termina en consecuencias negativas, tendemos a asumir que la ira es mala. Muchas personas han sido enseñadas que la ira es una emoción peligrosa que debe ser ignorada o suprimida a toda costa. En la mayoría de los casos, se desanima a las mujeres de mostrar ira porque se define como poco femenina. Las culturas nos han enseñado que la ira es una muestra de arrogancia. También hemos observado a personas enojarse y qué fue lo que terminaron haciendo.

Debido a que la ira implica dolor y confusión, puede llevar a acciones que causan problemas. Como tal, elegimos centrarnos en formas de suprimir, evitar o minimizar la ira. Es raro encontrar a alguien que vea la ira como una emoción placentera y gratificante. La mayoría de nosotros la vemos como un problema, algo de lo que deberíamos deshacernos. Sin embargo, la ira tiene un propósito en nuestras vidas y es útil. El dolor emocional puede parecer innecesario en nuestras vidas, pero al igual que el dolor físico, cumple un papel vital en nuestras vidas. Si te quemas un dedo, te alejarás de lo que lo está quemando y le darás tiempo para sanar. De manera similar, emociones como la ira nos envían un mensaje.

En particular, la ira nos advierte que algo está mal y debemos levantarnos, encontrar soluciones y superar los obstáculos. Es cierto que nuestras acciones cuando estamos enojados pueden resultar en arrepentimientos. Actuar de manera agresiva no es una cosa inteligente de hacer, ya estemos justificados para estar enojados o no. Nos sentimos mal después de un arrebato. Típicamente, cuando estamos en peligro, nuestros cuerpos están diseñados para actuar antes de pensar críticamente; por lo tanto, podemos ser bastante irracionales cuando estamos en peligro. Sin embargo, no tenemos que perder el control cuando estamos enojados. Es posible que uno piense con claridad, analice y comprenda la situación provocativa. Entonces, él/ella podrá usar la emoción como motivación para iniciar un cambio positivo.

Hay dos errores que la gente comete cuando se trata de la ira. O intentan ser felices en la situación dolorosa o tratan de ignorar el sentimiento por completo. Sin embargo, aceptar y abrazar la utilidad de la ira mejora la capacidad de pensar y actuar mientras se está emocional. Aunque puede parecer contradictorio, el deseo de sentir ira al enfrentar un conflicto te ayudará a entender y manejar tus emociones y situaciones.

Normalmente, todos queremos sentirnos bien y evitar cualquier mal sentimiento, pero en algunos casos, los sentimientos desagradables son muy beneficiosos. Es importante experimentar emociones que sean congruentes con nuestras circunstancias aunque no sean placenteras. De mayor valor es la capacidad de entender y gestionar las emociones. Una buena capacidad para gestionar las emociones está vinculada a un mejor bienestar físico y emocional.

El problema con la ira es distinguir la forma útil de la que no lo es. Aferrarse al resentimiento mucho después de que la situación que provocó la ira ha pasado lleva a una mala ira. Tal ira solo nos hará vulnerables a más ira.

¿Cómo entonces identificamos y aplicamos la ira útil de una manera inteligente? Primero, asume que estás equivocado acerca de la situación; tu razón para estar enojado no es válida. Respira, cuenta y respira hasta que te sientas racional. Controlar la ira no significa que la reprimas. Además, no tomes acciones que puedan amplificar tu ira. Por ejemplo, no te concentres demasiado en la persona o cosa que te está enojando. Busca una distracción. Luego, analiza los eventos. ¿La ira te está haciendo algún bien? ¿Qué mensaje está intentando transmitirte? ¿Te están advirtiendo sobre injusticia, falta de respeto o pérdida? ¿Te está motivando a encontrar una solución a una situación en el trabajo? Mira tu pasado. ¿Ayudas a las personas a tu alrededor o a un grupo particularmente desfavorecido? Cuando dejes de rechazar la buena ira, podrás tomar decisiones sobre tus respuestas a la vida.

Capítulo 2: Causas de la Ira

Ira a una edad temprana

Desde una edad muy temprana, las personas experimentan esta emoción fundamental llamada ira y aprenden a expresarla dependiendo de las personas que ven a su alrededor. Los niños pequeños expresarán la ira dependiendo de lo que copian de los adultos y de la recompensa que obtienen por ello. En general, el mundo tiene una relación incómoda con la expresión de la ira; por lo tanto, crecemos pensando que está mal expresar la ira directamente. Se nos enseña que la ira es una emoción peligrosa en todo momento y que no debe ser tolerada. En consecuencia, la mayoría de nosotros aprende a ignorar/suprimir la ira, desconfía del sentimiento, lo reprime y solo lo utiliza de maneras muy indirectas. El peligro de ignorar la ira es que solo se acumula dentro de nosotros y explota en algún momento o en otro.

Es cierto decir que la ira puede ser muy destructiva cuando no se maneja adecuadamente, pero tiene una lista de ventajas. Cuando se utiliza bien, la ira se convierte en algo más que una fuerza destructiva.

La ira es una parte muy importante de los instintos de autodefensa y autopreservación. Si no pudiéramos enojarnos en absoluto, sería difícil defendernos. La gente nos ofendería una y otra vez y no haríamos nada al respecto. Por lo tanto, es muy importante que aprendamos las formas a través de las cuales podemos expresar la ira de manera efectiva. Hay estrategias saludables y socialmente respetuosas que se pueden utilizar para expresar los sentimientos de ira. Es importante expresar estos sentimientos de manera controlada para preservar nuestras relaciones, salud y empleabilidad.

Ira a Través de las Generaciones

La ira puede transmitirse de una persona a otra en una familia. Sin embargo, falta evidencia sustancial que demuestre que la ira puede ser hereditaria. Solo se aprende o se adquiere. La gente piensa que la ira es genética porque pueden recordar a alguien en la línea familiar que era bastante enojado e irritable—tal vez un padre, un abuelo u otro pariente. La ira es un comportamiento adquirido que se mantiene con la práctica. La única excepción es la ira que ocurre debido a otros trastornos mentales y enfermedades.

La familia determina cómo se expresan emociones como la felicidad, la tristeza, el miedo, la ira, etc. Si la ira no fue manejada correctamente por los abuelos, es probable que los padres estén enojados y también lo estarán los hijos. Tenga en cuenta que no hay padres perfectos. Cada persona tiene defectos, y los padres también. Hay defectos heredados de sus padres por parte de sus abuelos, y probablemente usted también recogerá algunos de ellos, involuntariamente. La ira se transmite hasta cierto punto de generación en generación. Depende de usted reconocer los comportamientos que preferiría no transmitir a sus hijos. Deshágase de los hábitos dañinos y perjudiciales.

¿Cómo puedes proteger a tus hijos de heredar problemas de manejo de la ira y otros malos hábitos? Primero, ten en cuenta el hecho de que eres un modelo a seguir. Probablemente seas el primer y principal ejemplo del que tus hijos aprenderán algo, por lo tanto, mantente alerta. Si puedes aprender a romper los malos hábitos de manejo de la ira, entonces puedes romper la cadena. La conclusión es cortar las cadenas erróneas. Solo piensa en lo hermoso que sería si tu familia pudiera llevar una vida mejor; llena de éxito y calma.

Cuando los miembros de la familia se enojan, tómate un tiempo para hablar con ellos sobre sus sentimientos. Ten en cuenta que el enojo rara vez es el sentimiento principal. Busca señales de depresión, miedo, ansiedad, tristeza u otras emociones raíz. Cuando los niños manejen su enojo de manera positiva, recompénsalos. Si no lo hacen, habla con ellos y si el problema persiste, busca ayuda profesional. Para ayudar a tu familia:

- Busca maneras apropiadas de comunicarte con tu pareja, hijos y otros familiares; la comunicación asertiva puede ayudar.
- Siempre maneja tu ira independientemente de la circunstancia.
- Educa a tus hijos sobre la ira.
- Discutir los mejores métodos para afrontar la ira en la familia.
- Participar en terapia familiar y formular un plan de manejo de la ira con los miembros.
- Para los miembros de la familia que aún tienen dificultades, se recomienda terapia de ira individual.

Adquisición de estilos de ira

Todos nacen con la emoción de la ira, pero nadie nace con ira agresiva y crónica. Generalmente, cada uno responderá a una situación abusiva o frustrante de la manera que considere más viable, pero se basa en los hábitos que aprendieron. Por ejemplo, las personas que crecieron en hogares violentos son más propensas a tener algunas formas inapropiadas de manejar situaciones frustrantes. Las personas que crecieron en hogares donde la ira se manejaba adecuadamente tendrán más facilidad para tratar con los demás.

Los estilos de respuesta agresiva y la ira crónica normalmente se aprenden. Hay una variedad de formas a través de las cuales se puede aprender a expresar la ira de manera agresiva. Algunas personas adoptan estos hábitos desde la infancia al observar el comportamiento de las personas mayores a su alrededor. Si los padres y las personas que los influyen son enojados, hostiles y constantemente hacen amenazas, entonces los niños recogerán esos hábitos. Incluso si los niños no muestran estos hábitos a una edad temprana, es probable que los apliquen a una edad posterior, una vez que estén cerca de personas que pueden intimidar. Notarás que estos niños tienen dificultades para mantener amistades y relaciones porque intimidan y menosprecian a los demás. Uno de los principales desafíos que enfrentan las personas que adoptaron la ira desde una edad temprana es que pueden no darse cuenta de su problema de ira. Para ellos, la ira es solo algo normal que vieron mientras crecían.

Las víctimas de la ira tienen un deseo de venganza y dominio; por lo tanto, indudablemente desarrollarán problemas de ira. Si un niño pasó mucho tiempo en una situación abusiva, él/ella podría jurar nunca volver a ser vulnerable y hará lo que sea para lidiar con las personas que representan una amenaza. Estos niños comenzarán a volverse hostiles hacia los demás basándose en la teoría de que 'una buena ofensiva es la mejor defensa'. Esto explica parte del acoso escolar. Alternativamente, las personas heridas o abusadas pueden generalizar en exceso y buscar venganza contra un grupo entero de personas, mientras que solo es una parte de ellas la que les hizo daño. Un ejemplo de tal ira es cómo algunas personas tienen prejuicios contra todos los inmigrantes de algunos países que fueron enemigos de su país.

Otra forma en que las personas enojadas aprenden a ser agresivas y hostiles es a través de recibir un premio por ser un matón. Si alguien recibe respeto o parece infundir miedo en otras personas debido a sus acciones agresivas, entonces se motiva a continuar con su demostración de enojo. El comportamiento agresivo seguirá ocurriendo si la persona obtiene un ascenso en su posición y estatus social.

Ira y Género

Durante mucho tiempo, la gente ha asumido que los hombres son más enojados que las mujeres. Se piensa que la ira es una emoción masculina y Marte está lleno de hombres irascibles y enojados. Se supone que las mujeres son más tranquilas y graciosas; Venus está llena de amor. En consecuencia, el mundo ha aceptado la ira en los hombres más que en las mujeres. La ira no es propia de una dama, pero para los hombres, representa poder y dominio. Algunas frases que apoyan la ira masculina incluyen 'Los hombres no lloran', 'no seas como una chica', etc. Como resultado, los hombres aprenden a suprimir sus emociones.

Las investigaciones han revelado que hombres y mujeres sienten ira y no hay diferenciación de género en ese aspecto. Las mujeres se enojan tan intensamente y con la misma frecuencia que los hombres. Incluso buscan ayuda para manejar la ira tantas veces o incluso más que los hombres. Los investigadores que encontraron diferencias en los niveles de ira también afirman que las mujeres son más enojadas que los hombres hasta cierto punto. Sin embargo, estas investigaciones no están calificadas.

La mayoría de las mujeres han informado que se enojan, gritan, se sienten molestas y pierden los estribos. Los hombres, por otro lado, afirmaron que prefieren mantener sus emociones. Se ven obligados a suprimirlas y solo actúan cuando son empujados al límite.

Otras investigaciones han revelado que, aunque no hay diferencia en la frecuencia de la ira según el género, las mujeres tienden a reflexionar sobre el tema que las enojó durante más tiempo, reportan episodios de ira más intensos y discuten su ira más abiertamente. La razón para reflexionar sobre la ira durante más tiempo es la intensidad. Las mujeres tienden a sentir las cosas más profundamente que los hombres, por lo tanto, se expanden más en un tema. Nuevamente, las mujeres son más abiertas y, por lo tanto, discutirán abiertamente las cosas que les irritan.

Las diferencias entre hombres y mujeres no pueden verse en el término ira, pero son muy evidentes en la agresión. El sentimiento es casi similar, pero el comportamiento difiere. Los hombres son más propensos a involucrar acción física cuando están enojados que las mujeres. Esto se mantiene casi constante a lo largo del tiempo y la cultura porque se les enseña a los hombres a ser duros. Por otro lado, las mujeres tienden a emplear modos de expresión de ira efectivos e indirectos, como reclutar aliados, chismear, retirar afecto y llorar. A menudo, interpretamos las reacciones de las mujeres como razonables, pero en realidad, es porque son superadas por los hombres; por lo tanto, jugarán con la mano que les toca. Las mujeres son más propensas a expresar ira hacia otras mujeres que hacia hombres.

El género también puede influir en el tipo de ira que uno típicamente posee. Las mujeres tendrán la forma de ira que muestra resentimiento, mientras que los hombres tendrán el tipo de ira que es vengativa. Las mujeres también son más propensas a expresar ira hacia sí mismas que hacia otras personas.

Ira y Cultura

Como se mencionó anteriormente, no siempre podemos expresar la ira como queremos. La circunstancia y las personas involucradas determinan las formas a través de las cuales resolveremos nuestros problemas. Las normas sociales determinan cómo respondemos a las personas a las que estamos enojados, independientemente de la emoción. Las culturas tienen diferentes reglas sobre la expresión de la ira. Hay reglas de exhibición en cada comunidad que determinan las formas en que se puede expresar la ira de manera apropiada. Las investigaciones han revelado patrones en las reglas de exhibición entre culturas individualistas y colectivistas.

Las culturas individualistas abogan por la autoexpresión y la

independencia. Sus reglas sobre la manifestación de la ira establecen que es más apropiado:
1. Minimiza la expresión de ira en lugar de eliminarla por completo.
2. Muestra tu ira a amigos y familiares en lugar de a extraños. Las personas en culturas individualistas tienden a cambiar entre grupos; por lo tanto, consideran más importante mantener relaciones con personas que no conocen que con familiares y amigos. Estas personas también dependen menos de un solo grupo de interacciones sociales.

Las culturas colectivistas priorizan la cohesión y la cooperación del grupo. Sus normas de expresión de la ira establecen que es más apropiado:
1. Mantente en armonía. La armonía es importante; por lo tanto, debes ocultar la ira para mantenerla. La gente puede no mostrar ninguna emoción en absoluto o enmascarar su ira con otras cosas.
2. Expresa tu ira a extraños en lugar de a tu familia o amigos. Algunos mecanismos de afrontamiento de la ira pueden ser respaldados por una comunidad y desalentados por otra, y por lo tanto, uno debe considerar su cultura al buscar ayuda para el manejo de la ira.

Poblaciones Afectadas por la Ira

La ira puede afectar a cualquiera, independientemente de la edad, género o etnia. La ira, en la mayoría de los casos, es alimentada por nuestras creencias y nuestra exposición. Si estamos expuestos a la ira a una edad temprana, o las creencias que se nos inculcan no son racionales, entonces tenemos más probabilidades de ser afectados por esa emoción.

Adultos

La ira en los adultos normalmente afecta la vida profesional y familiar. Un desafío que motiva extensamente a los adultos a buscar ayuda para el manejo de la ira es la vida laboral. Existen herramientas preventivas y correctivas para la ira disponibles para que las personas puedan hacer frente al estrés y la ira que surgen de problemas relacionados con el trabajo. Por ejemplo, las personas que trabajan con individuos con discapacidades mentales son propensas a experimentar estrés cuando tienen pacientes que no están mejorando. En consecuencia, tendrán problemas de ira. Se han desarrollado habilidades de manejo de la ira para ayudar a estos cuidadores (por ejemplo, aquellos que trabajan con personas con demencia) a hacer frente a los sentimientos de frustración que pueden conducir a la ira. Otros programas de manejo de la ira están diseñados para ayudar a parejas que tienen desafíos en el manejo de la ira.

Niños y Adolescentes

La capacidad de un niño para entender sus emociones y cómo reaccionar en situaciones particulares puede determinar en gran medida la forma en que expresa la ira. Compartir con los niños pequeños las formas apropiadas de expresar la ira puede ser de gran ayuda para que reaccionen ante las situaciones. Algunos programas de manejo de la ira que se centran en el comportamiento cognitivo se han modificado para adolescentes y niños más jóvenes. Se han diseñado tres tipos comunes de terapia cognitivo-conductual para jóvenes, que incluyen el desarrollo de habilidades para la vida, educación efectiva y resolución de problemas. Las habilidades para la vida se centran en la empatía, la comunicación, la asertividad, etc., y utilizan modelado para enseñar reacciones a la ira.

La educación efectiva presta atención a los sentimientos de ira y relajación. La resolución de problemas ayuda al paciente a ver la causa y el efecto de la situación en lugar de permitir que la ira domine. Algunos factores considerados al seleccionar una terapia para niños y adultos incluyen la edad, la socialización y la gravedad del desafío de la ira. Para los niños, la terapia de manejo de la ira puede hacerse más divertida al incluir actividades más atractivas para ellos. Los adolescentes pueden aprovechar más las sesiones de terapia si se les ayuda en su entorno social natural.

La terapia de manejo de la ira seleccionada para niños y adolescentes debe tener una intensidad que coincida con las acciones. Por ejemplo, si un adolescente tiene estallidos de ira severos en clase, él/ella debe tener sesiones más largas con el terapeuta de la escuela. Algunas reacciones de ira más severas podrían requerir acciones drásticas, como sesiones de manejo en una instalación correccional juvenil.

Individuos con Discapacidad Intelectual

Las personas con discapacidades intelectuales pueden tener dificultades con el manejo de la ira. Dependiendo del individuo y del entorno, hay ciertas estrategias utilizadas para minimizar la agresión de tales personas:
1. Las estrategias reactivas están destinadas a minimizar el impacto del comportamiento excesivamente agresivo. Un terapeuta puede utilizar protocolos establecidos, como el aislamiento forzado en el momento de la ira.
1. La gestión de contingencias se centra en remodelar el comportamiento a través de algunas formas de castigo y refuerzo.
1. Las intervenciones ecológicas suelen utilizar el entorno para provocar un efecto calmante en la persona enojada.
1. La programación positiva normalmente enseña habilidades de reacción positiva en lugar de agresión.

Criminales Violentos

Los criminales violentos son propensos a la ira debido a su entorno. A veces, encarcelarlos hace que la situación sea aún peor porque la mayoría de los centros de incineración están descontrolados. Normalmente, los criminales violentos necesitan agresión para salir con la suya. Por lo tanto, despliegan ira para anular la naturaleza humana natural y racional.

Abusadores de sustancias

Los abusadores de alcohol y drogas tienen un mayor riesgo de enojarse y de no poder manejarlo. Si una persona enojada no puede controlar ciertos aspectos de su vida adecuadamente, el riesgo de ira aumenta.

Trastorno de Estrés Postraumático

El trastorno de estrés postraumático generalmente resulta en desafíos de manejo de la ira. Las personas con lesiones cerebrales también tienen dificultades con el manejo de la ira, especialmente si la parte del cerebro responsable de las reacciones impulsivas se ve afectada.

Capítulo 3: Signos y Síntomas de Problemas Relacionados con la Ira

Antes de que uno pueda aprender las técnicas para manejar la emoción de la ira, necesita aprender las manifestaciones de la ira. Hay que responder preguntas como: "¿Cuáles son las indicaciones de que estoy enojado? ¿Qué lugares, personas y eventos me hacen enojar? ¿Cuál es mi reacción cuando me siento enojado? ¿Cómo afectan mis acciones a los demás?" Obtener las respuestas correctas a estas preguntas lleva tiempo y atención. Es posible que una persona descubra más de una cosa que lo haga enojar. En el proceso, se identificarán algunos de los signos que aparecen cuando se presenta la ira. Estas respuestas son generalmente el comienzo del plan de manejo de la ira. Ayudarán a uno a desarrollar un plan valioso que ayudará a manejar la ira.

La ira se manifiesta de diferentes formas, y mientras algunas personas pueden controlar la emoción, otras no. Algunos individuos tienen dificultades para tomar el control de su ira y algunos la experimentan fuera del alcance humano normal. Esta ira que se manifiesta fuera del alcance emocional normal puede presentar diferentes tipos de trastornos. Algunas de las formas de ira más aceptadas incluyen la ira crónica, la ira abrumadora, la ira pasiva, la ira autoinfligida, la ira volátil y la ira crítica.

La ira crónica - Esta forma de ira es prolongada y normalmente tiene un impacto en el sistema inmunológico. También se ha relacionado con ciertos tipos de trastornos mentales.

Ira abrumadora - Esta es una forma de ira que surge cuando las demandas de la vida son demasiado para que una persona las sobrelleve.

Furia pasiva - Esta forma de ira no siempre aparece como ira y, por lo tanto, puede ser difícil de identificar. A veces, las personas que experimentan ira pasiva ni siquiera se dan cuenta de que están enojadas. En la mayoría de los casos, la ira pasiva se mostrará como apatía, sarcasmo y maldad. Una persona que experimenta ira pasiva participará en patrones de comportamiento autodestructivos, como alienar a familiares y amigos, faltar a la escuela y al trabajo, y desempeñarse mal en situaciones sociales y profesionales. Para los de fuera, estos patrones de autoinmola parecen intencionados, aunque la persona afectada no se da cuenta de la causa y el efecto. La ira pasiva puede ser difícil de reconocer porque a menudo está reprimida. La consejería puede ayudar a identificar la emoción que desencadena las actividades de autodestrucción y sacar a la luz los asuntos subyacentes para que puedan ser tratados.

Ira agresiva - Las personas que son propensas a la ira agresiva normalmente son conscientes de sus sentimientos, aunque puede que no siempre comprendan la raíz de su comportamiento. En algunos casos, estas personas redirigirán los ataques de ira hacia chivos expiatorios porque tienen dificultades para abordar el verdadero desafío. A menudo, la ira agresiva se manifiesta como ira retaliatoria o volátil y puede llevar a daños físicos a personas y propiedades. Aprender a identificar los desencadenantes y gestionar los síntomas es importante para manejar la ira agresiva de manera positiva.

Ira Crónica

Básicamente, la ira es una emoción diseñada para empoderarnos a encontrar medios constructivos de satisfacer nuestras necesidades y deseos. Sin embargo, las personas que han abrazado la ira crónica (a largo plazo) terminan siendo desempoderadas. Las personas con ira crónica ven el mundo a través de un filtro limitado a su emoción. Aquellos que sufren de ira crónica tienen una tendencia profundamente arraigada que es reactiva y difícilmente influenciada por la autorreflexión y el pensamiento. Normalmente, estas personas tienen una visión limitada, y sus reacciones son generalmente rígidas. En consecuencia, hay un poder disminuido en sus acciones. Las acciones de los individuos normalmente agotan la capacidad de las personas afectadas para satisfacer genuinamente sus deseos y necesidades.

La ira crónica tiene muchos rostros dependiendo del individuo en cuestión. Por ejemplo, algunas personas buscan pelear cuando están intoxicadas. Una persona entra a un bar; elige a alguien para dirigir su ira y comienza una pelea. Incluso si la persona es detenida para que no pelee en el bar y es expulsada, elegirá a alguien que esté saliendo del bar y seguirá peleando. Normalmente, esto resulta en arrestos u otras consecuencias graves.

La ira crónica también es evidente en Internet, ya que las personas dan opiniones predominantemente egoístas. Estas declaraciones hechas por rabia afectan la capacidad de ser abiertos, civiles, compasivos y comprensivos. La ira crónica es una catarata que nubla nuestro juicio y visión. No somos capaces de ver lo bueno en los demás e incluso en nosotros mismos. Nos hace pensar que los desacuerdos nos hacen menos humanos.

La ira crónica es en la mayoría de los casos permeante y es evidente en las relaciones, los lugares de trabajo y otros segmentos de la vida. Muestra una vulnerabilidad continua a enojarse, así como una actitud regular de hostilidad. En la mayoría de los casos, la ira crónica se alimenta de heridas emocionales y mentales y cicatrices en las personas: las cosas que sucedieron en nuestro pasado, y de las cuales no somos capaces de superar. Estas heridas tienden a haber originado por negligencia y abuso físico y emocional anteriores. También podrían haber surgido de amenazas y pérdidas en nuestras vidas recientes. Estas pérdidas pueden ocurrir en el empleo, la salud, las finanzas, el estado social, económico, etc.

Mientras que algunas personas pueden señalar claramente la fuente de su ira, otras no pueden asociar su estado con sus dolores y miedos pasados. Las personas que no pueden vincular su estado actual con cosas que les sucedieron en el pasado normalmente intentan negar sus sentimientos o minimizar el impacto de enfrentar lo que pasaron. A veces, el sentimiento de negación se debe a la vergüenza y la culpa. En la mayoría de los casos, se culpan a sí mismos por las cosas que los rompieron en un intento de esconderse de su confusión e ira respecto a los eventos. De cualquier manera, la gravedad de las heridas sufridas en el pasado puede contribuir a un estado de hipersensibilidad y sobrerreacción porque cada asunto se siente como un maltrato.

Muchas personas que han sido lastimadas en el pasado abrazarán el dolor crónico como una armadura mental con la intención de protegerse del sufrimiento. Este abrazo puede ocurrir intencionalmente o involuntariamente. La ira crónica puede ser utilizada por una persona para esquivar la autorreflexión, algo que es necesario para crear una identidad. La ira ayuda a uno a evitar preguntas como '¿quién soy y cuál es mi propósito?'. Sin considerar tales cuestiones, uno se suscribirá a las creencias con las que creció. En consecuencia, no habrá tiempo para analizar el pasado y el estado actual de la ira. A menos que tengamos respuestas a preguntas que nos ayuden a construir nuestro propio carácter, aún nos aferramos a la ira crónica. No desarrollaremos una personalidad compleja que resuene con la persona que somos y queremos ser.

La ira crónica nos deja reactivos, y tenemos una personalidad muy débil y así respondemos a cada drama de manera drástica. La falta de tus propios gustos, desagrados y deseos te deja en un estado predeterminado de reacción. Una persona también puede evitar desarrollar una personalidad si siente que los roles y deberes impuestos por sus padres o la sociedad son inalcanzables. Esta postura a menudo es evidente en la actitud "No sé quién soy ni quién quiero ser, pero estoy seguro de que no me gustaría ser tú."

Otras personas abrazan la ira crónica en un intento por evitar asumir la responsabilidad de sus vidas. Generalmente, es más fácil culpar a otra persona o a una circunstancia por una cierta situación en lugar de asumir la responsabilidad. Culpar a alguien más ayuda a renunciar a todo el poder y control que él/ella podría haber utilizado para alterar la situación. Abrazar el dolor crónico ayudará a un individuo a evitar buscar cursos alternativos de acción incluso cuando esté en dolor.

Aferrarse a la ira a menudo está respaldado por la necesidad de protegerse de ser herido nuevamente. Aferrarse a una ira a largo plazo nos ayuda a desarrollar una mentalidad de hipervigilancia, es decir, estamos constantemente en guardia, esperando que alguien nos ofenda. Esta mentalidad incluye la errónea creencia de que otras personas están buscando formas de dañarnos, o que no deberíamos confiar en nadie. Entonces, la mentalidad obstaculiza la intimidad, y no somos capaces de invertir y compartir a un nivel emocional más profundo. Nuevamente, la falta de confianza añade a nuestra rapidez para evitar relaciones cercanas y contribuye a la incapacidad de perdonarnos a nosotros mismos y a los demás.

Al abrazar el dolor, algunas personas son capaces de alejar el dolor del duelo y el luto. Evitan identificar y aceptar el dolor detrás del sufrimiento, un proceso que es importante para liberar las heridas. La incapacidad de dejar ir lo que sucedió en el pasado conduce a un tiempo congelado en el que uno ve que tiene oportunidades y opciones limitadas para cambiar las cosas. En consecuencia, nos vemos obligados a centrarnos en el pasado de una manera negativa que oscurece la percepción del futuro.

Cualquiera que sea la razón que uno elija para abrazar la ira crónica, la emoción prolongada puede paralizarnos. La ira crónica promoverá una sensación de impotencia que solo llevará a más ira en un intento de sentirse poderoso. Esta ira prolongada también puede contribuir al abuso de alcohol y drogas, así como a la autoodio. Las personas que sufren de ira crónica, en la mayoría de los casos, se aferrarán a culpar y odiar a otros por su miseria.

La ira crónica también puede significar otros trastornos como la depresión. También puede ser el resultado de otros trastornos. Al igual que la depresión, la ira crónica también conduce al pesimismo hacia el futuro. En consecuencia, una persona crónicamente enojada no se comprometerá con metas futuras que incluso podrían mejorar la vida. La ira crónica dificultará que una persona imagine el futuro sin ira. Uno ni siquiera puede imaginar un futuro brillante, uno lleno de felicidad, realización y significado.

Una similitud entre la ira crónica y la procrastinación es que una se siente protegida. La procrastinación protege a uno de la tensión de involucrarse en una actividad, mientras que la ira crónica congela a una persona en el tiempo, evitando así el futuro. Una persona crónicamente enojada identificará todo tipo de excusas para evitar enfrentar el futuro. Por ejemplo, en lugar de examinar las cosas que influyen en la ira, él/ella explicará que otras personas no están enojadas porque lo han tenido fácil en la vida.

La identidad de la ira crónica proviene mayormente del odio hacia otras personas que son diferentes a nosotros. En segundo lugar, la ira crónica se basa en la creencia de que no se puede alcanzar la felicidad mientras esas personas que odias estén aún en tu vida. Su presencia y existencia se sienten como un obstáculo. Esta mentalidad rígida le da a otras personas demasiado poder sobre nuestras vidas y, al mismo tiempo, nos roba de cada cosa buena.

Al aferrarnos a la ira crónica, fallamos en entender y darnos cuenta de las cosas que realmente necesitamos. Solo podemos identificar nuestros deseos clave cuando planteamos y reflexionamos sobre nuestra ira y reacciones. Un análisis cercano revelará las necesidades que hemos frustrado o amenazado. Puede ser un deseo de seguridad, confianza, respeto y seguridad. Ten en cuenta que aferrarse a esa ira solo hace más difícil satisfacer los deseos.

Hablando sinceramente, la vida es difícil. De hecho, la vida no es ni justa ni equitativa. Imagina a un veterano que perdió una extremidad mientras luchaba por la paz en el mundo. Este veterano tiene todo el derecho de estar enojado y amargado. Él/ella puede optar por permanecer en un estado abusivo, abusar de las drogas y quejarse de los fracasos del gobierno. Sin embargo, un buen número de ellos elige participar en actividades constructivas como el deporte. Siguen adelante con la vida a pesar de sus pérdidas.

Aferrarse a la ira solo te priva de una buena vida. Todos tienen desafíos, y la mejor opción que tienes es trabajar en los tuyos. Superar desafíos y heridas requiere una voluntad fortalecida. El cambio real no llega fácilmente; más bien, exige acciones serias ante el dolor. No importa si obtienes tu motivación de la fe, un recuerdo bueno o malo, o una recompensa en el futuro. Tienes que poner mucha voluntad para romper un hábito. Para soltar la ira crónica, necesitamos centrarnos en el futuro en nuestro comportamiento y pensamientos.

Es importante que exploremos la ira y las formas de gestionarla. A través de la orientación que incluye una profunda autorreflexión y la práctica de nuevas habilidades, permitiendo espacio para el duelo y la tristeza, y finalmente haciendo las paces con el pasado, se pueden encontrar maneras de hacer las paces con la ira. Gestionar la ira puede requerir que cultives una voz de autocompasión que reconozca el dolor y el sufrimiento personal.

Independientemente de la persona que hemos llegado a ser y de la persona que creemos que somos, existe la posibilidad de que podamos desarrollar nuevos hábitos. Estos hábitos alterarán la forma en que nos relacionamos con nuestros sentimientos, pensamientos y comportamiento en términos de ira. Las estrategias de manejo de la ira nos ayudarán a llevar una vida que resulte en una mayor satisfacción.

Síntomas emocionales de problemas relacionados con la ira

Uno podría pensar que el estallido de ira es el único indicador de una incapacidad para lidiar con la emoción, pero hay muchos síntomas que muestran ira no gestionada. Algunos de los otros indicadores que muestran que uno no está manejando la ira de una manera saludable y efectiva incluyen irritabilidad constante, ansiedad, depresión, tristeza, resentimiento, rabia, entre otros. Una sensación constante de agobio, problemas con la organización de pensamientos y sentimientos, y fantasías de que uno es mejor que los demás también podrían indicar un trastorno de ira u otros problemas relacionados con la ira.

Síntomas Físicos de Problemas Relacionados con la Ira

Hay indicadores físicos de la ira, por ejemplo, palpitaciones del corazón, hormigueos, aumento de la presión arterial, fatiga, dolores de cabeza, mandíbulas apretadas, rechinar de dientes, dolor de estómago, mareos, temblores y sacudidas, sudoración, sensación de calor en la cara y presión en la cabeza.

Otros síntomas que podrían indicar un fracaso en la gestión de la ira incluyen: comenzar a gritar y levantar la voz por asuntos que son pequeños, volverse sarcástico, alzar la voz, gritar y llorar, perder el sentido del humor, actuar de manera abusiva, etc.

Capítulo 4: Los Costos de la Ira

La ira tiene procesos y consecuencias tanto psicológicas como fisiológicas. Como tal, la ira puede tener un impacto negativo en el estado físico y emocional de la salud. La relación negativa entre la ira y las enfermedades del corazón ha demostrado ser cierta.

Costos de Salud

Presión Arterial y Enfermedades del Corazón

Los científicos han descubierto que existe una conexión directa entre el estado de ser constantemente competitivo, agresivo y enojado, y las enfermedades cardíacas tempranas. Por ejemplo, estudios recientes muestran que los hombres que carecen de habilidades de gestión de la ira tienden a tener mayores probabilidades de sufrir enfermedades cardíacas antes de alcanzar los 55 años en comparación con sus compañeros. Otro estudio reveló que es más fácil predecir con precisión la probabilidad de sufrir un ataque al corazón en los hombres utilizando su puntuación de hostilidad. La puntuación de hostilidad se refiere a cuán irritable y hostil es uno hacia los otros. Es más fácil predecir un ataque al corazón a través de la puntuación de ira que con otras causas como los niveles de colesterol, el consumo de tabaco, la ingesta de alcohol, etc.

La expresión de hostilidad y ira también se relaciona con la reactividad de la presión arterial y la hipertensión (presión arterial alta). En un estudio que analizó los efectos de la distracción y el acoso en hombres tratando de realizar una tarea, solo los hombres que eran altamente hostiles mostraron niveles aumentados de presión arterial y tasas de flujo sanguíneo más altas en los músculos. Los hombres con puntajes más bajos en la escala de evaluación de hostilidad no mostraron los cambios fisiológicos mencionados anteriormente. Los hombres con niveles más altos de hostilidad también informaron una irritación y una ira más persistentes que aquellos con niveles más bajos. La evidencia de estos estudios y otros similares reveló que hay una alta relación entre la propensión a la hiperactividad fisiológica y la ira. Algunas personas tienden a volverse fácilmente excitadas y permanecen estresadas durante períodos más largos, lo que provoca daños acumulativos y significativos en sus cuerpos.

Numerosos estudios han revelado claramente que; tener una constante hostilidad crónica, agresión y ira aumentará tu posibilidad de desarrollar una serie de enfermedades cardíacas mortales y cinco veces la tasa normal. Cuanto más hostil seas, mayor será el riesgo de enfermedad cardíaca. Si descubres que pierdes el control cada vez que tienes que esperar mucho en la fila de un supermercado, o si el embotellamiento te enfurece realmente, es importante que verifiques el daño que podrías estar causando a ti mismo. La ira puede destruir lentamente tu vida o incluso matarte.

Tipos de Personalidad y Ira

Existen diferentes tipos de personalidad clasificados según características únicas. Las personas crónicamente hostiles, irritables y enojadas se encuentran normalmente bajo la personalidad 'tipo A.' Las personas con personalidades más relajadas se clasifican como 'tipo B.' Estas clasificaciones fueron inventadas por los doctores Meyer Friedman y Ray Rosenman a finales de la década de 1950 como un medio para diferenciar entre los pacientes que tienen mayores probabilidades de tener enfermedades cardíacas y aquellos con bajas probabilidades. Las personalidades 'tipo A' son más propensas a alcanzar un gran éxito profesional, pero tienden a mostrar más agresión y rasgos de personalidad competitivos. La personalidad tipo B tiende a abordar la vida de manera más relajada. En consecuencia, las personalidades 'tipo A' son más propensas a ataques cardíacos que las 'tipo B.' Para ser específicos, las personalidades 'tipo A' muestran los siguientes rasgos: rapidez para enojarse, competitividad, reactividad explosiva, irritabilidad, impaciencia y hostilidad. Estos rasgos indican una alta probabilidad de enfermedad cardíaca.

En el lado positivo, las personas de personalidad 'tipo A' suelen ser muy determinadas y están impulsadas a tener éxito. No permiten que nada se interponga en su camino cuando persiguen sus objetivos. Están enfocadas y, en consecuencia, siempre tienen prisa. Estas personas carecen de paciencia para sus colegas y la gente que les rodea, especialmente aquellos con personalidad 'tipo B'. Las personalidades tipo A parecen ignorar a los demás, principalmente porque su mente está ocupada por otras cosas o están ocupadas con algo más. Estas personas también tienden a ser muy críticas y critican muchas cosas. A menudo se centran en las debilidades de otras personas, concentrándose en asuntos como la tardanza, la indiferencia, las malas habilidades de conducción, etc. Las personas con personalidad 'tipo A' tienden a enojarse con aquellos que consideran incompetentes o que tienen alguna deficiencia.

Fisiológicamente, los hombres en la categoría de personalidad 'tipo A' (más aquellos con altos niveles de hostilidad) muestran una respuesta del sistema nervioso parasimpático más baja en comparación con aquellos con un tipo de personalidad 'tipo B' más relajado. El sistema nervioso parasimpático se refiere a la parte del sistema nervioso que se encarga de calmarse durante momentos de ira. El sistema nervioso simpático (o SNS) es lo opuesto al sistema nervioso parasimpático, el cual provoca excitación durante momentos de ira. El sistema nervioso simpático es responsable de inundar el cuerpo con hormonas del estrés que causan excitación. Estas hormonas del estrés incluyen principalmente adrenalina y noradrenalina. El sistema nervioso parasimpático desempeña el papel de contrarrestar las hormonas de excitación al liberar acetilcolina, que neutraliza las otras hormonas, permitiendo que el cuerpo se relaje y se calme. Cuando un sistema nervioso parasimpático saludable responde, hace que el cuerpo trabaje menos, reduciendo así la tensión ejercida sobre órganos como el corazón y las venas. Sin embargo, debido a que el sistema nervioso parasimpático de los hombres 'tipo A' es más débil de lo normal, normalmente son incapaces de calmarse y, por lo tanto, sufren daños corporales.

Extrañamente, incluso el sistema inmunológico de las personas con personalidad tipo A parece ser más débil. El sistema inmunológico juega un gran papel en ayudar al cuerpo a mantenerse libre de células cancerosas al producir otras células asesinas que son responsables de matar células tumorales una vez que se forman en el cuerpo. Un estudio reveló que los estudiantes con altas tasas de hostilidad (Tipo A) tenían menos células asesinas en el cuerpo durante períodos de alto estrés, como cuando presentaban exámenes difíciles. Este no fue el caso para los estudiantes de personalidad tipo B.

En resumen, a diferencia de la personalidad tipo B, las personas tipo A están cableadas de manera diferente en que pasan más tiempo bajo la influencia de un sistema nervioso excitado. Esto no ocurre con la personalidad tipo B. La excitación repetida de la presión arterial y la frecuencia cardíaca, y otras variedades de factores involucrados en la respuesta de excitación del tipo A causan daños acumulativos y, hasta cierto punto, irreparables a los órganos y tejidos del cuerpo. Las diferencias en la exposición al estrés explican las tasas más altas de muerte temprana asociadas con la categoría de personalidad tipo A.

Costos Sociales

La ira no solo tiene efectos físicos; más bien, también conlleva una serie de costos emocionales y sociales. La ira se correlaciona con la hostilidad, lo que a su vez dificulta que las personas mantengan relaciones saludables y constructivas. Debido a la naturaleza constante de la ira, las personas hostiles seguirán perdiendo amigos y manteniendo muy pocas relaciones cercanas. Además, las personas hostiles tienen más probabilidades de sufrir de depresión y tienen una mayor probabilidad de ser abusivas hacia los demás, tanto física como verbalmente. Lo más importante es que la ira crónica interfiere con la intimidad en una relación personal, ya sea con un familiar o una pareja. Es difícil para las personas normales relajar su guardia al tratar con una persona enojada; por lo tanto, las relaciones tensas.

A primera vista, esta pérdida de relaciones puede no sonar como un destino malo, especialmente para aquellos que disfrutan de su espacio. Sin embargo, investigaciones muestran que es importante para uno tener relaciones saludables y de apoyo con amigos, familiares, colegas y compañeros de trabajo para mantener la salud. Tener el apoyo social de pares ayuda a uno a evitar problemas emocionales y condiciones de salud arraigadas como las enfermedades del corazón. Las personas son menos propensas a sufrir de depresión debilitante si cuentan con un fuerte y viable apoyo social.

Las personas enojadas tienden a tener una actitud cínica hacia los demás y a menudo no aprovechan la ayuda cuando se les ofrece. Estas personas también no reconocen el impacto de sus acciones y comportamiento en los demás; apenas se dan cuenta de que están alejando a las personas gradualmente. La ira hace que estas personas ridiculicen la ayuda genuina de amigos. La ira también se ha relacionado con malos hábitos alimenticios y de bebida, así como con el abuso de sustancias. Debido a que las personas enojadas no mantienen vínculos con otras personas, no habrá nadie que las ayude a lidiar con los malos hábitos—lo que aumenta las posibilidades de graves consecuencias para la salud.

La respuesta fisiológica y la excitación debido a la ira evolucionaron para que las personas pudieran manejar las amenazas físicas de manera constructiva. Sin embargo, en el mundo de hoy, hay muy pocas ocasiones que requieren que uno responda con agresión física. Cuando miras los lugares de trabajo, reuniones sociales, hogares, escuelas, etc., hay muy pocas instancias en las que las peleas físicas y las altercados verbales son viables. Atacar a un jefe llevará a la pérdida del empleo y pelear con un conductor lento en la carretera realmente te llevará a los tribunales.

La ira no controlada te llevará a los tribunales, te hará perder tu trabajo e incluso te aislará de familiares y amigos. Las personas que sufren de ira incontrolada no solo sufrirán físicamente, sino también social y emocionalmente. Es importante que uno controle cualquier comportamiento agresivo y disruptivo que surja de la ira mal gestionada.

Costos y Efectos Motivacionales de la Ira

Como se vio anteriormente, la ira no solo afecta el estado físico de una persona. También afecta el estado psicológico de una persona. ¿Alguna vez te has preguntado por qué es difícil para las personas enojadas dejar atrás sus hábitos? Hay algunas creencias y beneficios motivacionales vinculados a la ira. Algunos de estos beneficios son de corta mira; otros son saludables, mientras que otros son autodestructivos.

En el lado positivo, la ira tiende a generar una sensación de control y poder en una situación que de otro modo implicaría miedo y sentirse débil. Antes de la sensación de ira, uno podría carecer del sentido de fuerza, pero a medida que la emoción aumenta, el control y la rectitud motivan a la persona a cambiar y desafiar la injusticia social o interpersonal difícil. Cuando la ira se maneja adecuadamente, ayudará a motivar a otros a ganar un caso que de otro modo sería imposible de manejar. A veces, la ira le da a uno un respiro de la sensación de miedo y vulnerabilidad; es una buena manera de liberar frustraciones y tensiones.

La ira aumenta la energía necesaria para defenderse cuando se está perpetrando una injusticia. Por ejemplo, si alguien es víctima de violencia doméstica durante mucho tiempo, y la ira alcanza un punto de ebullición, la vulnerabilidad desaparece, y la fuerza toma el control ayudando a la persona a salir de la relación abusiva. En tales escenarios, la ira puede ser una fuerza muy positiva en la vida. Ayuda a uno a seguir adelante y perseverar cuando se lucha por una buena causa, por ejemplo, Mahatma Gandhi y otros luchadores por la libertad.

Aunque la ira tiene motivaciones positivas, también tiene motivaciones negativas. La ira es capaz de crear y reforzar un falso sentimiento de derecho, es decir, un sentimiento ilusorio de superioridad que permite justificar actos inmorales. Por ejemplo, la agresión motivada por la ira puede utilizarse para justificar el terrorismo o para intimidar y coaccionar a las personas a hacer cosas que no quieren, incluso si va en contra de su voluntad. Las personas enojadas son más propensas a suscribirse a la filosofía de que el fin justifica los medios y luego seleccionar algunos medios injustificados para alcanzar sus objetivos. Si la ira te ha llevado al lado oscuro de alguna manera, como llevó a Eric Harris y Dylan Klebold, los tiradores escolares que asesinaron a sus compañeros en Colorado en 1999, entonces es hora de buscar ayuda.

Hay una necesidad de darse cuenta de que la ira puede tener un efecto positivo o negativo. Si, por lo tanto, la ira llega a un punto de ebullición y te hace alejarte de un cónyuge abusivo, entonces esa ira es buena. Pero si usas la ira para intimidar y asustar a otros para que hagan lo que quieres, incluso sin considerar las consecuencias, entonces hay un peligro, y estás actuando tan mal como un matón.

Capítulo 5: Ira y Salud Mental

La ira no siempre es un trastorno por sí misma. A veces, puede significar otro trastorno mental. Al evaluar la ira, un terapeuta debe abordar cualquier diagnóstico subyacente. Hay una serie de condiciones mentales estrechamente relacionadas con la ira, incluyendo:

- Trastorno bipolar - Una característica común de la manía es la irritabilidad. Una persona puede tener síntomas de ira en la fase depresiva.

- Depresión mayor - La ira puede estar dirigida hacia uno mismo o hacia otros.

- Trastorno de la personalidad narcisista - Una persona narcisista puede estallar de ira si alguien hiere o ataca su ego. Utilizan la ira para enmascarar otros sentimientos como el miedo y la inferioridad.

- Comportamiento desafiante - El comportamiento hostil o enojado es uno de los principales signos del ODD en los niños.

- El trastorno de estrés postraumático - PTSD a menudo lleva a una explosión de ira incluso sin provocación. El estrés empuja a una persona al límite de tal manera que la mente deja de funcionar normalmente.

La conexión entre la ira y el estrés

Te puedes preguntar si el estrés es lo mismo que la ira. ¿Es el estrés un resultado de la ira o es la ira un resultado del estrés? La gente dice que hay más ira en el mundo hoy que hace 20 años. Considerando las condiciones de vida actuales, esto podría ser cierto. Otras personas dicen que hay más ira hoy y es evidente en la violencia en el lugar de trabajo, la ira en la carretera, los tiroteos en las escuelas, etc. El estrés puede aumentar ciertos problemas y si experimentas ira con frecuencia, lo más probable es que el estrés lo empeore.

El estrés saludable es muy bueno cuando se controla. El eustrés (estrés saludable) nos hace levantarnos de la cama por la mañana y perseguir nuestros sueños. También es lo que nos mantiene atentos durante todo el día. Este tipo de estrés no conduce a la irritabilidad o la ira. Las personas que carecen de eustrés son normalmente referidas por otros como desmotivadas o perezosas.

Por otro lado, hay una forma de estrés llamada angustia. Este tipo de estrés hace que las personas se sientan irritables o francamente enojadas. Este estrés a menudo ocurre cuando la ira es demasiado y ya no actúa como un motivador. El estrés puede ser abrumador cuando una combinación de factores estresantes se acumula sobre una persona. Un día, el estrés se vuelve demasiado, y la persona no sabe cómo manejarlo, por lo que estalla en ira.

¿Hay otro sentimiento que esté detrás del estrés y la ira? Cuando uno se siente enojado o estresado, hay otros sentimientos que lo impulsan. En la mayoría de los casos, uno se estresa o se enoja cuando se siente impotente, faltado de respeto, abrumado, temeroso, etc. Es importante mirar los sentimientos detrás del estrés y la ira para poder identificar el tratamiento más viable. Comprender la causa de tu acción te ayuda a seleccionar pasos que te ayudarán a relajarte.

Una vez que hayas identificado los pensamientos y sentimientos que contribuyen a la ira y el estrés, observa el entorno que te rodea. ¿Es tu entorno caótico? ¿Tu hogar o lugar de trabajo te hacen sentir demasiado fatigado e irritable? Una vez que veas los factores de estrés ambientales, encuentra formas de evitarlos o enfrentarlos. A veces, las soluciones se limitan a cambiar tu mentalidad.

Hay sustancias que pueden aumentar la ira y el estrés, incluyendo azúcar, cafeína, nicotina y el exceso de comida. También hay sustancias y prácticas que pueden ayudar a reducir el estrés, incluyendo ejercicios, aprender a comunicarse, pasatiempos, escribir un diario, yoga, respiración profunda, Qigong y participar en actividades sociales.

Consejos Rápidos para Manejar el Estrés y la Ira

- Pregúntate a ti mismo, "¿Importará mañana, la próxima semana o el próximo mes?"

- Entiende que la única persona responsable de ti eres tú mismo.

- Entiende que la ira y el estrés son energía. Depende de ti decidir la manera en que quieres utilizarla—positivamente o negativamente.

- Entiende que si permites que otras personas te estresen, les estás dando el poder de controlarte. ¿Realmente quieres que otras personas gestionen tus sentimientos?

El Impacto de la Ira y el Estrés

Idealmente, deberíamos estar en un estado de homeostasis: sentir y vivir en equilibrio. Físicamente, todo debería funcionar perfectamente y así también deberían estar las emociones. Debería haber un estado completo de bienestar, sin estrés, angustia ni ira. Sin embargo, muchas cosas suceden, alterando ese equilibrio y mandándonos a otros estados de existencia. Los peligros del mundo exterior son la principal causa de desequilibrios. Un autor y bloguero llamado Robert M. Sapolsky, MD, afirma que las cebras no tienen úlceras. En su libro titulado "Por qué las cebras no tienen úlceras", el Dr. Sapolsky afirma que cuando una cebra se siente amenazada por un depredador, sus sentidos de alerta aumentan. La presión arterial se eleva, el flujo de adrenalina se intensifica y el animal entra en modo de lucha o huida. La sangre fluye hacia las patas y el corazón; así, la cebra corre muy rápido. La cebra o escapará o morirá, pero de cualquier manera, olvida tan pronto como la situación ha terminado. Sin embargo, eso no se aplica a los humanos.

Con nosotros, el estrés y la ira durarán mucho después de que la situación haya terminado. En general, los humanos están diseñados para rumiar sobre las cosas y encontrar soluciones. La rumia sobre la situación peligrosa o enloquecedora resulta en niveles incrementados de presión arterial y adrenalina. De hecho, estaremos en un estado donde podemos sentir ira cuando no hay ninguna. Esa reacción te dice por qué podrías enojarte en un embotellamiento. El problema es que tales altos niveles de alerta debido al estrés y la ira son perjudiciales para la salud. Deberíamos aprender maneras de gestionar el estrés y la ira, y al igual que la cebra, volver al estado de equilibrio.

La ira y tus creencias

Como hemos visto, hay una variedad de razones por las que uno puede enojarse. ¿Sabías o incluso sospechabas que el sistema de creencias de una persona puede causar un episodio completo de ira? Los investigadores han encontrado que las creencias de una persona afectan sus niveles de ira.

¿Qué crees tú? ¿Qué creencias valoras? ¿Cuáles tienes pero ya no te sirven? ¿Cuáles te están causando daño? Por definición, una creencia es algo que tomas como verdad y, por lo tanto, te aferras a ella. Puede ser una lista de cosas que hacer y no hacer—un sistema de valores. Por ejemplo, puedes creer que ser una buena persona te permitirá avanzar en la vida, que siempre conseguirás lo que deseas, que todos deben ser amables en todas las circunstancias, y que nadie se aprovechará de ti. ¿Qué tan cierta es esa creencia?

Muchas creencias se forman durante la infancia basadas en lo que se enseña o en lo que se observa. Las creencias a menudo son inculcadas por padres, tutores, maestros u otras figuras de autoridad. En muchos casos, estas enseñanzas son un activo cuando se utilizan bien. Sin embargo, algunas de ellas se convierten en creencias que resultan en problemas más adelante en la vida. Por ejemplo, las personas que son llevadas a creer que siempre deben tener lo que quieren están sustancialmente más enojadas que aquellas que fueron enseñadas que no podían ganar todo el tiempo.

La próxima vez que te sientas molesto; observa de cerca las cosas en las que crees. ¿Están contribuyendo a tu ira? ¿Son racionales? Muchas veces, una creencia que lleva a la ira es irracional o impráctica. Una vez que identifiques el problema específico con la creencia, ajústala. Por ejemplo, puede que te des cuenta de que una cierta creencia te dificulta mantenerte calmado y racional. Es mejor dejar de lado las creencias absurdas que permanecer enojado.

Otro ajuste que puedes hacer es añadir comprensión a tu creencia. Por ejemplo, si crees que todo el mundo debería tratarte de manera justa cada dos veces, deberías ajustarlo a "Debería ser tratado correctamente, pero hay momentos en los que seré tratado injustamente." Esa es la vida. Aprende a adaptarte en lugar de enfrentarlo directamente.

Puede que quieras insistir en que tus creencias son correctas y racionales. Probar tus creencias te ayudará a aprender si tu ira está justificada. Recuerda, la ira es beneficiosa cuando se utiliza adecuadamente. Por ejemplo, las personas que usan la ira para defenderse están utilizándola de la manera correcta. La ira puede ayudarte a escapar de situaciones en las que alguien te maltrata. Si no fuera por las personas que usaron la ira de manera justificada, no tendríamos algunos derechos civiles, algunas personas seguirían excluidas del voto, y habría muchas injusticias en el mundo. Cuando la ira está justificada, utiliza la energía de manera positiva. Evita la violencia. No seas verbalmente abusivo. Evita cosas que podrían lastimar a alguien más.

El Iceberg

La ira es lo que normalmente vemos. Cuando una persona está enojada, podemos ver las señales, los cambios físicos nos informan. Algunas personas sudarán, otras apretarán los puños y otras levantarán la voz. Cuando se observa de cerca, la ira es en realidad el iceberg. Lo que todos vemos es solo la punta. Hay un sentimiento complejo detrás de lo sintomático, y varía de una persona a otra. El verdadero iceberg puede estar compuesto de inseguridades, miedo, orgullo herido, y frustración, sentirse irrespetado y otras emociones.

Porque la ira que vemos es solo la punta del iceberg, se necesita un trabajo de detective para identificar la verdadera causa. Uno debe identificar el problema subyacente, para ayudar a la persona enojada. El primer paso para controlar la ira es preguntarte, "¿qué está causando estas emociones?" "¿Qué me hace sentir así?" Cuando una persona examina los sentimientos y las causas de la ira, entonces puede abordar el problema. Técnicas básicas como la respiración, contar y meditar te ayudarán a tratar con la punta del iceberg a corto plazo, pero se requerirá más para soluciones a largo plazo.

Entender el iceberg es una excelente manera de controlar tu propia ira y la de otras personas. Cuando utilizas la teoría del iceberg para analizar la ira, te será fácil comprender la ira de otra persona. Por ejemplo, cuando un compañero de trabajo se enoja en el trabajo por una razón que es minúscula, podrás ver que hay otra cosa detrás de la emoción actual. Te resulta difícil responder a la ira con ira cuando sabes que están actuando por miedo, celos, inseguridad, dolor o cosas del pasado. Cuando entendemos esto, es más fácil ser gentiles en nuestras reacciones y empáticos.

En consecuencia, podremos ayudar a la persona a lidiar con la ira o al menos a mantenerse calmada. Es triste que muchas personas, y más aún los hombres, crean que está bien mostrar ira a través de la agresión y la violencia, mientras que está mal mostrar otras emociones como la tristeza, el miedo, la culpa o la inferioridad. La mayoría de los sentimientos que conducen a la pérdida de control son parte del iceberg de la ira. Estos sentimientos que no se permiten mostrar son parte de los desencadenantes de la ira ocultos bajo la superficie. Como tal, se debe observar todos los sentimientos que alimentan la ira. En lugar de tomar el camino machista y expresar lo que es socialmente aceptable, busque maneras de discutir sus verdaderos sentimientos. Mire más allá de la ira y enfrente los problemas reales, esto le ayudará a lidiar con sus propias emociones, así como con las de las personas a su alrededor.

Ira, Alcohol y Abuso de Drogas

Recuerda que la ira que vemos en las personas y en nosotros mismos es solo la punta del iceberg. Hay más detrás de eso. Algunas personas tendrán problemas de manejo de la ira derivados del abuso de drogas y sustancias. Otros tienen problemas de ira debido a daños cerebrales.

En eventos donde una persona está abusando de drogas y tiene problemas de manejo de la ira, el principal problema es que las drogas están atacando la funcionalidad del cerebro. Cuanto más usa drogas, más enojado/a se vuelve. Una variedad de razones puede contribuir a tal ira. Por ejemplo, cuando la persona se queda sin drogas, se enojará. Si hay problemas familiares o personales que surgen debido a las drogas, y la persona afectada no puede manejarlos, se enojará. Los ataques químicos directos al cerebro pueden resultar en ira.

Tenga en cuenta que suele ser difícil manejar la ira si la persona enojada consume drogas con frecuencia. Un terapeuta puede trabajar con tal persona hasta que se quede sin aliento y probablemente no funcionará. Estas personas necesitan ayuda con el abuso de sustancias antes de que puedan trabajar en la ira. Un programa de abuso de sustancias ayudará más al paciente que un programa directo de manejo de la ira.

Algunas personas tienen problemas de ira debido a lesiones cerebrales. Las secciones del cerebro responsables de controlar la ira y otros impulsos se conocen como lóbulos frontales, y se encuentran justo detrás de la frente. Un accidente como un choque automovilístico, golpearse la cabeza o caerse puede convertir a una persona que de otro modo sería tranquila en un individuo enfurecido y enojado. De hecho, es muy fácil dañar el cerebro hasta el punto de seguir perdiendo los estribos. En el caso de que una persona enojada haya tenido un accidente que podría haber dañado su cerebro, se le aconseja que visite a un neurólogo antes de acudir a un terapeuta de manejo de la ira. Hay intervenciones médicas para algunos de estos casos. Ayudan a una persona antes de que pueda ir a terapia. La mayoría de los casos que involucran lesiones cerebrales requieren combinar medicamentos psiquiátricos con programas de manejo de la ira. Aunque muchas personas creen que no hay esperanza para quienes tienen problemas de ira derivados de lesiones cerebrales, hay algo de ayuda. Un gran número de personas ha aprendido a manejar la ira a pesar de las lesiones. Sin embargo, se necesita mucha dedicación y trabajo.

Capítulo 6: La decisión de gestionar la ira

El manejo de la ira se describe a menudo como la capacidad de utilizar la ira de manera exitosa. El objetivo más adecuado del manejo de la ira implica regular y controlar la ira para que no cause problemas. Aunque la ira es parte de las emociones humanas, las formas en que elegimos expresarla pueden no ser aceptables o normales para las personas que nos rodean. Una vez que una persona sospecha que tiene problemas con la ira, o si las personas de confianza a su alrededor le dicen que tiene dificultades para manejar su ira, es necesario aprender cómo tener un mejor control sobre esta emoción.

Hay una variedad de programas de manejo de la ira e información disponible para cada persona a través de diferentes plataformas. Estos programas y planes están diseñados para ayudar a uno a manejar la ira y a desarrollar una vida emocional saludable. Una buena ira ayuda a mantener una buena relación con otras personas y, como tal, los programas de manejo de la ira te ayudarán a dominar tu problema de ira. Sin embargo, al igual que cualquier otro programa, aquellos diseñados para el manejo de la ira beneficiarán a las personas que los sigan completamente y apliquen todo lo que tienen que ofrecer.

Aprender a controlar la ira requiere un profundo compromiso porque es una tarea continua. Requiere muchos cambios con respecto a las formas del pasado. Se te pedirá que reconsideres las respuestas automáticas que usabas anteriormente. También se te pedirá que asumas más responsabilidad por acciones y pensamientos que no requerían mucha reflexión en el pasado. Todos los cambios mencionados requerirán un plan y mucha disciplina. En un esfuerzo por ayudarte a adquirir este plan y disciplina, te ayudaremos a revisar las maneras en las que las personas normales abordan grandes cambios. Esta perspectiva te ayudará en el proceso de manejo de la ira. Es importante entender la mejor manera de abordar un desafío, así como lo es importante superar el problema.

Las Etapas del Cambio

Normalmente, las personas atraviesan un conjunto predecible de etapas a medida que enfrentan eventos que cambian la vida. El progreso a través de las etapas se debe en gran medida a una combinación de técnica, motivación y dedicación. Algunos individuos avanzan rápidamente a través de las etapas, mientras que otros se toman su tiempo y, en algunos casos, retroceden uno o dos pasos antes de poder avanzar nuevamente.

A medida que estudias las siguientes etapas, es importante considerar cómo cada etapa afectó tu vida durante un tiempo de cambio. ¿Cómo se desarrollaron las etapas en tu vida? También es bueno considerar cómo enfrentarás los desafíos encontrados en cada etapa mientras persigues tus objetivos de manejo de la ira. No hay ninguna regla que indique que se debe seguir la secuencia de las etapas como se enumeran a continuación, pero se debe asegurar que entiendes bien cada etapa para lograr los objetivos establecidos.

La decisión de controlar la ira definitivamente presentará un gran cambio en la forma en que uno vive su vida. Es difícil para uno querer hacer un gran cambio en la vida a menos que haya algo importante que aparezca y le haga reconsiderar las viejas formas de hacer las cosas. Hay cosas que aparecen en la vida de un individuo motivándolos a buscar nuevas maneras de manejar los asuntos. La mayoría de las personas solo hacen cambios cuando han experimentado serias consecuencias de la ira en sus vidas personal, ocupacional y social. Uno puede buscar ayuda después de que un cónyuge haya solicitado el divorcio tras una gran pelea o haya perdido un trabajo debido a un desacuerdo en el lugar de trabajo. Algunas personas buscarán ayuda cuando se den cuenta por sí mismas de que están conteniendo demasiada ira, mientras que otras buscarán ayuda simplemente para que los demás se quiten de encima.

Etapa de conciencia: La etapa de conciencia normalmente comienza cuando la persona enojada busca información sobre el manejo de la ira, como qué es la ira; ¿cómo afecta las relaciones y la salud? ¿Cómo se puede controlar?

Etapa de preparación: La diferencia entre la etapa de conciencia y la etapa de preparación es el compromiso. En la etapa de conciencia, la persona se concentra en reunir información. Por otro lado, la etapa de preparación implica la decisión de expresar la ira de manera constructiva. Además del compromiso, la preparación también implica planificación y autoestudio. Durante todas las etapas y más aún en la etapa de preparación, es importante que uno mantenga un diario de manejo de la ira donde registre las cosas que le provocan ira, los sentimientos y reacciones, y las consecuencias. El diario de ira ayuda a uno a ser más consciente e identificar los desencadenantes de la ira y, por lo tanto, a proporcionar una visión de las proporciones de la ira. Cuanto más estudies tu ira, mayores serán las posibilidades de cambiar la forma en que la expresas.

Fase de acción: Esta fase implica la iniciación de un cambio real. Uno puede decidir tomar un curso profesional sobre manejo de la ira o comprar un conjunto de libros guía, grabaciones o videos. La fase de acción también implica diseñar un programa personal para ayudarte de manera individual. Sin embargo, independientemente del programa que se utilice, no será de ninguna ayuda si la persona no los aplica con persistencia y dedicación.

Manteniendo los logros: La etapa de mantenimiento de los cambios en la vida es una etapa sin fin. Implica la realización y aceptación de que eres humano y eres propenso a cometer errores, no eres perfecto y, en ocasiones, actuarás de manera inapropiada, pero la mejor parte es que siempre puedes recuperarte de los deslices en el comportamiento. Alcanzar un cambio de comportamiento sostenido lleva tiempo. En algunos casos, tomará múltiples fracasos y intentos antes de que se pueda lograr el objetivo establecido. Cada vez que uno cae en el viejo comportamiento, utiliza las estrategias y herramientas que ha aprendido a lo largo del camino para regresar de donde cayó.

Es particularmente difícil para la mayoría de las personas con problemas de ira reunir la motivación necesaria para un compromiso serio de trabajar en un programa de manejo de la ira. Verás, la ira tiene una cualidad autojustificativa y seductora; por lo tanto, las personas típicamente no se sentirán atraídas hacia el manejo de la ira por su propia voluntad. La mayoría de los casos involucrarán a la persona sufriendo consecuencias graves de la ira antes de la realización de que hay una necesidad de ayuda para controlar los arranques de ira. Incluso después de la realización, la motivación para mantener el programa puede ser realmente escasa.

Normalmente, las personas enojadas dejarán de asistir a un programa de manejo de la ira justo antes de terminarlo y en otros casos, aquellos que terminan pueden no aplicar las técnicas que aprendieron. Como tal, la mayoría de las personas requieren una repetición de los programas de manejo de la ira varias veces antes de poder entender verdaderamente el mensaje que necesitan incorporar en sus vidas por sí solos.

Tratamiento Obligatorio de Manejo de Ira

Como se vio anteriormente, no todas las personas buscarán ayuda de manera voluntaria cuando tienen problemas de manejo de la ira. Recuerda que la ira tiene motivaciones; cosas que la hacen sentir bien. Sin embargo, en casos extremos, el tribunal puede ordenar a las personas asistir a programas de tratamiento para la ira. Si alguien está causando daño a otros a través de la ira, y demuestra la falta de disposición para trabajar en sus hábitos, el tribunal está dispuesto a exigirle que asista a las clases. Un empleador también puede obligar a un empleado enojado a asistir a seminarios y programas de manejo de la ira, aunque sea a través del patrocinio de programas de asistencia al empleado.

En caso de que un tribunal o empleador te haya mandado asistir a programas de tratamiento para el manejo de la ira, es vital que aproveches al máximo esta demanda. Es mejor participar plenamente en el programa. Puede que no sea tu voluntad pasar por el programa, pero por favor entiende que es para tu bien. Las personas que te han mandado tienen buenas intenciones; quieren que tengas el control de tu vida antes de que otras personas empiecen a controlarla por ti. Están tratando de protegerte de perder tu trabajo, perder tus relaciones e incluso ir a la cárcel. Aprender las maneras a través de las cuales puedes expresar la ira de una manera más productiva mejorará tu vida y reducirá las posibilidades de sufrir ciertas enfermedades y muertes prematuras. Tener esta comprensión en mente te ayudará a participar plenamente y beneficiarte del programa de manejo de la ira.

El compromiso es esencial si realmente quieres obtener todos los beneficios del programa. Aprende y practica las técnicas muchas veces para ayudarte a cambiar tu comportamiento. El único pasaje que garantiza el éxito en un programa de manejo de la ira es hacer lo que sea necesario para asegurar que el programa funcione. Recuerda que pueden haber efectos negativos si no sigues todo el programa. El cambio real solo ocurrirá si cooperas. Sin una cooperación total, incluso una verdadera oportunidad de cambiar vidas no te ayudará.

Por qué tienes que mantener la calma

En la mayoría de los casos, la ira viene con mucha justificación: te sientes en lo correcto, y la otra persona está equivocada. Sin embargo, como se vio anteriormente, no puedes andar desatando la ira sobre cada persona; incluso las normas sociales no permiten eso.

No está bien atacar a otras personas solo porque sientes que son objetivos. Hay muchas consecuencias de la ira desenfrenada, y los castigos que pueden imponerse pueden ser devastadores. En el mundo de hoy, donde las personas son aterrorizadas, los estallidos de violencia no son bien aceptados; por lo tanto, si atacas a alguien físicamente, independientemente de las razones, hay una buena probabilidad de que seas arrestado o castigado. En el trabajo, si atacas a un cliente, a un compañero de trabajo o incluso al jefe, hay altas posibilidades de que te despidan. Si el ataque recae sobre tu hijo, ten la certeza de que será tomado de tu custodia. Si el niño no es separado, entonces ten la certeza de que le has enseñado que está bien andar explotando de ira hacia los demás. Si explotas con tus amigos, es probable que se alejen de ti y se abstengan de ayudarte.

Cuando consideras todos los riesgos asociados a la ira descontrolada, es importante desarrollar una lista de las razones por las que deberías mantener la calma y la serenidad en ciertas situaciones. Revisa las razones a menudo para que se mantengan claras y fijas en tu mente. Las razones que elijas deberían basarse en las consecuencias prácticas que podrían recaer sobre ti si te dejas llevar.

Algunos ejemplos de las razones que puedes anotar incluyen:
- "Debería mantener la calma para conservar mi trabajo."
- "Debo mantenerme tranquilo, así evito ser arrestado."
- "Necesito mantener la calma, para que mis hijos no aprendan malos hábitos de ira de mí."
- "Necesito mantener la calma, para que mi cónyuge no me deje, etc."

Los principales desafíos que obstaculizan el cultivo de una ira saludable

Muchas personas con ira destructiva buscan formas de superarla, ya sea por su propia voluntad o porque alguien, por ejemplo, un cónyuge, se lo ha pedido. Una vez que una persona se da cuenta y reconoce el efecto de la ira destructiva, busca formas y estrategias para minimizar la reactividad y la vulnerabilidad ante la ira. Sin embargo, estas personas a menudo fracasan en sus intentos de manejar la ira.

Pueden estar muy motivados para hacer los cambios requeridos, pero mentalidades conflictivas socavan los esfuerzos. Sostener y mostrar enojo cumple un propósito. Por ejemplo, el enojo puede convertirse en una armadura emocional que ayuda a distraer y proteger al individuo de soportar conscientemente la amenaza específica. Tal enojo conduce a una forma de paz que consuela a la persona afectada. Como tal, la persona afectada tendrá un conflicto al hacer los cambios necesarios para el manejo de la ira.

Para superar los desafíos que socavan el cultivo de una ira saludable, uno debe reconocerlos y superarlos. Algunos de estos desafíos incluyen:

La subestimación del trabajo que llevará cambiar

Estamos viviendo en una sociedad que cree en soluciones rápidas para todo. Muchas cosas ahora se resuelven fácilmente utilizando tecnología avanzada. Calientas tu comida en unos pocos segundos, llegas a la tienda en unos minutos e incluso disfrutas de duchas instantáneas. Sin embargo, las soluciones rápidas no pueden aplicarse a prácticas desarrolladas a lo largo de muchos años. El cultivo de una ira saludable necesita tiempo, paciencia y compromiso.

Enojo hacia la cantidad de esfuerzo necesario para el cambio

Después de darse cuenta de que la buena ira solo se desarrollará a partir del compromiso, la dedicación y la paciencia, muchas personas se sienten más enojadas. Esta ira podría incluso llevar al resentimiento hacia las personas que carecen de tales desafíos en la ira.

La ira normalmente funciona a corto plazo.

El hecho de que la ira sea solo una solución a corto plazo para los desafíos hace que la persona afectada se sienta sola y aislada. La ira actúa como una distracción de sentimientos amenazantes y dolor interno. En otros casos, la ira puede ser utilizada para invocar ansiedad y miedo en otras personas, brindando así una sensación de poder a la persona enojada. Una vez que la ira se ha ido, la persona se sentirá aislada y, como tal, puede que no esté dispuesta a hacer todo lo necesario para cultivar una ira saludable.

Incomodidad en la reflexión

Para entenderse a uno mismo, es necesario tener soledad y reflexión. Tomar tiempo para reflexionar nos permite ser más conscientes de cómo facilitamos nuestra ira. Sin embargo, la mayoría de las personas encuentran la reflexión y la soledad extremadamente incómodas. Normalmente, la sociedad exige que seamos sociales y evitemos la autoindulgencia.

Pensar y sentir que uno necesita cambiar hábitos son dos cosas diferentes.

Una persona puede pensar que necesita cambiar sus hábitos pero carece de la voluntad. Sin embargo, cuando hay la sensación de que uno necesita cambiar sus hábitos, es probable que busque los cambios necesarios. Puede ser un desafío desarrollar una ira saludable cuando la mente y el corazón están en desacuerdo.

Familiaridad

Años de vivir con ciertas características nos hacen familiarizarnos y sentirnos cómodos con la persona en la que nos convertimos. Por ejemplo, cuando uno vive con ira durante demasiado tiempo, puede comenzar a pensar que la ira es una parte normal de su vida. Nos sentimos cómodos con nosotros mismos porque hemos vivido de una manera particular durante muchos años.

La verdad es que estamos sujetos al cambio y dependemos mucho de la variedad de hábitos que desarrollamos y seguimos a lo largo de los años. En consecuencia, podemos cultivar formas mejores y más útiles de lidiar con la vida, así como aprendimos las formas con las que estamos familiarizados.

La tensión que acompaña la aplicación de nuevas habilidades

Todos conocemos la sensación que acompaña el aprendizaje de nuevas habilidades. Cuando estamos probando cosas nuevas, tenemos miedo de que podamos fallar, inseguros de lo desconocido. Hay una sensación de incomodidad, inadecuación, intolerancia y cierto grado de duda sobre uno mismo. Adquirir nuevas habilidades requiere una fuerte tolerancia a la frustración. Los momentos de aprendizaje y aplicación de nuevas habilidades requieren amor propio y compasión. Llaman a la realización de que los errores son una parte normal de la vida. Por lo tanto, es importante que establezcamos metas realistas al desarrollar una ira saludable; de lo contrario, podríamos sentirnos frustrados y rendirnos.

La sensación gratificante que acompaña a la ira

En algunos casos, la ira va acompañada de una oleada física que borra los pensamientos de duda y hace que uno se sienta energizado y vivo. La ira hace que el nivel de la hormona cortisol aumente. Esta hormona ayuda a las personas a responder a situaciones estresantes, de ahí la sensación aumentada de energía. Desafortunadamente, la oleada física obstaculiza la capacidad de tomar una decisión sensata. Un ingrediente esencial de la ira saludable es la capacidad de ser consciente de la oleada en lugar de actuar por ella. Esta conciencia implica identificar las cosas que están en nuestro mejor interés a largo plazo.

Usar la ira para evitar la responsabilidad

Algunas personas utilizan la ira para evitar la responsabilidad. Hay cientos de personas que aferran a la ira y culpan a otra persona por su destino. Estas personas pueden culpar a sus padres, parientes, empleadores, compañeros de trabajo, etc., a quienes creen responsables de su sufrimiento. Incluso mucho tiempo después de que las personas acusadas se hayan ido, aquellos que se aferran a tal ira continúan culpándolas. De cierta manera, esta ira refleja un grado particular de dependencia. Contradictoriamente, dejar ir esta ira implica dejar ir la culpa y aceptar la responsabilidad por el papel que jugamos. La ira saludable implica darse cuenta de que depende de nosotros encontrar el significado y la estructura de nuestras vidas y también dar los pasos hacia vivir lo mejor posible.

Concentrándose en las actividades que son gratificantes a corto plazo

Muchas de las actividades que las personas quieren llevar a cabo en un esfuerzo por desarrollar una ira saludable son a corto plazo y dan resultados por un periodo de tiempo muy breve. Sin embargo, se necesita mucha autorreflexión para lograr una ira saludable. A menudo buscamos actividades llenas de diversión que desvíen nuestra atención a corto plazo en lugar de las actividades a largo plazo que podrían conducir a una gratificación más duradera y profunda. Comprometerse con una ira saludable requiere que uno se concentre en los beneficios a largo plazo y, por lo tanto, busque métodos de manejo de la ira duraderos.

Trastornos mentales

Existen ciertos tipos de trastornos mentales que socavan el compromiso y la motivación para el cambio en relación con la ira. Un trastorno mental puede requerir tratamiento antes de que una persona comience a cultivar hábitos saludables en cualquier dirección. Esto puede requerir psicoterapia y/o medicación.

Algunas de las estrategias que se pueden utilizar para enfrentar estos desafíos incluyen:

1. Identificar los obstáculos que pueden afectar la búsqueda de una ira saludable. Identificar las principales dificultades de una ira saludable ayudará a mitigarlas.
2. Escribe una lista de razones por las que necesitas cultivar una ira saludable, la importancia, el logro previsto y las diferencias que esperas ver en tu vida.
3. Identifica un momento específico en tu horario diario donde practiques actividades que ayuden a desarrollar una ira saludable.
4. Haz un seguimiento de los principales desafíos que bloquean tu logro e identifica dónde podrías fracasar.
5. Busca ayuda de otras personas que puedan ayudarte a alcanzar tus metas, por ejemplo, familiares y profesionales.
6. Participa en actividades de meditación formales e informales. Te ayudarán a obtener una mayor conciencia de los desafíos para avanzar.
7. Saborea y celebra los momentos de progreso. Cada cambio visible debe ser apreciado porque es una señal de progreso positivo.

Capítulo 7: Pasos para Manejar la Ira de Manera Efectiva

Usando un Diario de Ira

Una de las técnicas más recomendadas para lidiar con la ira incluye el uso de un diario o cuaderno de ira. Este diario es útil después de que una persona ha identificado las calificaciones de ira.

La evaluación de la ira se refiere a una técnica aplicada por las personas para medir los niveles de ira. Teniendo en cuenta el hecho de que la ira no es un estado físico que se pueda medir como la temperatura corporal utilizando un dispositivo físico, uno tiene que identificar una escala personal con calificaciones. La ira es compleja porque involucra aspectos físicos, emocionales y psicológicos; por lo tanto, puede ser difícil de calificar.

Uno debería imaginar una forma de termómetro que mide el grado de ira que siente en un momento dado. Cuando comienzas a sentirte irritado o frustrado, el mercurio en el termómetro comienza a subir; cuando estás enojado pero controlado, el mercurio sube a la mitad y cuando no estás en control, el termómetro marca el máximo. Uno puede calificar la ira del 0 al 100, donde cero significa que uno está en control, mientras que 100 significa ira total.

Las calificaciones de ira son esenciales porque dan una retroalimentación sobre la probabilidad de perder el control o explotar en cualquier momento. Al aprender a rastrear la ira, uno reconocerá los momentos de desafío, las posibilidades de perder y mantener el control, y los pasos a seguir para calmarse.

Aunque las calificaciones de ira ayudan a uno a tomar conciencia de los niveles de ira, no le permiten dejar de estar enojado. Como tal, uno necesita desarrollar un plan para ayudar a calmarse y manejar la ira. Algunas de las cosas que uno podría incorporar en el plan son 'tomar un tiempo fuera' cuando la ira comienza a surgir, es decir, alejarse de la persona o cosa que le está haciendo perder la calma. Otro medio para lidiar con la ira puede incluir cambiar la conversación del tema que está irritando a uno a aquel que es más neutral.

Hay muchos aspectos que se pueden aplicar para difuminar una situación que invoca ira. Las mejores técnicas incluyen aquellas que ayudan a mantener la calma sin dañar el orgullo. Dado que cada persona tiene fortalezas y debilidades únicas, la lista de estrategias y el plan deben ser personalizados para satisfacer las necesidades específicas.

Como dice el refrán, "La prevención es la mejor medicina." Es importante poder predecir las situaciones que podrían provocar ira. Esta habilidad ayudará enormemente a una persona a controlar y mantener la ira bajo control. Se puede optar por evitar por completo situaciones provocadoras, y si la evitación no es posible, entonces se podrá preparar con maneras de mitigar el peligro de perder el control antes de entrar en la situación peligrosa.

Un diario de ira puede ser una herramienta muy útil para ayudarte a llevar un registro de experiencias con la ira. En el diario, uno debe hacer registros diarios de las situaciones provocadoras encontradas. Para obtener los máximos beneficios del diario, hay ciertos tipos de información que se necesitan registrar para cada evento provocador:

 En la situación, ¿qué parte fue provocativa?

- ¿Qué parte en particular te hizo sentir dolorido o estresado?

- ¿Qué pensamientos pasaban por tu cabeza durante la situación?

- Con respecto a la puntuación de ira, ¿qué tan enojado te sentiste?

- ¿Cómo te comportaste?

- ¿Cuál fue el efecto de tu comportamiento en ti mismo y en los demás?

¿Qué exactamente ocurrió?

- ¿Cómo reaccionó tu cuerpo?

¿Te dolió la cabeza?

- ¿Luchaste o te asustaste?

- ¿Gritaste, slamaste puertas o te volviste sarcástico?

- ¿Cuáles fueron las consecuencias de la situación?

Después de registrar esta información durante un período de tiempo, revisa el diario e identifica los temas recurrentes, los desencadenantes constantes, las cosas que te hacen perder la calma. Los desencadenantes pueden caer en ciertas categorías, incluyendo:

- Las personas que no cumplen con lo que se espera de ellas o hacen lo que no se espera.

- Eventos situacionales, por ejemplo, atascos de tráfico, teléfonos sonando, problemas de computadora, etc.
- Personas aprovechándose de otros
- Ira y decepción hacia uno mismo
- Una combinación de cualquiera de las categorías anteriores

Durante la revisión del diario, también es importante que uno busque pensamientos que desencadenen ira. Estos pensamientos serán identificables porque tienden a reoccur y probablemente involucrarán algunos de estos temas:

- El pensamiento de que aquellos que te ofendieron lo hicieron intencionadamente para hacer daño.
- La percepción de que has sido dañado y victimizado
- La creencia de que las otras personas estaban equivocadas y que deberían haber actuado de una manera diferente.
- El pensamiento de que aquellos que te hicieron daño son estúpidos y malvados.

El diario también te ayudará a identificar las ocasiones en las que te sentiste perjudicado y las razones por las cuales te sentiste así. ¿Por qué crees que la persona hizo algo deliberado para hacerte daño y por qué crees que la persona estaba equivocada y tú tenías razón? Rastrear estos pensamientos ayudará a una persona a comenzar a ver los aspectos comunes de estas experiencias. Algunos tipos de pensamientos desencadenantes incluyen:

- La gente no se preocupa por ti; no están prestando suficiente atención a tus necesidades.

- La gente espera y exige demasiado de ti
- Otras personas son descorteses y groseras.
- Otros son egoístas y se están aprovechando de ti.
- Otros piensan solo en sí mismos y utilizan a las personas
- La gente te avergüenza, critica y falta al respeto.
- Las personas son crueles o malvadas, estúpidas e incompetentes, desconsideradas e irresponsables, etc.
- La gente busca maneras de empujarte más abajo y no ofrece asistencia.
- La mayoría de las personas son perezosas y harán lo que sea para evitar su parte del trabajo.
- La gente está tratando de manipular o controlarte.
- Las personas te están ralentizando.

Hay ciertas situaciones en las que estos temas son más propensos a ocurrir, incluyendo:

- Cuando alguien dice que no
- Al expresar y recibir sentimientos negativos
- Al tratar con una situación en la que no hay cooperación
- Cuando hablas de cosas que te molestan
- Al protestar,

- Al proponer y oponerse a una idea

En el fondo de cada pensamiento desencadenante hay una noción de que las personas se están comportando de manera inapropiada y que tienes derecho a estar enojado con ellas. La mayoría de las personas identificará varios pensamientos que provocan ira. Debes buscar instancias y situaciones que conducen a la ira y ver si puedes identificar los pensamientos desencadenantes que llevaron a la ira.

El propósito del diario es ayudar a identificar los patrones de comportamiento y las especificaciones recurrentes que realmente hacen que uno pierda la calma. Cuando se utiliza bien, el diario permite observar comportamientos y sentimientos con precisión. En consecuencia, uno podrá identificar los planes de mitigación para ayudar a gestionar la ira. Cuando uno comprende las formas en que siente ira, puede planificar estrategias para manejar la ira de manera más productiva.

Una vez que hayas identificado los desencadenantes, surge la necesidad de desactivarlos.

Identificar y comprender los desencadenantes de la ira y su temática ayuda a trabajar de manera más constructiva. Recuerda que los pensamientos que desencadenan ira ocurren por sí solos; por lo tanto, se requerirá trabajar conscientemente para sustituir la ira por algo más positivo.

Por ejemplo, si estás conduciendo por una autopista y algo te obstruye, toma nota consciente de los signos fisiológicos de ira que indican una alteración. A continuación, respira hondo y mira la situación de manera más racional en lugar de seguir el impulso de atacar. Es importante observar la situación racionalmente en lugar de asumir que la obstrucción fue deliberada (lo cual podría ser el primer pensamiento en situaciones de ira). Identificar que la acción provocadora no fue dirigida deliberadamente hacia ti ayudará mucho a que manejes la ira de forma racional con más tolerancia.

Cuando sientes que tu ira está justificada, solo creas espacio para más ira incluso cuando no tiene sentido. Será mejor si dejas de justificar la ira pronto para ayudar a que se disipe más rápido. Aunque toda ira puede ser legítima y en el momento de sentirla, eso no justifica ningún acto negativo realizado por ira. Ten en cuenta que la ira excesiva y descontrolada es mala para la salud y causa destrucción en las relaciones importantes con otras personas.

Técnicas de relajación para el manejo de la ira

La ira se puede gestionar utilizando una variedad de técnicas, pero la mayoría de ellas no funcionará si se utilizan de manera informal. Uno debe comprometerse a usarlas y practicarlas para tener posibilidades de un efecto positivo.

Respiración profunda controlada

La frecuencia respiratoria y la frecuencia cardíaca de un individuo aumentan cuando uno se siente emocionalmente excitado. Se pueden revertir estos efectos ralentizando deliberadamente la frecuencia respiratoria y relajando sistemáticamente los músculos tensos. Uno es capaz de mantener el control utilizando estas prácticas de relajación.

Cuando uno está molesto, se encuentra respirando de manera rápida y superficial. La continuación de esta respiración superficial solo exacerba la ira. En su lugar, uno debería tomar medidas para controlar la respiración y relajar deliberadamente los músculos tensos para calmarse. Para obtener todos los beneficios de esta técnica, uno debería reservar al menos 15 minutos para hacer este ejercicio. Seleccionar menos tiempo hará que la práctica sea ineficaz.

Practicando la respiración lenta

Primero, inicia los esfuerzos de relajación tomando varias respiraciones profundas pero lentas seguidas. Asegúrate de que cada vez respires fuera el doble de tiempo de lo que inhalaste. Esto significa que cuentes lentamente hasta tres al inhalar y luego cuentes hasta seis mientras exhalas lentamente. Las respiraciones más largas se traducen en mejores resultados.

Durante la técnica de respiración, tómate un tiempo para observar el movimiento del aire dentro de los pulmones. Nuevamente, abre los pulmones y la cavidad torácica, y respira profundamente y completamente. Este aliento debe llenar primero el abdomen, luego el pecho y después, la parte alta del pecho, justo debajo de los hombros. Siente cómo las costillas y los pulmones se expanden con el aire. A continuación, tómate un tiempo para sentir cómo las costillas regresan a su lugar original al exhalar. Practica esta técnica tanto tiempo como puedas.

Esta respiración lenta y deliberada ayudará a uno a devolver su respiración a ritmos regulares siempre que esté enojado. Los patrones de respiración controlada ayudan a uno a controlar muchos aspectos del cuerpo. Teniendo en cuenta que todas las cosas en el cuerpo están conectadas, la respiración lenta y profunda te ayudará a controlar la frecuencia del latido del corazón, la tensión en algunos músculos y, en algunos casos, los dolores.

En varios eventos, la ira se manifiesta como tensión muscular. Por lo general, esta tensión se acumula a lo largo del cuello y los hombros y puede durar mucho tiempo después de que la ira se ha ido. Si el cuello está tenso, es esencial practicar la técnica de relajación muscular que consiste en girar lenta y suavemente el cuello de lado a lado. Gira la cabeza de un hombro al otro con respiraciones coordinadas; gira hacia el lado mientras exhalas y hacia el centro mientras inhalas. Repite la técnica hasta que la tensión en los músculos comience a desvanecerse. La tensión en los hombros se puede liberar encogiendo y soltando cuidadosamente varias veces.

Otra práctica que puede ayudar a la relajación de los músculos del hombro es rodarlos hacia atrás y hacia adelante. Utilizar la técnica de relación entre la respiración y los músculos ayudará a uno a relajarse. Usa el diario de la ira para verificar las áreas que se sienten tensas durante momentos de ira y utiliza las técnicas de relajación para resolverlas.

Relajación muscular progresiva

Para algunas personas, las técnicas de relajación pueden no funcionar; por lo tanto, pueden intentar lo opuesto, que implica:

- Ajustar y tensar los músculos estresados durante unos 15 segundos y luego liberarlos lentamente. Si sientes algún dolor debido a estas técnicas, asegúrate de liberar los músculos de inmediato.

- Pase de un grupo de músculos a otro hasta que todos los músculos tensos hayan recibido el ciclo de tensión y relajación. Con un poco de práctica, se puede usar la técnica de tensión y relajación en todo el cuerpo en unos pocos minutos. Se ha encontrado que la técnica de tensar y relajar es más efectiva que la técnica de relajación solamente.

- Cualquiera que sea la técnica que se esté utilizando, se debe dedicar alrededor de 20 a 30 minutos antes de alcanzar un estado de total calma. Durante este tiempo, es necesario mantener una respiración muy profunda y regular. También se debe decir a uno mismo que pronto estará mejor para poder seguir adelante.

Las técnicas de relajación, como las descritas anteriormente, aseguran que una persona no se concentre demasiado en estar enojada. Estas técnicas brindan tiempo para pensar en las circunstancias que rodean su momento de malestar y también tiempo para generar nuevas soluciones a los problemas que enfrenta.

Pruebas de Realidad como una Herramienta de Manejo de la Ira

La ira es una emoción que hace que las personas no puedan pensar con claridad durante momentos de alteración. Cuando uno está enojado, tiende a tomar decisiones sobre una situación o caso de inmediato. Estas personas suelen pasar más tiempo reflexionando sobre cómo se sienten y cómo la situación ha afectado su vida normal en lugar de mirar las cosas de manera crítica. Uno tendrá una mejor oportunidad de mantener el control de sí mismo si puede evitar mirar solo hacia adentro, sino también evaluar la situación desde las perspectivas de otras personas. No te fijes demasiado en cómo te hicieron sentir las personas o las cosas; en su lugar, concéntrate en entender todos los detalles.

Aunque puede ser difícil, uno debe exprimir el mensaje de la situación incluso cuando el impulso de la ira está dominando la situación. Es importante considerar el mensaje que la ira te está transmitiendo y qué puedes aprender de él. ¿Qué aspecto de la situación particular te está haciendo enojar? ¿Por qué? ¿Qué puedes hacer para mejorar las circunstancias? Luego, utiliza las técnicas de relajación para reducir la tensión del momento.

Recuerda que no tienes que responder a la situación de inmediato, especialmente si la ira está dominando. La mayoría de las situaciones son lo suficientemente flexibles como para que uno se tome un tiempo, reúna los hechos y pensamientos correctos, y luego responda. Tómate un tiempo para pensar en la situación antes de actuar. También puedes tomarte un tiempo para hablar las cosas con una persona de confianza antes de tomar una decisión. Cuanto más se aborda una situación problemática de manera relajada y preparada, mayores son las posibilidades de obtener resultados positivos. Una mente tranquila ayudará a uno a conseguir lo que quiere.

Prueba de Realidad

En la mayoría de los países, se supone que un acusado es inocente hasta que haya suficiente prueba de culpabilidad. Sin embargo, las personas enojadas no hacen esta suposición; más bien, asumen que las personas que les perturban son en realidad culpables. Las personas enojadas tienden a culpar a otros y a veces a sí mismas por las cosas que salen mal. Las personas enojadas tienden a hacer la suposición de que el objetivo que se está culpando ha causado realmente que las cosas salgan mal. Sin embargo, este no siempre es el caso, porque la persona acusada puede ser un espectador inocente que se vio atrapado en la situación. Para manejar mejor la ira, es mejor desacelerar y hacer consideraciones serias en lugar de actuar impulsivamente. Las pruebas de realidad te ayudarán a saber si la ira es justificada y si la persona que recibe la ira es realmente culpable. El primer paso para construir hábitos viables de prueba de realidad implica renunciar a la suposición de que la primera impresión de la situación es siempre precisa. Es difícil conocer la verdad a primera vista, especialmente cuando uno está enojado. En la mayoría de los casos, solo vemos un lado de la historia (el nuestro). La realidad suele ser más complicada de lo que vemos y apreciamos.

Para ilustrar, imagina que la gente cree que la tierra es el centro del universo y que el sol y la luna realmente giraban a su alrededor. La gente en el mundo antiguo también creía que el mundo es plano y que si caminabas lo suficiente, llegarías al borde y caerías. Incluso ahora, sin el conocimiento adecuado, uno percibiría el mundo simplemente como una superficie plana. El sentido puro de la vida puede engañarnos; por lo tanto, deberíamos apoyarnos en técnicas y análisis para descubrir la verdad del asunto.

Las primeras personas en sugerir que el mundo era redondo y que la tierra no era el centro fueron vistas como locos. Sin embargo, después de años de estudio y análisis, todos estamos de acuerdo en que el mundo es redondo y la tierra no es el centro. Lo que todas las personas necesitaban darse cuenta es que la verdad era evidencia. Las personas enojadas deben darse cuenta de que su primera conclusión podría estar tan equivocada como cualquier otro pensamiento erróneo y se necesita evidencia antes de que puedan emitir juicios. En conclusión, las personas enojadas necesitan pausar y reunir información completa antes de poder emitir juicios para poder llegar a mejores conclusiones.

Pensamiento en blanco y negro

Una vez que entiendes que el mundo es un lugar complicado, se vuelve más fácil aceptar que la primera expresión no siempre tiene razón. En el momento de la ira, uno puede no ser capaz de captar la imagen precisa y completa de una situación problemática. Reconocer la complejidad puede ser un desafío para algunas personas enojadas que tienen la costumbre de identificar el mundo como un lugar en blanco y negro. La mayoría de las personas enojadas hablan del mundo en generalidades polarizadas, exigiendo que las cosas siempre se hagan de ciertas maneras, o que las personas nunca deben hacer ciertas cosas. También tienden a concentrarse en el lado negativo en lugar de buscar lo bueno en las cosas y reconocer la positividad. Estas personas tienden a llegar a conclusiones a un ritmo acelerado y rara vez se molestan en verificar si su comprensión es correcta o no. Estas mentalidades de blanco y negro deben ser desacreditadas para reconocer los matices de gris antes de que el progreso en el manejo de la ira ocurra de manera duradera.

Hablarlo ayuda

Cuando uno está abierto a la posibilidad de que la primera impresión no siempre es correcta, hay varias maneras de poner a prueba las impresiones con el fin de obtener una comprensión mejor y más completa. La mejor manera de probar la realidad implica hablar con otras personas que tienen experiencia con tales circunstancias. ¿Qué pensaban que había sucedido antes de descubrir la verdad? ¿Cómo se enteraron de los hechos? ¿Cuál fue la causa real del problema? Cuando consultas a otras personas y ven la situación como tú lo haces, es decir, que has sido perjudicado, entonces estás más justificado para sentirte enojado. Si las otras personas ven la situación de manera diferente, entonces no estás justificado para acusar a la otra persona. La opinión de otras personas puede ayudarte a apreciar la naturaleza compleja de una situación.

Cuenta hasta diez

La siguiente alternativa al método de prueba de la realidad, además de consultar a otros, es usar la regla de contar hasta diez antes de actuar. Esta venerable regla también se conoce como darle a la otra persona el beneficio de la duda. A medida que la ira aumenta debido a la situación, uno debe frenar y contar lentamente. Esto puede combinarse con técnicas de respiración y relajación. Uno debe hacer lo que pueda para calmarse. A continuación, debe tomarse el tiempo para buscar explicaciones alternativas que puedan ayudar a comprender la situación de manera más completa.

Por ejemplo, si una persona está conduciendo delante de ti muy despacio y es una autopista libre, primero podrías pensar que lo está haciendo para detenerte y bloquearte de llegar a tu destino a tiempo. El primer impulso será gritarle al conductor por ser lento e incompetente. Al contar hasta diez antes de dejar salir tus pensamientos, te das tiempo para considerar las alternativas de las causas de la conducción lenta. Por ejemplo, el coche podría tener problemas mecánicos, o el conductor podría estar exhausto. Quizás el conductor ha recibido un número de multas por velocidad recientemente, por lo tanto, conduce despacio para evitar otra. Si una de estas opciones resulta ser cierta, entonces será difícil enojarse con el conductor aunque aún estés atrapado detrás de él/ella.

Capítulo 8: Manejo de la Ira y Comunicación

Hay diferentes tipos de estilos de comunicación aplicados por las personas. Las personas enojadas suelen adoptar ciertas posturas y actitudes comunicativas cuando se comunican con otras personas. En psicología, hay términos utilizados para describir estas actitudes comunicativas, cada una con su propio lema:

1. Comunicación agresiva - En esta postura, la persona dice: "Soy digno, pero tú no lo eres."
2. Comunicación pasiva - La persona que utiliza esta postura normalmente dice: "No cuento."
3. Comunicación pasivo-agresiva - En esta postura, una persona dice "Soy digno. Tú no eres digno, pero no te lo diré."
4. Comunicación asertiva - Las personas en esta postura dicen: "Soy valioso, y tú también lo eres."

Es evidente que la mayoría de las personas enojadas utilizan posturas más pasivo-agresivas y agresivas. Las personas que adoptan una postura agresiva tienen mayores posibilidades de iniciar una discusión—por lo tanto, fallan en alcanzar el objetivo que pretendían perseguir. Ser pasivo en la comunicación también es perjudicial, ya que transmite un aura de debilidad, invitando así a una mayor agresión. La comunicación asertiva es más útil y equilibrada, ya que tiene en cuenta los sentimientos de todas las partes involucradas. Es la única postura que comunica respeto por todos. La comunicación asertiva es, muy probablemente, la mejor manera de asegurar que cada persona tenga en cuenta sus necesidades. Por lo tanto, es muy imperativo que uno aprenda a comunicarse de manera asertiva en lugar de agresiva o pasivo-agresivamente para transmitir y recibir mensajes de manera constructiva.

Las personas que tienen el hábito de ser agresivas tienden a malinterpretar el significado de ser asertivas. Para ser específicos, estas personas tienden a confundir la agresión y la asertividad. Piensan que sus acciones y palabras son asertivas. Los dos estilos de comunicación pueden involucrar persuasión y comunicación feroz. Sin embargo, hay cosas fundamentales que difieren; por ejemplo, los comunicadores agresivos tienden a ponerse a la defensiva, mientras que las personas asertivas defienden sus derechos y a sí mismas sin cruzar las líneas de los demás. Típicamente, la comunicación agresiva menospreciará y atacará a los demás sin importar la situación. Por otro lado, la comunicación asertiva solo usará la ira y la ferocidad cuando defienda. La comunicación asertiva no cruza las líneas de los demás innecesariamente.

Manejo de la Ira y Solicitud de Favores

El estilo de comunicación que uno utiliza determina la capacidad de una persona para hacer solicitudes. Normalmente, las personas que utilizan técnicas de comunicación agresiva tienen dificultades para hacer solicitudes de manera efectiva. Recuerda que las personas enojadas normalmente utilizan comunicación agresiva y, por lo tanto, fracasarán en hacer solicitudes. Debido a que ya se sienten con derecho, las personas enojadas hacen una suposición errónea de que cada persona debería hacer lo que ellos piden. Por lo tanto, no harán solicitudes bajo la suposición de que las personas a su alrededor saben cuándo hacer solicitudes y cómo hacerlas. Incluso cuando intentan hacer solicitudes, las hacen de tal manera que suena como una demanda, lo que provoca enojo en los demás y no llevarán a cabo la solicitud con gusto. Una solicitud efectiva debería involucrar claridad, transparencia emocional y respeto.

La claridad se refiere a la formulación de una solicitud bien estructurada que expone claramente los deseos y necesidades del individuo. Cuando una solicitud carece de claridad, se vuelve difícil de cumplir y probablemente conducirá a la ira, la frustración y el estrés. Esto es aún más cierto cuando las solicitudes se presentan e interpretan como órdenes. Una solicitud clara debe expresarse de manera explícita y debe proporcionar respuestas claras a ciertas preguntas, es decir; quién, qué y cuándo.

La transparencia emocional implica expresar los verdaderos sentimientos en lugar de hacer acusaciones. Por ejemplo, si uno le dice al otro: "Tú, idiota—eres tan insensible. ¿Qué te pasa que siempre debes olvidar? ¿Dónde está la leche que te dije que compraras? ¿No puedes recordar cosas tan pequeñas?" ¿Puedes sentir la intensidad de la defensa en la declaración? La persona está evitando expresar los verdaderos sentimientos y acusa al otro de ser un idiota. Tal solicitud alejará rápidamente a una multitud comprensiva. La solicitud carece de transparencia emocional, por lo tanto, no logra atraer al otro. La transparencia emocional implica la disposición a compartir sentimientos reales. El hablante suena grosero y egocéntrico. Pero si prestamos más atención a los sentimientos, sentiremos que el hablante se siente excluido o descuidado.

Es mejor que uno exponga sus solicitudes con transparencia emocional, compartiendo la verdadera razón de la solicitud. Esa transparencia probablemente motive al oyente a actuar. En el ejemplo dado anteriormente, podemos reformular "Siento que no te importa cuando olvidas recoger algo para mí. Por favor, recuerda guardarlo para mí la próxima vez." En esta frase, el hablante deja claro que sus sentimientos están heridos cuando la otra persona olvida entregar lo solicitado. Esto resulta en dos cosas buenas: primero, el mensaje es claro, y segundo, no deja espacio para que el oyente adopte una postura defensiva. Cuando las solicitudes se hacen con transparencia emocional, claridad y respeto, hay altas probabilidades de que el oyente lo tome en serio.

El respeto implica formular la solicitud de una manera que haga que la persona quiera cumplir. El respeto hace que las personas se sientan honradas, por lo tanto, es más probable que asistan a la persona que hace la solicitud. Al hacer solicitudes, declaraciones como: "Si no es demasiado pedir, ¿podrías por favor...?" o "¿Podrías ayudarme por favor...?" o "Realmente agradecería si tú...".

Hay una buena fórmula de solicitud que ayuda a transmitir información claramente llamada la Fórmula de Solicitud Asertiva. Esta fórmula implica tres partes que suman una declaración completa:

"Me siento ____ cuando tú ____ porque ____."

Sin embargo, es muy importante que uno se asegure de no acusar al otro al hacer la solicitud. Por ejemplo, no se debería decir "Siento que eres tonto." La 'sección de sentimientos' se trata de cómo te sientes. La fórmula no funciona en acusaciones. Esto se debe a que habrás hecho una acusación y habrás hecho que la otra persona adopte una postura defensiva basada en la declaración agresiva de ataque. Habla sobre ti mismo para obtener mejores resultados. Por ejemplo, puedes decir "Me siento abandonado cuando no me llamas y no me dejas saber que llegarás tarde porque me preocupo de que puedas estar en peligro."

Capítulo 9: Seleccionando un Programa de Manejo de la Ira

En el estudio científico de las emociones, la ira ha recibido menos atención en comparación con otros problemas como la depresión y la ansiedad. Sin embargo, hay una serie de programas de manejo de la ira que se han identificado para ayudar a reducir y manejar la ira de manera efectiva. La mayoría de ellos han logrado reducir la ira poco saludable y ayudar a los usuarios a mejorar sus habilidades de afrontamiento adaptativas. Desafortunadamente, no todos los programas han demostrado ser efectivos; por lo tanto, es necesario hacer algunas consideraciones antes de optar por cualquiera de ellos. La calidad del programa varía mucho, y mientras que algunos se basan en investigaciones científicas sólidas, otros son solo conjeturas y potencialmente dañinos.

Según los científicos, los mejores programas de manejo de la ira se basan en marcos de trabajo cognitivo-conductuales. Resumidamente, las teorías cognitivas conductuales afirman que las reacciones emocionales humanas están mayormente influenciadas por nuestra interpretación de los eventos más que por los eventos en sí. Por ejemplo, si alguien se enoja por la velocidad de conducción de la persona que está delante de él, no es por el estilo de conducción, sino por la creencia e interpretación de que la otra persona podría hacerlo mejor. Los programas de manejo de la ira que se basan en teorías cognitivas conductuales tienden a centrarse en enseñar a las personas cómo controlar y reducir su excitación fisiológica y emocional, pensando de manera menos provocativa. Enseñan a la persona cómo pensar y expresar la ira de maneras productivas. Estos programas enfatizarán el desarrollo de estrategias de autocontrol.

Al seleccionar un programa, aquí hay algunas de las cosas que se pueden considerar:

    i. Los programas basados en teorías cognitivo-conductuales tienden a tener un apoyo de investigación confiable y son más rentables y breves. Muchos de estos programas se pueden completar en 2 a 3 meses.

    ii. Hay algunas prácticas que han sido desaprobadas, pero algunas personas aún las utilizan. Por ejemplo, se desaconsejan esos programas que permiten la expresión agresiva y descontrolada de la ira, como golpear cosas con bates y pegarle a almohadas y bolsas. Pueden proporcionar alivio a corto plazo, pero al final, hay una alta probabilidad de aplicar ira agresiva en el futuro.

    iii. Seleccione un proveedor de tratamiento con el que se sienta cómodo. Solo porque una persona esté utilizando un programa aprobado no significa que sepa cómo aplicarlo. Por lo tanto, es importante que encuentre un buen proveedor.

Dependiendo de las necesidades personales, uno puede elegir trabajar con un consejero profesional o un grupo de apoyo para aprender cómo controlar la ira. También se puede optar por trabajar por su cuenta utilizando un recurso de autoestudio de elección. Sin embargo, se debe advertir que cambiar un hábito a largo plazo puede ser difícil; por lo tanto, se requiere un gran compromiso. Un buen sistema de apoyo te ayudará a hacer y mantener un cambio real en el comportamiento. Así que, si realmente estás serio acerca de hacer un cambio en la forma en que manejas la ira, es mejor participar en un grupo de apoyo. Te ayudará a llevar un registro de los cambios que haces. Un programa de autoestudio es bueno, pero estarás mejor en un grupo que tenga en mente tus intereses. Los programas formales ayudan a uno a seguir una pauta estructurada para el cambio, brindan motivación para continuar trabajando hacia sus metas incluso cuando el deseo de rendirse es abrumador.

A continuación se presenta una lista de diferentes tipos de programas de manejo de la ira de los que se puede elegir:

Terapia Individual y Grupal

En este estilo de manejo de la ira, uno trabaja con un psicólogo o un profesional licenciado ya sea de manera individual o en un entorno grupal. Lo mejor de trabajar con un terapeuta es que tienes a alguien que observa y analiza tu comportamiento y progreso. El terapeuta puede verificar tu progreso desde una perspectiva imparcial y así te ayudará con tus pruebas de realidad. En la terapia grupal, los otros miembros te ayudarán a llevar un registro de tu progreso. También tendrás personas con las que comparar notas. Un terapeuta de manejo de la ira también te ofrecerá más de una forma de evaluar tu ira. En caso de que un programa no funcione, él/ella sugerirá otras formas que podrían funcionar.

Recuerda que no todos los terapeutas saben cómo utilizar los programas como están diseñados y podrías empeorar a largo plazo. Por lo tanto, es aconsejable que elijas un terapeuta que sea adecuado para ti. Un terapeuta cognitivo-conductual es el mejor para el manejo de la ira porque está mejor informado sobre el control emocional. Hay otras cualidades que necesitarás considerar antes de conformarte con cualquier terapeuta. Idealmente, un terapeuta licenciado tendrá la formación adecuada para ayudarte a aplicar las terapias y técnicas de manejo de la ira. Otros tendrán una práctica especial para el manejo de la ira.

Típicamente, un curso de manejo de la ira no se desarrollará como una sesión de terapia tradicional; más bien, será como una clase. En estas sesiones de terapia, se ayudará a los participantes a tomar más conciencia de sus respuestas cognitivas, emocionales y físicas a los conflictos y la ira. Dependiendo de las necesidades personales, el terapeuta elegirá si trabajar contigo en técnicas de meditación y ejercicios de respiración para reducir la excitación de la ira. También puede elegir ayudarte a aplicar una técnica física y emocional segura y apropiada para liberar la ira. La capacitación también puede incluir habilidades de comunicación y reestructuración cognitiva.

El efecto de la terapia puede tomar diferentes tiempos para diferentes personas. En promedio, se verá progreso después de 8 a 10 sesiones. El progreso se determina en parte por tu esfuerzo personal y dedicación, que implica; la asistencia regular a las sesiones de terapia, qué tan profundamente tomas las lecciones y la seriedad que pones al practicar tu tarea.

Clases de Manejo de la Ira

Las clases de manejo de la ira suelen estar disponibles a través de empleadores, una variedad de organizaciones y diferentes secciones de la comunidad. Las clases de manejo de la ira difieren en calidad y duración. Mientras que algunas de las clases se extienden a lo largo de un período largo de tiempo, hay otras que duran solo un corto período, como un fin de semana. Lo que hagas, es mejor elegir un programa que dure más de un fin de semana; te proporcionará información más sostenible. Cuanto más larga sea la clase, más información reunirás para tu proceso de cambio. Sin embargo, independientemente de la duración del programa, se te asignarán proyectos de tarea y cuestionarios de prueba para seguir el progreso a lo largo de tu curso.

Es importante que lleves un seguimiento de tus necesidades personales y pienses cuidadosamente en tus necesidades cambiantes. Si tu ira surge más con colegas de trabajo en los lugares de trabajo, tal vez un seminario de manejo de la ira te beneficiaría. Si tu ira es contra un cónyuge, entonces te beneficiarías más de la terapia de pareja. Cualquiera que sea el camino que elijas, asegúrate de que el camino seleccionado esté aprobado y te guiará hacia tus objetivos.

Autoestudio

Puedes aprender maneras de manejar la ira por tu cuenta de diversas formas. Hay grabaciones de video y audio que permiten a uno completar programas de manejo de la ira en su propio espacio y tiempo y a un ritmo personal. Algunos de estos grupos ofrecen a la persona una plataforma en línea a la que contribuir, apoyo a través de correo electrónico o teléfono, e incluso grupos de chat de apoyo.

Si deseas un enfoque más especializado para manejar tu ira, por ejemplo, un programa diseñado para una madre trabajadora o para un ejecutivo corporativo, hay una gran colección de recursos en las bibliotecas y en línea. Puedes hacer un poco más de investigación antes de optar por un programa o clase.

Siguiendo el Programa de Manejo de la Ira

Llegará un día en que dejarás de planear cómo manejar la ira y realmente lo llevarás a cabo. Independientemente de si persigues tus metas de manejo de la ira personalmente o a través de un grupo de apoyo, un día, necesitarás realmente cambiar tu comportamiento. Debido a que se requiere mucho trabajo para cambiar un comportamiento que se ha desarrollado a lo largo del tiempo, es importante que te comprometas realmente con tu curso y te mantengas en él hasta que veas resultados positivos. Hay una serie de estrategias que puedes seguir para lograr un buen manejo de la ira. Estas estrategias dan estructura al programa que elegiste y te ayudarán a mantener el compromiso. Si no sigues un programa de manera sistemática, no te beneficiarás de un programa de manejo de la ira, incluso si es la técnica más confiable y efectiva.

Mantente en un programa durante el tiempo recomendado. Tendrás más posibilidades de ver cambios si sigues un programa de manejo de la ira diseñado profesionalmente; obtén una buena introducción al programa. Aunque un programa diseñado personalmente puede funcionar, es mejor dedicar tu tiempo a enfocarte en cómo cambiar tu comportamiento en lugar de cómo diseñar una técnica de manejo. En la mayoría de los casos, un programa diseñado profesionalmente te ofrecerá apoyo a nivel personal y grupal. Un líder de grupo te ayudará a mantener el progreso incluso cuando la tentación de rendirte sea alta. El apoyo que recibas puede ser emocional o técnico. A medida que te motives, también motivarás a otros. En el proceso, a veces ayudarás a otras personas a obtener la ayuda que necesitan. Esto te motiva a seguir con lo tuyo.

Algunas personas saben bien que un programa en grupo no funcionará para ellas y otras pueden no lograr encontrar una clase adecuada, por lo tanto, optarán por hacer su propio plan. Todavía se les aconseja seguir un horario establecido al hacer uno personalizado. También es importante que selecciones a una o dos personas que te ayuden a verificar tu progreso. En términos simples, tener un plan estructurado te ayudará a tener éxito en el manejo de tu enojo.

Terapia Cognitivo-Conductual para el Manejo de la Ira

Uno de los tipos de psicoterapia más utilizados es la terapia cognitivo-conductual. Esta terapia está destinada al tratamiento ya que ayuda a la persona enojada a reconocer los pensamientos negativos y autodestructivos que están provocando la emoción. Esta forma de terapia ha demostrado ser la más efectiva para el manejo de la ira. Normalmente, las formas ineficaces de gestionar los impulsos de ira pueden llevar a patrones de reprimir los sentimientos hasta que exploten, lo que puede generar problemas graves tanto en el trabajo como en otras relaciones. Nuevamente, una mala gestión del estrés puede aumentar el resentimiento y la ira, y al final, uno no sabrá cómo expresar tales emociones de manera efectiva.

La terapia cognitivo-conductual para el manejo de la ira puede incluir:

- Entrenamiento en mindfulness

- Entrenamiento en tolerancia al malestar,

- Reestructuración cognitiva de pensamientos disfuncionales

- Desarrollo de habilidades de asertividad

- Entrenamiento en regulación emocional

En términos simples, la TCC te ayudará a entender cómo cambiar tus pensamientos, comportamientos y sentimientos. Al centrarse en la manera en que reaccionas a las situaciones, esta terapia te ayuda a actuar de manera más efectiva. De hecho, enseña a una persona a sentirse mejor acerca de una situación incluso cuando no puede cambiarla. Hay una serie de beneficios que hacen que la TCC valga la pena, incluyendo el hecho de que está orientada a objetivos. La TCC se enfoca en las situaciones presentes; es breve, bien investigada e involucra actividades en equipo.

Terapia Cognitivo-Conductual - Orientada a Metas

A diferencia de un buen número de terapias conversacionales, la TCC es una terapia orientada a la solución de problemas que ayuda a alcanzar sus objetivos. Los objetivos pueden ser desde llevarse bien con un jefe hasta estar en una relación duradera. Uno podría buscar ayuda para manejar la ira con la intención de reducir los sentimientos de depresión o ansiedad. Una vez que el paciente ha alcanzado sus objetivos, trabajará junto con el terapeuta y decidirá si hay algo más que deben hacer.

Terapia Cognitivo-Conductual – Enfocada en el Presente

La TCC se concentra típicamente en las situaciones actuales y las dificultades presentes que son angustiosas. El enfoque del aquí y ahora ayuda al paciente a resolver problemas actuales de manera más efectiva y rápida. Identificar los desafíos individuales y centrarse en ellos uno por uno de manera estructurada y coherente resulta en la obtención de mayores beneficios en el tratamiento, y alcanzarlos en un plazo más corto que otras terapias conversacionales.

Terapia Cognitivo-Conductual – Activa

La terapia cognitivo-conductual requiere colaboración y trabajo en equipo. El paciente y el terapeuta tienen que trabajar juntos para resolver problemas. En lugar de esperar a que el problema desaparezca después de escuchar una charla interminable, el paciente tiene la oportunidad de hacer sugerencias en las sesiones. Hay tareas y herramientas de autoayuda que uno utiliza entre las sesiones. Estas ayudan al paciente a acelerar el proceso de sanación. Cada sesión presenta una forma diferente de pensar. El paciente desaprende reacciones no deseadas mientras identifica nuevas maneras de gestionar la ira.

Terapia Cognitivo Conductual – Breve

CBT está limitada por el tiempo, lo que significa que una vez que tú y el terapeuta hayan identificado que has mejorado, puedes terminar la sesión o ponerla en espera por el tiempo que desees. En consecuencia, CBT es más corta que otras terapias tradicionales de conversación que pueden durar años. Un buen número de personas termina CBT en unos pocos meses. Es importante señalar que no todas las personas responden rápidamente a la terapia. Algunas personas necesitarán terapia adicional para crear un cambio duradero. Los pacientes con serios desafíos crónicos pueden necesitar un largo período de tiempo, que va de 6 meses a varios años. Sin embargo, incluso para los pacientes que necesitan más tiempo en terapia, CBT sigue siendo la preferida.

Terapia Cognitivo-Conductual – Bien Investigada

Esta terapia es una de las pocas que han sido probadas

científicamente. Los investigadores han encontrado que es efectiva. Hacer grandes cambios puede ser muy desafiante; por lo tanto, se necesitará mucho apoyo. Una terapia bien investigada te ayudará a manejar la ira de manera más efectiva.

Los pasos seguidos en la terapia cognitivo-conductual incluyen:
1. Conciencia de tus emociones y pensamientos en torno a los desencadenantes de la ira
2. Identificación de las circunstancias o situaciones en tu vida que conducen a la ira
3. Reconocimiento de patrones de pensamiento negativos e inexactos
4. Aprender patrones de pensamiento más saludables y positivos

Hay muy pocos riesgos asociados con la terapia cognitivo-conductual, y hay muchos beneficios. Se debe advertir que se puede requerir que pase por su pasado y recuerdos dolorosos, pero lo hará bajo una buena guía.

Otras Opciones de Programas de Tratamiento

Hay varias opciones disponibles para las personas que buscan manejar la ira, incluidas las terapias ambulatorias y las de hospitalización. Las opciones de tratamiento modernas son específicas y efectivas, y en la mayoría de los casos, ofrecerán resultados en tan solo 6 a 8 semanas.

A medida que se exploran estas opciones, uno debe saber que la ira no es algo de lo que se pueda deshacerse. Es una parte saludable de la vida compartida por todas las personas en todas partes. El objetivo de estas opciones de programas es ayudar a uno a manejar la ira antes de que se vuelva destructiva o resulte en todo tipo de problemas personales. No se puede curar la ira, pero se puede gestionar el efecto y la intensidad. Algunas estrategias terapéuticas pueden ayudar a uno a reducir la reactividad. Uno incluso puede aprender a aplicar más paciencia ante situaciones y personas que no puede controlar.

La mayoría de las terapias se concentran en habilidades para resolver problemas, habilidades de comunicación y la evasión de ciertas situaciones, el humor y la conducta cognitiva. Es posible que uno trabaje a través de la ira sin ayuda externa, pero un terapeuta ayudará a avanzar por el programa más rápido.

Programas de Tratamiento de Manejo de Ira Residencial / Hospitalario

Si la ira está afectando la vida cotidiana de una persona, entonces puede ser recomendable un centro de manejo de ira residencial o de hospitalización. Podría ser importante que uno se quede con un equipo de personal de tratamiento dedicado en condiciones controladas si él/ella:

- Tiene problemas con la ley debido a problemas de ira

- Atacar a un cónyuge o a los hijos, especialmente físicamente

- Está experimentando discusiones constantes y descontroladas con compañeros de trabajo y miembros de la familia

- Está amenazando con violencia a las personas y a la propiedad

- Cree que todo estará bien si suprime la ira.

- Pierde el control de sí mismo cuando está enojado

Dado que el objetivo del tratamiento para el manejo de la ira es reunir las herramientas necesarias para expresar la emoción de manera constructiva, segura y saludable, un terapeuta o profesional es el más adecuado para ayudar.

Beneficios de los Tratamientos de Manejo de la Ira Internos

El tratamiento residencial para el manejo de la ira ayuda a aprender cómo controlar la frustración y la ira. Un terapeuta interno puede ayudar a un paciente a reconocer situaciones peligrosas y a volverse más consciente de las señales de advertencia cuando la ira se avecina. Además, el tratamiento residencial te ayudará a comprender formas de evitar la supresión de la ira, lo que llevará a la depresión, hipertensión, ansiedad y problemas cardíacos. Lo más importante es que el tratamiento residencial ayuda a desarrollar estrategias de manejo alejadas del mundo exterior y de los desencadenantes.

Hay diferentes aspectos que se deben considerar antes de seleccionar una instalación residencial. Solo porque sea una instalación de tratamiento no significa que deba tener condiciones estériles e inhumanas. Varias de estas instalaciones de lujo son cómodas y serenas. Un buen ambiente facilitará un estado mental positivo y, por lo tanto, ayudará a aprender más rápido.

Programa Ejecutivo de Manejo de la Ira

Estos programas están diseñados para ejecutivos, abogados, médicos y otros profesionales que desean discreción y privacidad y que desean beneficiarse de un programa uno a uno. Las estrategias efectivas de manejo de la ira no solo beneficiarán a un ejecutivo individual al interactuar con empleados, clientes o pacientes; también les ayudará a establecer políticas organizacionales sólidas.

Cuando un profesional es capaz de manejar la ira y el estrés de manera positiva, está mejor preparado para instruir y trabajar con los demás.

En los programas de manejo de la ira para ejecutivos, los individuos pueden esperar aprender maneras de:
1. Comuníquese de manera directa y respetuosa;
2. Restaurar la confianza;
3. Reparar relaciones rotas, encontrar resoluciones positivas para personas y situaciones estresadas y estresantes;
4. Controlar la reactividad emocional;
5. Resuelve conflictos de una manera saludable; y
6. Empatizar con clientes y compañeros de trabajo.

Programas de Tratamiento de Ira Ambulatorios

En algunos casos, una persona está dispuesta a asistir a un programa de manejo de la ira, pero no se encuentra en posición de asistir a una sesión hospitalaria. Por ejemplo, si un trabajo es demasiado exigente, o si hay una familia joven involucrada, uno podría no manejar un programa residencial. Nuevamente, si tu problema de ira no representa amenazas físicas para las personas o las cosas, entonces podrías no necesitar un programa residencial. Un programa ambulatorio es el más adecuado para tal persona. Muchos programas ambulatorios ofrecen asesoría intensa para individuos, y generalmente duran de seis a ocho semanas. También ayudan al paciente a prepararse para un mayor seguimiento en casa. Con los programas ambulatorios, uno tiene que lidiar con situaciones externas y personas, ya que el entorno no está controlado. Así, uno se beneficiará de amigos y familiares solidarios.

Encontrar la Mejor Instalación de Tratamiento para el Manejo de la Ira

Una vez que estés listo para controlar tu ira y hayas decidido buscar ayuda, es importante considerar una serie de cosas. Si optas por una instalación, busca una que ofrezca evaluaciones integrales, tratamiento adecuado y servicios de seguimiento. Habla directamente con los profesionales de la instalación y pregúntales sobre sus calificaciones y experiencias. Puede parecer mucho, pero estarás mejor sabiendo los métodos y los resultados esperados en lugar de hacer suposiciones. Expresa todas tus preocupaciones a ellos y asegúrate de que los facilitadores expliquen todos los costos del programa. Algunos seguros de salud cubren ayuda para pagar parte de esos gastos.

Obtendrás más del programa que elijas si:
1. Tratas a tu terapeuta como un compañero en lugar de un supervisor;
2. Eres abierto acerca de tus pensamientos y sentimientos;
3. Te mantienes consistente y sigues el plan de tratamiento;
4. Recuerdas que la determinación y la paciencia conducen a resultados;
5. Te comunicas bien con tu equipo, especialmente al enfrentar desafíos; y
6. Haces tus deberes.

El Compromiso Contractual

Es recomendable que uno elabore un contrato que establezca el plan específico detallando las cosas que deseas practicar durante el programa de manejo de la ira. La mejor parte de firmar un contrato así es que habrás creado para ti mismo apoyo y una estructura a seguir. Estos dos aspectos son importantes para tu éxito. Imprime el contrato en una página y fírmalo con tinta. Si tienes personas que te apoyan en tu búsqueda, puedes pedirles que firmen como testigos de tu progreso. También puedes considerar publicar el contrato firmado en un lugar público, por ejemplo, en tu casa, para que las personas que te rodean puedan entender lo que estás buscando e incluso ayudarte. Hacerlo público fortalecerá tu compromiso y ayudará a las personas a tu alrededor a apoyarte.

Los detalles que debes incluir en el contrato tienen que ser muy específicos. Por ejemplo, necesitas anotar:

a.
Tus objetivos - lo que esperas ganar del programa
b.
El plan - lo que necesitas hacer para alcanzar tus metas
c.
Cuándo y cómo practicarás las cosas que has establecido.

Al hacer el contrato, sé muy específico con los objetivos, evita usar generalidades como 'Quiero dejar de exagerar.' Tales objetivos vagos son imposibles de medir de una manera específica y, por lo tanto, dejan demasiado margen para saltar de un extremo a otro con una falsa sensación de logro. En lugar de establecer objetivos poco realistas y vagos, describe situaciones reales que te hagan enojar y explica cómo tienes la intención de cambiarlas. Escribe las técnicas que utilizarás para confrontar esas situaciones. Repite las técnicas si es necesario. Repetir las cosas ayuda a recordar y entender.

Tómate un tiempo.

En el contrato, asegúrate de incluir la toma de tiempo fuera. Esto significa que te apartas voluntariamente de una situación que está sacando la ira de ti. Por ejemplo, si no estás de acuerdo con tu cónyuge, haz un acuerdo de que te alejarás de la situación tensa y harás espacio para calmarte. Ten en cuenta el hecho de que si no te alejas, lo más probable es que la situación se salga de control. Tómate un tiempo para alejarte, pensar críticamente y calmarte.

Las pausas pueden ayudarte a ordenar la situación mientras estás en un mejor estado de ánimo. De manera similar, si las demandas familiares te abruman habitualmente cuando llegas a casa después del trabajo, haz un esfuerzo por tomar un descanso antes de llegar a la casa. Durante este tiempo, asegúrate de relajarte. No confundas beber alcohol como una forma de relajarte; es una manera poco saludable de descomprimir. Una buena forma podría ser ir al gimnasio o tomar una clase de yoga. Simplemente date un espacio de amortiguación: un lugar para hacer algo en lo que estés interesado. Tomar un descanso te ayudará a relajarte de tal manera que, una vez que llegues a casa, podrás apreciar las cosas buenas de tu familia sin ser hostil o malhumorado. Unos minutos de tiempo para ti te ayudarán a manejar las situaciones cuando llegues a casa.

En el contrato, acuerdas que practicarás técnicas de relajación y respiración de manera regular. Es preferible que las practiques a diario. Aprender a mantener la calma requiere que entiendas formas a través de las cuales reaccionas menos violentamente, independientemente del estrés involucrado en la situación. En consecuencia, se te requerirá aprender a relajarte de manera hábil. Algunas de las técnicas de relajación más efectivas que puedes usar para calmarte incluyen la meditación, la respiración profunda así como ejercicios físicos. Con práctica y paciencia, estas técnicas se convierten en una forma proactiva de minimizar tu excitación general de ira.

Examinando el pensamiento

En tu contrato, incluye una sección para revisar pensamientos. Como se vio anteriormente, los primeros pensamientos que se le ocurren a uno cuando está enojado son normalmente críticas y imperfectos porque se basan en información incompleta. Cuando simplemente te concentras en las impresiones incompletas, es probable que ataques a las personas que te rodean, y esto no será un movimiento inteligente. En lugar de simplemente explotar cuando estés enfadado, prométete que evaluarás crítica y cuidadosamente las situaciones que provocan la ira. El mejor momento para evaluar tu ira es durante la sesión de tiempo muerto, justo antes de que la ira disminuya o se salga de control. Aprende a reconocer los tipos de situaciones que desencadenan tu ira y los pensamientos que te ocurren cuando estás furioso. Haz consideraciones serias sobre si es bueno para ti reaccionar cuando estás enojado. Abstente de actuar por las reacciones emocionales automáticas (que normalmente son incorrectas) y piensa crítica y lógicamente sobre las situaciones.

Comunicación asertiva

En el contrato, declara claramente que tomarás un tiempo cada día para practicar habilidades de comunicación asertiva. Podrías buscar un libro sobre comunicación asertiva y leerlo. Anota las cosas que normalmente le dices a las personas de manera agresiva. Luego reescríbelas de manera asertiva. Practica las frases asertivas con las personas, frente a un espejo o durante sesiones de juego de roles. Si sientes que vas a entrar en una situación que te enojará, practica las afirmaciones asertivas de antemano; te ayudará a lidiar con la circunstancia real.

Además de practicar la comunicación asertiva, que consiste principalmente en transmitir tu mensaje, también es importante que practiques escuchar a otras personas. Es necesario convertirse en un oyente hábil que participe en la conversación de manera constructiva. Al final, ampliarás tus oportunidades de obtener lo que deseas de los demás.

Duración del contrato

Es importante tener un marco temporal para su programa de manejo de la ira. Idealmente, no debería ser demasiado largo; tampoco debería ser demasiado corto. Podría extenderse a lo largo del marco temporal del programa que seleccione. Sin embargo, una mejor opción es descomponer el contrato en períodos más cortos pero vinculados. Por ejemplo, un contrato podría durar de uno a cinco días - o la duración que mejor se ajuste a su plan. Algunas personas comienzan con un contrato que dura veinticuatro horas, mientras que otras eligen algunos días. Cuando finaliza un contrato, la persona escribe uno nuevo, estableciendo nuevos compromisos.

La ventaja de los contratos cortos es que te permiten adaptarlos a los cambios que estás experimentando. A medida que aprendes nuevas técnicas, el contrato renovado te permite evaluar tus prácticas. Los contratos cortos también te permitirán sentirte exitoso cuando hayas alcanzado la meta a corto plazo, dándote así la motivación para perseguir la siguiente. Recompénsate por cada contrato logrado, tómate un tiempo para sentirte bien al respecto y luego comienza el siguiente. Ya sea que optes por un contrato día a día o uno de un período más largo, debes firmarlo y asegurarte de que los testigos también confirmen tus logros. Guarda el contrato o colócalo en un lugar público como recordatorio.

Deja que las personas te ayuden

Tu familia, parejas, amigos e incluso compañeros estarán en una mejor posición para reconocer el momento en que te estás enojando. Por lo tanto, es aconsejable incluirlos en el plan si es posible. Puedes acordar con tu equipo de asistencia una señal que puedan darte cuando te vean empezando a caer en el viejo hábito de la expresión agresiva. Una vez que identifiques la señal, asegúrate de cambiar tu comportamiento; de lo contrario, la ira aumentará. Algunas técnicas que podrían ayudarte a evitar esta escalada incluyen tomarte un tiempo o acordar manejar la situación más tarde cuando estés emocionalmente estable.

Recompénsate

Las recompensas actúan como buenas fuentes de motivación. Por lo tanto, es importante que incluyas tus recompensas en el contrato. Ten una recompensa por cada vez que logres un objetivo establecido en el contrato. Sin embargo, la recompensa debe ser saludable y sensata, preferiblemente, algo de lo que puedas prescindir en caso de que no logres tus metas. También debe ser un regalo que te haga esperar con ansias ganar, uno que te haga sentir bien si lo obtienes. Por ejemplo, podrías darte un gusto con algo que has estado esperando, como asistir a un espectáculo de ópera.

Capítulo 10: El Uso de Técnicas de Manejo de la Ira: Reuniéndolas

Hemos examinado una variedad de información y una serie de técnicas que se pueden utilizar para gestionar y desarrollar una ira saludable en los temas anteriores. Uno puede querer practicar estas técnicas de forma aislada, pero no necesariamente tiene que ser así. Puedes combinar cualquier número de técnicas que te funcionen siempre que ayuden a alcanzar los objetivos.

Cuando te sientes provocado a la ira por una situación particular, detente y haz consideraciones. Reflexiona antes de responder. Los siguientes pasos resumen las técnicas de manejo de la ira:

1. Inmediatamente, cuando sientas ira, detén tu línea de pensamiento y acción. Una vez que reconozcas que tu ira está aumentando, cambia o controla tus pensamientos y acciones; podrías pensar en algo más placentero. Si la imaginería funciona para ti, intenta imaginar una señal de alto roja.

2. Cuando la ira comienza a aumentar, los mecanismos del cuerpo también comienzan a cambiar. Por ejemplo, la frecuencia del latido del corazón aumenta y la presión arterial se eleva. Para contrarrestar estos signos físicos, utiliza la técnica de relajación y respiración. Puedes elegir una palabra para recitar con el fin de invocar el estado de calma. Por ejemplo, podrías usar las palabras calmado y fresco repetidamente.

3. Piensa en la situación e intenta identificar los desencadenantes que provocan tu ira. Pregúntate cuestiones como: ¿qué pensamientos están ocupando mi cabeza en este momento? ¿Qué estoy sintiendo? ¿Cómo está reaccionando mi cuerpo? ¿Estoy considerando todo el escenario o solo la primera impresión? ¿Qué quiero? ¿Quiero venganza y realmente vale la pena? ¿Qué pasaría si actúo de manera agresiva? ¿Qué consecuencias podría enfrentar? ¿De qué otras maneras puedo responder a la situación en lugar de actuar por ira? ¿Harán que la situación sea peor o mejor?
4. Una vez que hayas hecho las consideraciones anteriores, considera la forma en que quieres responder. Es mejor si trabajas para identificar una respuesta asertiva más que una agresiva.
5. Responde. Después de hacer todas las consideraciones, pensar, repensar y comprobar los hechos, hablar con alguien sobre la situación, etc., cuando tengas los detalles claros, responde.

En la mayoría de los casos, el calor del momento cuando uno está enojado hace que la situación parezca necesitar una respuesta muy urgente. Te darás cuenta de que la situación no necesita realmente una respuesta drástica inmediata; es mejor si te tomas un tiempo y reconsideras. La urgencia de la situación suele ser una ilusión, y una vez que te calmas, se vuelve más clara. La intensa excitación del momento contribuye a la impaciencia.

Cuando sientas que la ira va en aumento y la intensidad del momento se vuelve demasiado intensa, ayudaría mucho pedir un tiempo fuera y utilizar algunas de las técnicas de manejo de la ira para analizar la situación. Mientras te desconectas de la situación de ira, utiliza una declaración educada para disculparte, como "Me siento molesto ahora, déjame alejarme un momento y continuar con esta conversación más tarde." El tiempo fuera interrumpirá tu proceso de ira, y una vez que vuelvas a la situación, tu mente estará más refrescada y más dispuesta. Es mejor que vuelvas a abordar el caso de manera asertiva en lugar de agresiva.

Si la situación no te permite tomar un descanso, prueba los siguientes pasos:

1. Evita acusaciones. En lugar de señalar los defectos de la otra persona de una manera agresiva, utiliza la declaración en 'yo' para explicar tus sentimientos y hacer una solicitud. El objetivo de la comunicación es hacer que las otras personas conozcan tu posición, no menospreciarlas ni golpearlas.

2. Mientras hablas, no mires a la persona directamente a los ojos, más bien, haz contacto visual intermitente a intervalos. Mirar fijamente durante una confrontación puede parecer agresión, mientras que el contacto visual intermitente muestra valentía y la voluntad de defender lo que crees.

3. Al escuchar a otras personas, asegúrate de practicar la escucha activa. Evita la declaración "sí, pero". Esto normalmente desvía la atención de la otra persona hacia ti. En consecuencia, si el "sí, pero" continúa, la otra persona se siente excluida.

4. Al hablar, evalúa si tus necesidades han sido escuchadas. ¿Crees que la persona a la que le estabas pasando el mensaje entiende todo lo que dijiste? En un momento de tensión, la persona con la que estás comunicándote podría malinterpretar el mensaje porque se centra demasiado en la excitación. En caso de que te des cuenta de que él/ella no entendió tu mensaje, reformúlalo de otra manera. Ten en cuenta que la persona podría estar demasiado enojada para entenderte; por lo tanto, podrías necesitar ralentizarte y

permitirle desahogarse. No todas las personas enojadas son capaces de usar las técnicas de control que has aprendido. Si la comunicación resulta ser imposible, es importante que te desconectes y continúes en otra ocasión.

5. Cualquiera que sea tu acción, evita caer en una reacción prematura. Tomará tiempo y práctica resolver las cosas con paciencia, pero al final, valdrá la pena. Gana más tiempo cuando estés enojado, retrasa tu respuesta, espera un poco más. Si tu opción es perder los nervios o irte, elige irte. Es mejor mantener el control que ganar a través de la agresión.

La práctica hace la perfección

Recuerda que es muy difícil y probablemente imposible aprender a manejar la ira de la noche a la mañana. Sin embargo, habrá muchas oportunidades en tu vida en las que podrás practicar diferentes técnicas. También puedes aprender a aplicarlas más si ejercitas a través de la interpretación de roles. Estas prácticas ayudarán a simular y controlar tus desencadenantes.

El juego de roles se puede hacer de manera personal o con un compañero. Sin embargo, el juego de roles aplica mejor si tienes un grupo de apoyo; uno donde compartas los objetivos. Usa la lista de desencadenantes para generar situaciones que presenten los desafíos de manejo de la ira. Si no estás trabajando con un compañero, colócate frente a un espejo y háblate a ti mismo. Puede sonar loco, pero los actores profesionales lo hacen la mayor parte del tiempo para mejorar sus habilidades de actuación. Toma un papel como si estuvieras hablando con alguien con quien estás enojado. Entra en el personaje de la manera más realista posible. Haz que tu imaginación sea lo más vívida posible. Habla en voz alta e imagina las respuestas más realistas. Al principio, se sentirá incómodo hablarte a ti mismo en voz alta frente a un espejo, pero con el tiempo, la ansiedad desaparecerá y te sentirás más cómodo con la práctica.

Si tienes acceso a compañeros y grupos con los que interpretar los roles, mejor será, te resultará más fácil hacer un seguimiento de tu desarrollo cuando otras personas estén involucradas. Es más fácil dirigir las emociones hacia alguien, aunque solo sea un acto. Mantente en control el mayor tiempo posible y conserva el personaje. La práctica hace al maestro.

Ira y Defensa

¿Qué te enoja? ¿Es un maltrato en la oficina? ¿O una enfermedad particular que afecta a alguien a quien amas? ¿El hecho de que la sequía esté matando gente? ¿Hay informes sobre el trabajo infantil?

La buena ira ha ayudado a las personas a encontrar soluciones para muchos desafíos a lo largo de los siglos. Por ejemplo, la ira hizo que las personas lucharan contra la esclavitud. Esta emoción llevó a los luchadores por la libertad a enfrentar a sus opresores. La ira también hizo que las mujeres lucharan por sus derechos a votar y trabajar. Las altas facturas hospitalarias hicieron que las personas lucharan por el seguro.

¿Cómo puedes usar tu ira de una buena manera? Conviértela en defensa. Inicia un movimiento que luche por o contra un curso particular. Si tu ira proviene de las imágenes de niños en ciertos lugares del mundo que mueren de ira, comienza un curso que sensibilice a las personas al respecto. Si es por una enfermedad que te quitó a un ser querido porque no tenías suficiente información, inicia una plataforma donde las personas puedan aprender más sobre ello.

Concentrarte demasiado en tu ira solo causará resentimiento. Busca maneras de bendecir a otros con tu energía. La defensa puede parecer difícil al principio, pero a su debido tiempo, tendrás un curso que valga tu energía.

Capítulo 11: Recaídas y Tratamiento de la Ira

Mientras se trabaja para superar un problema de ira, hay momentos en los que ocurrirán recaídas. La persona probablemente volverá a hábitos de ira anteriores, como ponerse enojado de manera inapropiada, belicoso y agresivo. Los retrocesos, deslices y lapsos son prácticamente inevitables en los programas de manejo de la ira; por lo tanto, uno tendrá que planificarlos. La cosa más importante es negarse a rendirse.

No importa cuán desafiante sea, no permitas que un desliz sea tu excusa para abandonar un programa de control de la ira. Trata los fracasos como experiencias de aprendizaje. Examina cuidadosamente los eventos que desencadenaron la recaída y aprende cómo ocurrió la situación. ¿Qué parte de tu plan de manejo de la ira fue insuficiente para la situación? La información que recopiles de este análisis te ayudará a mejorar tu programa para que funcione mejor la próxima vez.

En el proceso de planificación para recaídas, es importante que busques eventos problemáticos con antelación y te prepares mentalmente para ellos. Si aún no has buscado ayuda profesional, sería hora de hacerlo. Si has pasado por programas de asesoramiento y tratamiento, las sesiones de refuerzo pueden hacer maravillas para ayudarte a seguir adelante con tu vida. Las sesiones de refuerzo implican regresar a tu terapeuta y obtener asistencia adicional sobre tu problema. Esta sesión de refuerzo podría incluir revisar las estrategias de manejo de la ira que estás utilizando, verificar los factores estresantes actuales y obtener una opinión objetiva sobre tu próximo paso. Las sesiones de refuerzo no indican que has fracasado.

Mentalidad sobre las recaídas

Hay una alta probabilidad de que la mayoría de las personas cometan un error o tengan una recaída. Una cosa a la que hay que estar atento es a tus pensamientos sobre el desliz. Las mentalidades hacen que las cosas sean mejores o peores para nosotros. Si te castigues por una recaída, probablemente tendrás más problemas con la ira. La gente a menudo piensa que la autocrítica abusiva es una fuente de motivación, pero en realidad no lo es. Hay algunos pensamientos racionales e irracionales identificados en personas que tienen lapsos, y se ha observado que una línea de pensamiento puede determinar si la persona se recuperará o seguirá teniendo recaídas. Algunos de estos pensamientos incluyen:

Irracional	Racional
No llegaré a ninguna parte con esto.	He mejorado mucho en muchos aspectos. He aprendido muchas habilidades nuevas y puedo manejar mi ira mejor.
Soy una criatura horrible.	Soy humano y propenso a cometer errores.
Nunca mejoraré.	Mi tendencia ha sido buena. Este es solo un contratiempo que superaré.

Mantente fiel a tu plan.

El manejo de la ira implica diferentes técnicas y habilidades como la respiración profunda y la relajación, la comunicación asertiva, identificar los desencadenantes y contrarrestarlos, el perdón, el cambio de mentalidad y desconectarse de la rumia. Con el tiempo, sentirás la tentación de dejar algunas de las técnicas que parecen haber cumplido su función. Eso podría ser en realidad el comienzo de tu recaída. No dejes de usar una habilidad de afrontamiento solo porque sientes que ya no está en uso. Sigue practicándola. Si has dejado una habilidad, recógela de nuevo. Te llevará mucho tiempo dejar de usar estas técnicas y, incluso entonces, es posible que te requieran sacarlas del almacén y practicarlas en algún momento u otro.

Otro paso para recuperarse de las recaídas es revisar aquellas estrategias y técnicas a las que no prestaste atención. Esos trabajos que no completaste al evaluar son donde podría estar la debilidad. No tienes nada que perder al revisar tu trabajo anterior.

Buscar retroalimentación.

Las personas que te rodean, como cónyuges, familiares y amigos de confianza, pueden ayudarte a rastrear la causa de tu recaída. Simplemente, pueden ser tus salvavidas en la búsqueda del manejo de la ira. Cuando experimentas una recaída, puedes pedirles que te ayuden a señalar el momento en que recaíste y las causas. Estas personas pueden ayudarte a detectar una regresión antes de que se descontrole.

Sin embargo, es importante que entiendas que estas personas solo te ayudarán si se lo pides. Pídeles que busquen cosas que indiquen que te estás descontrolando. Deberían saber cómo te comportas cuando estás bien y cuándo estás enojado. Desarrolla una señal, palabra o aviso que te den cuando noten que estás perdiendo la calma.

Algunos de los signos y palabras que puedes utilizar incluyen: un toque en el hombro, un saludo con la mano, una pregunta como '¿estás bien?' o una solicitud simple como "respiremos."

Normalmente, la primera reacción al ver la señal es la negación, creyendo reflexivamente que no estás enojado. Trata de evitar un estado defensivo. Los salvavidas son muy objetivos, por lo tanto verán las debilidades antes que tú.

Incentívate.

Después de una recaída, es importante que te incentives. La motivación puede surgir al hacer una lista de las razones por las que quieres cambiar. Identifica las tres razones que dominan tu vida, por ejemplo, si has perdido demasiados amigos o te has avergonzado demasiado, buscando así formas de protegerte de más daños. Tener estas razones en mente te ayudará a levantarte nuevamente. Puedes identificar muchas razones, pero elige las tres o cinco principales para ayudarte a levantarte. Detente y reflexiona sobre cada objetivo y la importancia de tu plan.

Señales de advertencia de una recaída

Las siguientes señales de advertencia pueden ayudarte a identificar cuándo está a punto de ocurrir una regresión:

1. El regreso de la negación - Esto implica la incapacidad de reconocer y decirles a otras personas lo que sientes y piensas. Esta negación puede ocurrir incluso cuando no puedes reconocer que se avecina un desliz y estás retrocediendo hacia el comportamiento agresivo.

2. Preocupación por el bienestar - Esto se refiere a la falta de confianza en tu capacidad para controlar la ira. Puede suceder cuando te encuentras en un escenario agravante y tienes dificultades para controlarte.

3. Defensiva - Cuando se está acercando una recaída, hay posibilidades de que adoptes una postura defensiva al hablar de ti mismo. Esto a menudo sucede cuando no quieres admitir que estás volviendo a los viejos hábitos.

4. Crisis de construcción - Te sentirás abrumado por la vida y

una incapacidad para controlar las cosas. También sentirás que cada vez que resuelves un problema, aparecen dos más. Esto ocurrirá a menudo si tus planes son demasiado estresantes o exigentes.

5. Evitación - Esto implica evitar el hecho de que algo puede hacer que los antiguos sentimientos incómodos y dolorosos regresen. En consecuencia, te encontrarás evitando a las personas y lugares que pueden hacer que te involucres en la introspección.

6. Inmovilización - Esto implica la sensación de que no te estás relacionando de manera efectiva con otras personas. Es más como si estuvieras simplemente pasando por los movimientos de la vida. Ninguno de tus problemas parece realmente resuelto y pasarás más tiempo soñando despierto en lugar de buscar soluciones.

7. Irritabilidad - Esto implica reaccionar en exceso a pequeñas cosas y perder la calma rápidamente. La irritabilidad ocurrirá más si estás decepcionado contigo mismo y sintiéndote frustrado.

8. Los planes comienzan a fallar - Notarás que la mayoría de tus proyectos no se están concretando, especialmente porque no los estás siguiendo. Por ejemplo, si tenías planes de mantener una dieta saludable. Descubrirás que estás comiendo mucha comida chatarra. Esto sucede cuando sientes que los planes son demasiado difíciles y agotadores.

9. Depresión - Esto se representará por algunos síntomas importantes como la falta de sueño, hábitos alimenticios irregulares, pérdida de interés en cosas que antes te resultaban divertidas y pérdida de un patrón regular en la vida. También puedes sentir que mantenerse enojado es la única forma de dejar ir la depresión.

10.
    Rechazo abierto de ayuda - Otra indicación de recaída es el rechazo de la ayuda. En la mayoría de los casos, las personas que te rodean se preocuparán y expresarán sus preocupaciones sobre ti. Sin embargo, la negación te hará rechazar sus expresiones.
11.
    Incapacidad para controlar tu comportamiento - Esto puede manifestarse en una actitud de "no me importa." Te encontrarás fallando en atender asuntos importantes como reuniones.
12.
    Mentir consciente - Esto implica justificar la verdad y, en su lugar, vender mentiras sobre una situación.
13.
    Pasar más tiempo con personas autodestructivas y deprimidas - Esto puede ser un indicador o un resultado de una recaída. Inicialmente, tu plan de recuperación involucraba pasar tiempo con personas que manejan su ira de una manera saludable. Sin embargo, durante la recaída, sientes la necesidad de pasar más tiempo con personas enojadas y deprimidas.

Capítulo 12: Medicación para la ira y efectos secundarios

La ira es un problema psicológico—por lo tanto, es posible tratar los síntomas con medicación. El objetivo de los programas de manejo de la ira es ayudar a la persona a volverse autosuficiente—y aunque la terapia es la mejor opción, la medicación puede ayudar en la fase de tratamiento.

Medicamentos Comunes

Algunos medicamentos son conocidos por prevenir explosiones de ira y reducir la agresión. No afectan la ira específica en el cuerpo; más bien, producen un efecto calmante que controla las reacciones. Hay antidepresivos, estabilizadores del estado de ánimo y medicamentos antipsicóticos que ayudan al paciente a lidiar con la ira, pero apenas la detienen por completo.

Antidepresivos

Estos medicamentos se han encontrado útiles para tratar la ira resultante de varios trastornos mentales, como los trastornos de personalidad y la depresión. Los investigadores encontraron que los antidepresivos hicieron desaparecer la ira en un 53-71 por ciento de los pacientes deprimidos. Los antidepresivos utilizados incluyen imipramina, sertralina y fluoxetina.

Estabilizadores del estado de ánimo

En la mayoría de los casos, se prefieren los antidepresivos al tratar la ira en personas con otras condiciones como la depresión y los trastornos de personalidad porque son efectivos para la mayoría de los pacientes. Sin embargo, hay casos en los que los medicamentos antidepresivos fracasan; por lo tanto, se recomiendan otros medicamentos como los estabilizadores del estado de ánimo. Algunos medicamentos anticonvulsivos como la carbamazepina y el divalproex se utilizan como estabilizadores.

Medicamentos antipsicóticos

Las investigaciones muestran que algunos medicamentos antipsicóticos típicos, como la Clozapina, pueden ser utilizados para tratar a pacientes esquizofrénicos que tienen comportamientos agresivos y hostiles. Los investigadores explican que los medicamentos reducen la ira debido a su capacidad para minimizar la impulsividad. Sin embargo, otros estudios afirman que aunque los medicamentos antipsicóticos son efectivos para el manejo de la ira, hay muchos efectos secundarios, lo que los hace inviables para tratamientos a largo plazo.

La Seguridad del Tratamiento Medicamentoso

Evidentemente, la medicación es a veces la mejor manera de controlar la ira a corto plazo. Con la ayuda de otras formas de tratamiento como la terapia, un paciente podría no necesitar medicación durante mucho tiempo. Un profesional puede recomendar ciertos medicamentos para uso a largo plazo si tienen pocos o ningún efecto secundario. Por supuesto, toda medicación conlleva un riesgo. Existen posibilidades de adicción u otras adversidades.

Es importante que uno tome toda la medicación según lo prescrito por el médico o profesional. Esté atento a cualquier efecto secundario y comuníquese con su médico/terapeuta. Los médicos pueden realizar seguimientos para esa medicación que tiene algunos riesgos. Monitoree de cerca cualquier cambio adverso. También es importante que uno consulte al terapeuta/médico antes de dejar cualquier medicación para la ira.

Aquellas personas que tienen dudas sobre la medicación pero aún desean sanar los desafíos de la ira pueden buscar ayuda en tratamientos alternativos como aceites esenciales y hierbas junto con terapia. La manzanilla es una de las hierbas que utilizan las personas para calmar sus nervios. Prácticas como el ejercicio diario, la atención plena y la meditación pueden ayudar a un paciente a encontrar calma y equilibrio. Sin embargo, se necesita paciencia y mucha persistencia para lograrlo.

Capítulo 13: Resumen de Técnicas de Manejo de la Ira

Sintiendo ira

Todos nos sentimos enojados en algún momento. Algunas personas pueden manejar la ira bastante rápido, pero otras tienen más dificultades para controlar la irritabilidad. Miramos los desafíos desde diferentes ángulos y así obtenemos diferentes perspectivas y resultados. La ira puede llevar a complicaciones importantes en nuestras vidas y en las de quienes nos rodean.

La ira normalmente nos informa cuando algo puede estar mal. Por ejemplo, podemos sentirnos perdidos cuando algo no está bajo nuestro control. A veces, la ira nos ayuda a evitar sentimientos reales. Si sentimos miedo, la ira nos ayuda a sentirnos lo suficientemente confiados y enérgicos para luchar. Demasiado estrés también podría llevar a la ira. El estrés nos hace sentir nerviosos; por lo tanto, una pequeña cosa puede obligarnos a reaccionar de manera muy drástica.

La ira implica una amplia gama de sentimientos. Puede ser un poco molesto debido a un pequeño accidente, como olvidar comprar leche en la tienda, o una forma de rabia debido a un problema más serio, como ver a alguien que amas lastimarse. Todos reaccionamos dependiendo de cómo interpretamos la situación y del estado de ánimo actual. En algunos casos, uno puede sentirse enojado por una razón que no puede identificar.

La ira será más fuerte para ti si:

- Se muestra de una manera que es más fuerte de lo que esperabas según la situación;

- Ocurre con tanta frecuencia que ya no disfrutas de la vida;

- Se debe a algo que te ocurrió en el pasado, y aún no lo has resuelto;

- Resulta en actos violentos hacia otra persona, propiedad o hacia uno mismo;

- Está interfiriendo con tu capacidad para trabajar;

- Está dañando tus relaciones o haciendo que las personas se alejen de ti; y

- Está afectando tu salud, física, mental y emocional.

Qué hacer

En algunas situaciones, todos se ven obligados a reaccionar con ira. Esta emoción puede ser útil en algunos casos. Por ejemplo, como se vio anteriormente, si la ira te hace dejar una relación abusiva, entonces es algo bueno. Es saludable si la ira te motiva a tomar acción sobre algo o a trabajar hacia tus metas. Sin embargo, si alguien está lidiando con la ira de una manera poco saludable, entonces esto llevará a problemas que pueden afectar muchos sectores de la vida. Afortunadamente, hay algunas cosas que se pueden hacer para manejar la ira.

Estrategias Inmediatas

Las estrategias inmediatas no solucionarán el problema, pero ayudan a poner a una persona nuevamente en control. Cuando uno está en control, está en una posición para encontrar formas productivas de enfrentar el desafío. Las estrategias inmediatas también ayudarán a uno a mantenerse alejado de acciones y palabras de las que se arrepentirá más tarde.

Primero, aléjate de la situación que te está haciendo enojar si es posible. Apartarte de la situación de ira puede ayudarte a relajarte y pensar de manera más clara. Recuerda que la reacción del cuerpo cuando estás en un estado de ira impide considerar todas las cosas. Aléjate.

En segundo lugar, cuenta hasta diez. Esto se aplica más si estás en una situación donde puedes alejarte sin un motivo apropiado, por ejemplo, al hablar con un empleador. La mejor opción es contar hasta diez lentamente; de esta manera, tendrás tiempo para moderar la ira.

En tercer lugar, repite una frase tranquilizadora de tu elección. Puedes usar palabras que te traigan paz, como 'mantén la calma' o paz y amabilidad. También ayudaría si dejas que tu mente divague hacia pensamientos como "¿importará en dos meses?"

Cuarto, toma una respiración profunda y relájate. ¿Recuerdas las técnicas de respiración y relajación de las que hablamos anteriormente? Son útiles en momentos de urgencia. Inhala profundamente hasta el estómago y suelta lentamente; al inhalar aire, piensa en ello como energía positiva. Al exhalar, piensa que estás dejando ir la energía negativa. Las respiraciones profundas te ayudan a calmar tu mente acelerada, reducir la presión arterial e incluso ralentizar el ritmo cardíaco.

Quinto, cambia tu atención. Puede sonar como falta de respeto o arrogancia, pero es mejor que dejar que tu ira se manifieste. Desvía tu enfoque del tema y piensa en algo agradable. Identifica algo que estés esperando con ansias, como un masaje o una rebanada fresca de pastel. Cualquiera que sea lo que te haga feliz, ve por ello.

Estrategias a Corto Plazo

Una vez que las estrategias inmediatas te hayan ayudado a comprender la emoción básica, hay estrategias que puedes utilizar para analizar la situación. Te ayudan a evaluar las emociones que surgieron en la situación. Estas estrategias no tardan mucho, pero cuando se aplican bien, pueden hacer una gran diferencia.

Primero, reconoce la ira. Si sigues negando la ira, no tendrás la oportunidad de enfrentarte a ella. La ira no desaparecerá solo porque la mantengas reprimida. El reconocimiento y la aceptación son los primeros pasos para encontrar ayuda para tu problema.

En segundo lugar, considera si la reacción fue justificada por la situación. La ira es una parte normal, pero se vuelve complicada si la reacción es exagerada para la situación. Considera qué pensarías si vieras a otra persona enojándose por la situación segura en la que te encontrabas. También puedes pedirle a alguien en quien confíes que te ayude a verificar si la ira fue justificada.

En tercer lugar, evalúa tus pensamientos. Principalmente, la ira es provocada por nuestros pensamientos. La forma en que percibes una circunstancia determina la manera en que reaccionarás ante ella. Por lo tanto, es importante que evalúes los pensamientos/sentimientos que tuviste mientras estabas enojado. ¿Eran verdaderos o falsos?

En cuarto lugar, identifica la fuente de la ira. ¿Son las palabras o acciones de la otra persona las que te hicieron sentir enojado? ¿No hicieron algo que debían? Intenta abordar la fuente de manera productiva y pacífica. Las habilidades asertivas pueden ayudarte a resolver el asunto.

Quinto, busca humor en la situación. Puede que hayas olvidado cómo hacer humor de un asunto trivial.

Estrategias a Largo Plazo

Es posible que estés buscando formas de resolver tu problema de ira por completo. Las estrategias de manejo de la ira a largo plazo requerirán más esfuerzo y tiempo, pero te ayudarán a lidiar con tu ira en diferentes situaciones. El objetivo es cambiar las formas en que manejas la ira para que no cause problemas.

Primero, aprende las cosas que desencadenan tu ira. Mientras que algunas personas se enojan debido a otras personas, como sus jefes, cónyuges o amigos, otras se enojan debido a situaciones que no pueden cambiar, como los embotellamientos de tráfico y los aviones perdidos. También hay personas que pierden la calma cuando se sienten emocionales, por ejemplo, cuando se sienten avergonzadas, enojadas o culpables.

En segundo lugar, identifica tus señales de advertencia. Conocer tus signos de advertencia de ira te ayudará a actuar antes de perder completamente los estribos. Necesitas evitar una ira descontrolada; por lo tanto, atrápala lo suficientemente pronto. Algunos de los signos tempranos de ira incluyen la tensión en el pecho, irritabilidad, resentimiento, palpitaciones y la sensación de querer atacar.

En tercer lugar, habla con una persona en la que confíes. Intenta obtener una segunda opinión de alguien que sabes que no se puede sesgar. Ten en cuenta que la ira te informa sobre cosas que necesitan cambiar. Otra persona puede ayudarte a identificar el verdadero problema, identificar soluciones e incluso probarlas.

Cuarto, aprende de otras personas. Si tu ira proviene de una situación que no puedes controlar, como un trabajo, pregunta a otras personas cómo lo manejaron. ¿Cómo lidió tu compañero de trabajo con una situación similar?

En quinto lugar, practica el pensamiento saludable. Recuerda que la ira es provocada principalmente por nuestros pensamientos. Aprende a resolver problemas, piensa positivamente y maneja el estrés. No asumas que cada persona está intentando dificultar tu vida. Piensa críticamente y busca consejo.

En sexto lugar, se ha identificado que las actividades físicas son algunas de las estrategias de manejo útiles para muchos trastornos. Probablemente podrías salir a caminar, limpiar la casa o practicar tu deporte favorito. Esto te ayudará a sentirte menos tenso y a olvidar.

Séptimo, practica la atención plena. Esto implica prácticas como la meditación, que te ayudan a observar tus pensamientos sin juzgarlos. Esta práctica te ayudará a observar tu ira y a acomodarla también sin rechazarla.

Octavo, aprende a ser asertivo. La asertividad es una técnica que ayuda a gestionar la ira. Aprende a comunicarte y actuar de manera asertiva. Recuerda que la asertividad no significa agresividad. La asertividad no es insistente ni exigente. En cambio, implica comunicar tus pensamientos sin menospreciar o despreciar a otras personas. Asegúrate de que tu mensaje sea claro.

Noveno, deja que otros sean. Si tu ira surge debido a otras personas, por ejemplo, tu cónyuge o jefe, recuerda que no puedes controlarlos y no siempre tienen que actuar como tú quieres. Su comportamiento no es tu responsabilidad en gran medida.

Décimo, elige un programa de tratamiento. Hay muchos programas disponibles para su uso ya sea de forma individual o en grupo. Elige uno que se ajuste a tu tiempo y objetivos. Recuerda que aunque los programas diseñados para un individuo son buenos, es mejor si usas la terapia grupal. Te ofrecerá un mejor sistema de apoyo.

Recuerda que la ira puede significar otro problema como la ansiedad o la depresión. Habla con un profesional.

Conclusión

¡Gracias por llegar al final del libro! Esperamos que lo hayas encontrado útil e informativo. Se hizo todo lo posible para asegurarnos de que todos los capítulos pudieran brindarte información valiosa. Usamos intencionalmente un lenguaje simple para asegurarnos de que cada persona que lo lea se sienta empoderada. El libro ha evitado deliberadamente teorías complicadas y se ha centrado en prácticas simples que se pueden utilizar a su conveniencia.

El momento en que entiendes la ira es el momento en que se vuelve más fácil lidiar con ella. El manejo de la ira es esencial en la vida cotidiana. Este libro te ha llevado a través del tema del manejo de la ira. No hay una sola cosa específica que una persona pueda hacer para manejar la ira de la noche a la mañana. Sin embargo, si sigues los pasos correctos, con dedicación y compromiso, obtendrás los resultados que buscas. Combina una serie de opciones de tratamiento si es necesario. Si estás trabajando con un terapeuta, sigue todas las instrucciones que te dé y mantén un canal de comunicación abierto.

El siguiente paso es dejar de leer y comenzar a aplicar las lecciones en la vida real. Haz lo que has identificado como necesario para controlar la ira y asegurar la salud y el bienestar de ti mismo y de las personas a tu alrededor. Descubrirás que muchas personas todavía son ignorantes sobre las maneras adecuadas de manejar la ira. Te darás cuenta de que la mayoría de aquellos que parecen tenerlo todo bajo control simplemente están suprimiendo la ira, y eso les hará daño al final. Con ese fin, intenta involucrarlos y enséñales una cosa o dos que has aprendido aquí. Incluso puedes recomendar o regalarles este libro.

También puede que necesites referirte a este libro en una fecha posterior. Guárdalo y revísalo tan a menudo como quieras. El hecho de que hayas llegado al final del libro no significa que no haya nada más que aprender sobre la ira y su gestión. Lee más y expande tus horizontes. Es la única forma en que lograrás la maestría que buscas. Presta atención a los cambios que rodearán tu vida tan pronto como comiences a gestionar tu ira, más aún de manera asertiva. Utiliza algunos de los consejos aquí para hacer del mundo un lugar mejor.

Construyendo Hábitos Ganadores:

112 Pasos para Mejorar Tu Salud, Riqueza y Relaciones. Crea Auto-Disciplina y Autoconfianza

© Copyright 2025 por Robert Clear - Todos los derechos reservados.

El contenido de este libro no puede ser reproducido, duplicado o transmitido sin el permiso directo por escrito del autor o del editor.

Bajo ninguna circunstancia se podrá responsabilizar o atribuir culpa al editor o al autor por daños, reparaciones o pérdidas económicas debido a la información contenida en este libro. Ya sea de manera directa o indirecta.

Aviso Legal:

Este libro está protegido por derechos de autor. Este libro es solo para uso personal. No puede modificar, distribuir, vender, utilizar, citar o parafrasear ninguna parte, o el contenido dentro de este libro, sin el consentimiento del autor o del editor.

Aviso de exención de responsabilidad:

Por favor, tenga en cuenta que la información contenida en este documento es solo para fines educativos y de entretenimiento. Se ha hecho todo lo posible para presentar información precisa, actualizada, confiable y completa. No se declaran ni implican garantías de ningún tipo. Los lectores reconocen que el autor no está realizando asesoramiento legal, financiero, médico o profesional. El contenido de este libro se ha derivado de varias fuentes. Por favor, consulte a un profesional autorizado antes de intentar cualquier técnica descrita en este libro.

Al leer este documento, el lector acepta que en ninguna circunstancia el autor es responsable de cualquier pérdida, directa o indirecta, que se incurra como resultado del uso de la información contenida en este documento, incluyendo, pero no limitado a, — errores, omisiones o inexactitudes.

Introducción

El éxito, la riqueza, el dominio de la vida y un estilo de vida envidiable no son más que una agregación de nuestros hábitos. No somos más que la suma total de los hábitos, acciones y patrones de comportamiento que nos definen. Todo, desde nuestras relaciones interpersonales hasta nuestro éxito profesional, es un producto de los hábitos que desarrollamos consciente o inconscientemente. Si deseas tener un mayor control sobre tus relaciones, trabajo y vida en general, asume el control de tus hábitos hoy.

Elige a cualquier persona exitosa de tu elección y determina cuál es la única habilidad más grande que la distingue de los demás en su campo. ¿Qué es lo que los hace tan exitosos en su vida personal y profesional? Todo comienza con su capacidad para demostrar autocontrol y disciplina. Saben cómo desarrollar disciplina a través de sus pensamientos, sentimientos, comportamientos y hábitos. Estas personas saben cómo mantenerse bajo control. Theodore Roosevelt dijo famosamente: "Los buenos hábitos formados en la juventud marcan toda la diferencia." Dio en el clavo. No somos más que una suma de nuestros hábitos, que finalmente determina nuestro éxito en la vida.

La disciplina es el puente hacia los logros de tus metas. Las personas exitosas saben exactamente cómo utilizar la autodisciplina para alcanzar sus objetivos. Aprovechan el poder de la disciplina para hacer realidad sus sueños. La base de buenos hábitos establece invariablemente el tono para una vida plena y gratificante.

¿Sabías que el 40 por ciento de nuestro comportamiento está

impulsado por hábitos? Si quieres ser más autodisciplinado, el primer paso es desarrollar hábitos positivos. Has leído sobre los hábitos de las personas exitosas numerosas veces. Ellos son los que se levantan a las 4 am, corren unas millas, meditan y luego tienen un batido fresco para el desayuno antes de comenzar con las tareas del día. Están trabajando fervientemente para establecer su empresa emergente, que planean lanzar pronto. Estas personas no perderán tiempo y se enfocarán únicamente en lograr su objetivo de lanzar su empresa emergente.

Sabes todo esto, sin embargo, te sientas cómodamente en el sofá, navegas por la red sin objetivo durante horas, juegas a juegos virtuales y te devoras tarrinas de helado de la caja. ¿Realmente quieres llevar esta vida día tras día? ¿O quieres vivir una vida donde se cumplan todas tus metas y sueños?

La clave mágica para alcanzar el éxito en tu vida profesional y personal es comenzar a ser más autodisciplinado. Las actividades mencionadas pueden darte placer a corto plazo o gratificación temporal. Sin embargo, si puedes retrasar esta gratificación a corto plazo fijando tus ojos en el panorama general o en tus metas a largo plazo, puedes tener una vida más gratificante a la larga. Perder el tiempo en actividades sin sentido puede parecer emocionante y agradable a corto plazo. A largo plazo, sin embargo, tendrás muchas dificultades para lidiar con metas no cumplidas y una vida llena de decepciones. ¿Es esta la vida que has visualizado para ti?

Comienza de manera gradual pero segura. Hacer varios cambios a la vez puede ser abrumador. Sin embargo, dar pasos pequeños y cambiar lentamente un aspecto a la vez puede prepararte para crear la vida de tus sueños. Si quieres lograr algo que aún no has logrado, tienes que hacer algo que aún no has hecho. La autodisciplina puede ser una gran parte de eso. Si no tienes metas y la disciplina para cumplirlas, estás disparando en la oscuridad.

Prepárate para aprender cómo desarrollar un plan paso a paso para volverte más productivo, disciplinado y orientado a metas en tres semanas.

Capítulo Uno: ¿Qué es la Autodisciplina?

"La felicidad depende de la autodisciplina. Somos los mayores obstáculos para nuestra propia felicidad. Es mucho más fácil luchar contra la sociedad y contra los demás que pelear contra nuestra propia naturaleza." – Dennis Prager

La autodisciplina significa autocontrol, la capacidad de prevenir excesos poco saludables, resistencia, contenerse antes de actuar, completar lo que comenzaste, la capacidad de implementar decisiones y cumplir objetivos a pesar de los desafíos y dificultades. Una de las principales características de la autodisciplina es renunciar a la gratificación inmediata, la alegría o el placer por un mayor beneficio o resultados satisfactorios. La autodisciplina a menudo se asocia con algo desagradable y difícil de alcanzar. Se conoce como algo que requiere un esfuerzo creciente, dolor y sacrificio.

Sin embargo, también puede ser placentero y tiene una multitud de beneficios a su favor. La autodisciplina no es una acción o estilo de vida restrictivo, doloroso o punitivo. No se trata de vivir la vida de un ermitaño, ser rígido o mantener una mentalidad cerrada. Si acaso, la autodisciplina es una articulación de la fuerza interior y una demostración de la fuerza interna.

Combinada con fuerza de voluntad y determinación, la autodisciplina puede ayudar a una persona a luchar contra la pereza, la inacción, la indecisión y la procrastinación. Estas habilidades nos ayudan a actuar de manera correcta a pesar de que la acción sea desagradable y requiera un esfuerzo adicional. Eres capaz de ejercer una mayor moderación, desarrollar más paciencia y volverte más tolerante.

La autodisciplina ayuda a una persona a soportar la presión externa. Un individuo que es autodisciplinado tiene más probabilidades de tomar un mayor control de sus metas y de su vida, concentrarse en sus objetivos y tomar medidas definitivas para lograrlos.

El valor de la autodisciplina se expresa brillantemente a través de la fábula de la liebre y la tortuga que compitieron en una carrera. La liebre estaba segura de que ganaría debido a que era la criatura más rápida. Se volvió complaciente y se permitió el lujo de una siesta mientras la carrera estaba en curso. La tortuga avanzó lentamente pero de manera constante, y con pura fuerza de voluntad, determinación y autodisciplina, logró ganar la carrera.

Capítulo Dos: Formas Poderosas de Comenzar a Apilar Hábitos

"La habilidad de disciplinarte para retrasar la gratificación a corto plazo con el fin de disfrutar de mayores recompensas a largo plazo es el requisito indispensable para el éxito." – Maxwell Maltz

Hábito 1 – Identifica las cosas que son un obstáculo para tu éxito

El primer paso para desarrollar una mayor autodisciplina es identificar hábitos, acciones, adicciones, comportamientos y rutinas que son un obstáculo para tus metas personales o profesionales. Por ejemplo, como atleta, estás compitiendo para calificar para un gran evento deportivo. Esto implica horas de práctica, actividad física rigurosa y una fuerte actitud mental.

¿Cuáles son los hábitos o acciones que pueden ser un obstáculo para este objetivo? No despertarse temprano por la mañana para practicar, no comer alimentos que te den más fuerza y nutrición, y perder el tiempo de práctica jugando juegos en línea. Estos son elementos que pueden dificultar el logro de tu objetivo.

Haz una lista de cosas que deseas eliminar o incorporar en tu vida. Esto ocurrirá solo cuando puedas identificar tus metas y las cualidades o hábitos necesarios para cumplirlas.

Por ejemplo, si tu objetivo es perder peso, habrá una lista de cosas que necesitarás hacer y evitar, como evitar comidas chatarra, reducir los postres, comer en porciones pequeñas, comer a intervalos regulares, reducir la ingesta de calorías y consumir alimentos de alta nutrición para mantenerte activo durante el día.

Hábito 2 – Comienza pequeño

No puedes despertarte una hermosa mañana y transformarte en una persona autodisciplinada. No es una ceremonia en un evento ni una extravagante resolución de año nuevo que garantice cambiarte de la noche a la mañana.

Una persona necesita comenzar a hacer cambios lentos pero definitivos en su vida para ganar una mayor autodisciplina. Por supuesto, puedes hacer una resolución de Año Nuevo, pero no puedes cambiar todo de una vez. No puedes decir: este año voy a cambiar completamente mi vida. No funciona de esa manera. Hacer varios cambios grandes en tu vida de repente puede ser estresante y agotador. Es poco práctico seguir todos a la vez. Eventualmente te cansarás y te rendirás.

Ve despacio pero con firmeza en lo que respecta a volverte más autodisciplinado. Comienza cambiando un aspecto de tu vida. Si crees que hay demasiados cambios que necesitas hacer, aborda un aspecto a la vez. Por ejemplo, comienza a cambiar tus hábitos alimenticios. Cuando tengas un buen control sobre comer comidas saludables a tiempo, concéntrate en actividades físicas. A continuación, concéntrate en dormir y despertar a una hora fija.

De esta manera, no te estás abrumando al cambiar múltiples hábitos al mismo tiempo. Más bien, te estás enfocando en mejorar un solo aspecto de tu vida a la vez, asegurando así mejores resultados en general. Comienza pequeño, pero sigue adelante hasta que hayas alcanzado la meta.

Hábito 3 – Haz una lista

Una parte importante de la autodisciplina es identificar qué se necesita hacer durante el día y luego asegurarse de que se marque en la lista. Es fácil distraerse de lo que necesitas hacer si no tienes claridad al respecto. Es fácil olvidar cosas o perder tiempo en búsquedas sin valor en ausencia de una dirección clara.

Sólo imagina que estás conduciendo un coche sin un mapa. Sabes a dónde ir, pero no tienes instrucciones que te lleven allí. En ausencia de un mapa de ruta claro o GPS, sigues yendo de un lado a otro sin saber cómo alcanzar tus objetivos.

Una lista de tareas es bastante parecida a un mapa de ruta que te ayudará a determinar no solo a dónde te diriges exactamente, sino también cómo llegar allí. Te proporciona una dirección clara y un plan de acción que necesitas seguir para desarrollar una mayor autodisciplina.

Haz el hábito de establecer una lista de prioridades de las cosas importantes que hacer a lo largo del día al final del día anterior o al comienzo del día. Puede ser cualquier cosa, desde escuchar un pódcast inspirador o informativo en tu camino al trabajo hasta trabajar en un esquema para un proyecto que debe ser aprobado por el cliente.

Hacer una lista te ayudará a priorizar tus tareas y a eliminar tareas que consumen energía y tiempo. Te permitirá decir no a tareas que no encajan en tu esquema de cosas. Podrás identificar ladrones de tiempo y drena de energía.

La mejor manera de hacer las cosas temprano es obtener la ventaja temprana. Comienza tu día temprano y aspira a completar el 60 por ciento de tus tareas antes del mediodía. Esto solo ocurrirá cuando planifiques tu nuevo día al final del día anterior. Cuando todo está listo el día anterior, comienzas a trabajar en el nuevo día con una mente fresca y entusiasmo.

Hábito 4 – Utiliza la tecnología para priorizar tus tareas y facilitar la vida

Deshazte de los juegos virtuales improductivos y descarga aplicaciones como coach.me o ZenZone. Estas son aplicaciones de fitness cerebral y seguimiento de hábitos que te permiten formar nuevos hábitos y seguirles la pista.

También me gusta poner un temporizador para todas las tareas inútiles y no productivas, como jugar juegos, ver películas en NetFlix o pasar tiempo en redes sociales. Instala una aplicación que registre el tiempo que pasas en Facebook o Twitter sin hacer nada con un propósito. Luego, trabaja conscientemente para reducir este tiempo gradualmente.

Si deseas ponerte en forma, perder peso o llevar un estilo de vida más saludable en general, utiliza una aplicación de seguimiento de fitness o de seguimiento del sueño para ayudarte a rastrear la cantidad de actividad física que le das a tu cuerpo o si obtienes tu parte de sueño ininterrumpido durante 8 horas.

Hábito 5 – Visualiza las recompensas a largo plazo

Si tu porqué está claro, el cómo nunca será un problema. Si sabes que quieres tener éxito profesionalmente para darles a tus hijos y a tu familia una gran vida, inevitablemente encontraras el cómo. La probabilidad de ceder a la tentación se reduce cuando mantienes tus ojos firmemente enfocados en las recompensas a largo plazo.

En lugar de pensar en la gratificación instantánea, sigue visualizando objetivos a largo plazo. ¿Qué quieres lograr en el próximo año, en cinco años o en diez años? ¿Quieres llevar a tus hijos de vacaciones al extranjero? ¿Quieres comprar la casa de tus sueños? ¿Quieres tener un coche más grande? ¿Quieres expandir tu negocio? Visualizar objetivos a largo plazo mantiene tu mente y cuerpo disciplinados y alineados con la meta.

Se incrusta firmemente tus metas en la mente subconsciente. Una vez que una meta se siembra en el flujo del subconsciente, nuestra mente subconsciente invariablemente dirige nuestras acciones para cumplir esa meta.

Visualízate cumpliendo tus metas y nota cómo te sientes al lograrlas. Entiende que las metas a largo plazo, las recompensas y la felicidad requieren que renuncies a la gratificación a corto plazo. Vive mentalmente la sensación de cosechar las ricas recompensas de la autodisciplina diaria.

Uno de mis consejos favoritos para mantener tus ojos fijados en un objetivo a largo plazo es crear un tablero de visión. Un tablero de visión o sueño es un gran tablero que comprende un collage de imágenes, fotografías, citas o casi cualquier cosa que represente tu vida soñada o todo lo que deseas lograr en tu vida.

Dado que las imágenes son varias veces más poderosas que las palabras a la hora de enviar un mensaje claro a tu subconsciente, seguirán reforzando el objetivo en tu subconsciente. Esto significa que tus pensamientos, palabras y acciones tenderán a estar en mayor alineación con tus objetivos que están firmemente arraigados en tu mente subconsciente.

Por ejemplo, si tu objetivo es ser un influencer en redes sociales con un millón de seguidores/aficionados, tu mente subconsciente te guiará a hacer cosas que te consigan más aficionados, como publicar contenido interesante en tu página, interactuar con los aficionados actuales, buscar colaboraciones gratificantes con otras páginas e influencers de redes sociales, y leer libros/páginas que te acerquen un paso más a tu objetivo. Tenderás a evitar tareas que te alejen de tu objetivo porque estás siendo expuesto a él constantemente.

También puedes tener una visión o declaración de misión para ti mismo, así como las empresas la tienen. Te dará una dirección clara de hacia dónde deseas ir y te hará trabajar hacia tus objetivos con aún más disciplina y entusiasmo.

Hábito 6 - Crea un tablero de visión

Utiliza un gran cartón o tablero de corcho en el que puedas montar un collage de imágenes de diferentes usos. Usa recortes de revistas, impresiones de imágenes de la red y otras fuentes. Encuentra imágenes con las que puedas conectarte instantáneamente. Estas no deberían ser solo visuales aleatorios, sino visuales que representen tus deseos más profundos.

Es posible que desees seguir cambiando estos visuales, así que utiliza una superficie donde sea fácil quitar y añadir nuevas imágenes. Todos hicimos álbumes de recortes cuando éramos niños, donde las imágenes podían pegarse en forma de collage. Piensa en esto como un álbum de recortes de gran tamaño.

¿Quieres que el tablero de visión refleje un solo tema o múltiples temas? Por ejemplo, ¿quieres que un solo tablero de visión refleje un objetivo de una casa de ensueño o un destino de vacaciones de ensueño (agregas múltiples imágenes de cómo quieres que se vea tu casa de ensueño o tus vacaciones de ensueño en tableros de visión separados) o quieres que una casa de ensueño, un coche y un trabajo se reflejen en un solo tablero de visión? Los álbumes de recortes pueden ser buenos si es lo último, porque tiene múltiples temas.

Sé claro sobre exactamente lo que quieres y no sobrecargues tu tablero con demasiadas imágenes a la vez. Mantenlo significativo, relevante y selectivo. Concéntrate en no más de 3-4 metas a la vez. Mirar visuales de tus metas debería ayudarte a experimentar cómo se siente lograr esas metas. Deberías sentirte emocionado, feliz, motivado y en paz cuando mires estas imágenes. Piénsalas como pistas que hablan de los deseos más profundos de tu corazón.

A algunas personas les gusta añadir sus imágenes para darle un toque más personal. Por ejemplo, ¿qué tal imágenes de ti en una casa que acabas de ver, o un coche que has probado recientemente, o quizás tú junto a una pieza de mobiliario elegante que ha estado en tu lista de deseos durante mucho tiempo? Puede ser una imagen antigua de ti mismo cuando pesabas unos kilos menos si deseas deshacerte de esos kilos de más y ponerte en forma.

Uno de los aspectos más importantes de un tablero de visión es que debe colocarse en una posición muy prominente, donde puedas verlo varias veces a lo largo del día. La idea es seguir incrustando estas imágenes en tu subconsciente durante todo el día. ¿Qué tal una pared directamente frente a tu cama, donde puedas verlo al despertar cada mañana? Cuanto más te expongas a estas imágenes, más estás conduciendo o condicionando tu mente para lograrlas.

Dedica unos minutos cada día a reflexionar sobre estos objetivos. Cierra los ojos (una buena práctica es hacerlo al inicio o al final de cada día) y pasa tiempo pensando en cómo sería alcanzar estos objetivos. Experimenta cómo se siente cuando obtienes lo que deseas. ¿Cómo te sientes? ¿Cuáles son las emociones que atraviesas? ¿Cómo cambia tu vida? Imagina cómo estarás haciendo las cosas de manera diferente o qué dirás o cuáles serán tus acciones cuando logres tu objetivo. ¡Internaliza la sensación de haber logrado lo que realmente quieres en la vida! Esto hará que la fijación de tus objetivos sea más interesante y poderosa.

Hábito 7 - Meditar

Una de las mejores maneras de controlar tu mente y cuerpo mientras desarrollas una mayor autodisciplina es practicar la meditación a diario. No tienes que hacer un ritual completo, con varitas de incienso, velas y campanillas sonando en el fondo. Medita siempre que estés cómodo y en cualquier lugar.

La idea es ser más consciente y intencionado con tus pensamientos y acciones. Es poder dirigir tu mente y pensamientos de una manera disciplinada. La idea es barrer las telarañas de pensamientos negativos que periódicamente se apoderan de nuestra mente.

La investigación ha demostrado que nuestro éxito está directamente influenciado por nuestra determinación y motivación internas. Una práctica de meditación regular y constante puede maximizar drásticamente tu fuerza de voluntad, resolución y autocontrol.

Todos anhelamos la gratificación inmediata en algún momento sin preocuparnos por las ramificaciones o consecuencias de ello. Es como anhelar un "arreglo." En la euforia de la gratificación inmediata, los objetivos a largo plazo se vuelven borrosos. Hay poco culpabilidad o arrepentimiento cuando piensas en las recompensas instantáneas. Por ejemplo, un grupo de amigos te sugiere unirte a ellos para un viaje largo de fin de semana cuando tienes una reunión importante el lunes. La tentación de ir a unas vacaciones relajantes en lugar de a una aburrida reunión en el trabajo puede ser alta.

Quiero decir que preferirías estar sentado en una cabaña en la montaña festejando con tus amigos que sentado frente a un jefe aburrido y compañeros de trabajo. Sin embargo, ¿saltarte el trabajo está contribuyendo a tu objetivo de un ascenso, obtener un salario más alto o mudarte a una mejor organización? Una vez que hayas alcanzado tu objetivo, es posible que te sumerjas en la culpa y el arrepentimiento habituales de haber perdido un día importante en el trabajo. ¿Te hace sentir bien sobre las vacaciones que acabas de disfrutar?

La meditación te evita tomar decisiones impulsivas, del momento y destructivas. ¿Qué tal consumir una bolsa de papas fritas cuando estás a dieta? ¿O fumar cuando has decidido eliminar el consumo de nicotina para siempre? Es menos probable que tomes estas decisiones "por el momento" y pienses en las repercusiones a largo plazo de cada decisión.

Los científicos de la Universidad de Duke estudiaron los cerebros de

37 personas que estaban dieta mientras se les mostraban imágenes de varios alimentos tentadores. La investigación reveló que la sección del córtex prefrontal dorsolateral del cerebro se activa poderosamente en las personas que poseen un alto nivel de determinación o fuerza de voluntad. Esta misma área del cerebro también se estimula durante la meditación.

La meditación libera las hormonas de bienestar del cerebro, lo cual es excelente para combatir los antojos momentáneos. Hay químicos específicos como las endorfinas y la dopamina en nuestro cerebro que se liberan cuando obtenemos nuestras "soluciones instantáneas." Estos son los químicos que combaten el estrés y que tienen como objetivo luchar contra el estrés.

Cuando meditas, activas estos químicos y combates el estrés sin buscar gratificación o placer instantáneo. La meditación libera estos químicos de una manera más saludable y natural, limitando así tus impulsos o antojos. Esto, invariablemente, termina aumentando aún más tu fuerza de voluntad y determinación.

Aquí hay algunos pasos simples pero efectivos para practicar la meditación.

Elige un entorno calmado, cómodo y relajante que esté libre de distracciones mientras meditas. Un entorno tranquilo te ayudará a concentrarte mejor y a evitar distracciones externas. Puedes meditar de 5 minutos a una hora, dependiendo del tiempo disponible. Incluso si encuentras un rincón tranquilo en la oficina por 5-10 minutos, hazlo. Incluso un armario o un banco en el parque pueden ser perfectos. Pon tu teléfono en silencio, mantén alejados todos los dispositivos y aíslate de otros ruidos.

Siéntate en una posición cómoda en una silla o en el suelo. Usa almohadas si necesitas apoyo. La idea es mantener una postura relajada y cómoda. Intenta mantener un tiempo fijo mientras meditas cada día. Esto hará que se convierta en parte de tu rutina.

Despeja tu mente de todos los pensamientos. Intenta no pensar en nada más y prepara tu mente solo para concentrarte en la respiración.

Cierra los ojos. Comienza concentrándote en tu respiración. Toma respiraciones profundas y lentas contando despacio. Deja que el aire pase a través de tu nariz, pulmones y estómago. Presta mucha atención a cada parte del cuerpo a medida que se llena de aire fresco. De igual manera, presta mucha atención al aire que sale de tu cuerpo al exhalar. Concéntrate en el acto de inhalar y exhalar mientras eliminas todos los demás pensamientos.

Si encuentras que tu mente o pensamientos divagan, dirige suavemente tu atención de vuelta a la respiración. No va a ser fácil entrenar tu mente/pensamientos para que sean más controlados o disciplinados. Sin embargo, con práctica, sabrás cómo dirigir tus pensamientos de vuelta a la respiración. Si encuentras que tu mente está dominada por un pensamiento compulsivo, dale una breve atención y déjalo pasar. Dirige la atención de la mente de vuelta a la respiración suavemente. Puedes poner un temporizador para saber cuándo termina la sesión de meditación.

También puedes usar imágenes mentales para guiarte. Piensa en visuales como una flor en tu abdomen. Visualiza cómo se despliegan los pétalos y se pliegan cada vez que inhalas y exhalas. Esto entrenará tu mente para enfocarse claramente en la respiración y las imágenes mentales.

A algunas personas les gusta repetir un mantra o afirmación poderosa mientras meditan. Puede ser un sonido, frase, oración o palabra que resuene con tus metas o con lo que realmente estás buscando en la vida, o algo que tenga una profunda relevancia en tu vida. Repite en silencio la afirmación o mantra varias veces hasta que tu mente subconsciente lo internalice.

Nuevamente, no te preocupes por la mente errante. Permite que tu mente divague y luego vuelve a enfocar tu atención en el mantra o la afirmación.

Algunas personas prefieren concentrarse en un objeto tangible mientras meditan. Puede ser cualquier cosa, desde una estatua de Buda hasta una flor o la llama parpadeante de una vela. Mantén el objeto sobre el que estás meditando a la altura de los ojos para que no tengas que esforzarte demasiado para verlo. Mira el objeto hasta que consuma por completo tu visión.

La visualización también es una técnica de meditación bien conocida. Se trata de crear un espacio sereno en la mente. Puedes imaginar un lugar que te brinde inmensa alegría o felicidad. Puede ser real o imaginario. Piensa en un exuberante prado verde o en una playa idílica y deja que se convierta en tu santuario mental. Siente la fresca brisa soplando contra tu cabello y tu rostro. Piensa en los diferentes elementos que hacen que el lugar sea hermoso. ¿Cómo se ve el lugar? ¿Cómo se siente? ¿Cuáles son las vistas y sonidos que experimentas a tu alrededor?

Hábito 8 - Realiza un escaneo corporal de meditación

Enfócate en cada parte del cuerpo de manera individual. Relaja conscientemente cada músculo y libera la tensión o rigidez dentro de esa parte. Comienza con los dedos de los pies y avanza hacia arriba desde los pies, pantorrillas, piernas, rodillas, muslos, caderas, abdomen, pulmones, espalda, hombros, manos, palmas, dedos, cuello, oídos y cabeza. Tómate el tiempo que desees con cada parte del cuerpo. Experimenta y disfruta la sensación de enfocarte en cada parte del cuerpo.

Capítulo Tres: Estrategias Probadas y Comprobadas para Construir y Mantener Hábitos Poderosos

Si deseas cultivar un hábito, hazlo sin ninguna reserva, hasta que esté firmemente establecido. Hasta que esté tan confirmado, hasta que se convierta en parte de tu carácter, no debe haber excepciones, ni relajación en el esfuerzo." – Mahavira

¿Sabes cómo Benjamin Franklin superó sus hábitos negativos y los sustituyó por hábitos más positivos? Hizo una lista de 13 virtudes que eran fundamentales para su vida personal y profesional. El líder de fama mundial luego se enfocó en una sola virtud durante una semana a través de una fase de 13 semanas. Al final de cada semana, conquistaba el hábito negativo y luego pasaba a superar el hábito siguiente.

Los buenos hábitos son la base de la autodisciplina. Cuando desarrollas hábitos buenos, positivos y constructivos, es fácil llevar una vida controlada y disciplinada que signifique éxito.

¿No sería increíble si nuestra vida funcionara en piloto automático? ¿Qué tal correr, comer saludablemente, terminar proyectos a tiempo y más en piloto automático? Desafortunadamente, así no es como funciona. Tú eres prácticamente el que controla lo que haces. Sin embargo, se vuelve más fácil cuando programas tus acciones como hábitos constructivos y positivos. Con un poco de disciplina inicial, puedes desarrollar hábitos sólidos y duraderos que pueden transformar tu vida personal y profesional. El verdadero desafío no es desarrollar hábitos positivos, sino apegarlos a lo largo del tiempo.

Aquí hay algunos de los hacks más efectivos para crear y mantener hábitos positivos.

Hábito 9 - Comienza pequeño y date 30 días

De nuevo, no puedes empezar a hacer cambios grandes en tu vida de repente. Los hábitos necesitan tiempo para construirse y desarrollarse. Por mucho que estés descontento con tu presente, no puedes transformarlo en un día. Muchas personas están entusiasmadas por hacer demasiados cambios repentinos en su vida, solo para abrumarse y rendirse. Por ejemplo, si has hecho de tu misión dedicar 2 horas de tu día a estudiar, no empieces con dos horas de inmediato.

Comienza despacio y ve aumentando gradualmente. Puedes empezar estudiando durante 30 minutos cada día y aumentar lentamente tu tiempo de estudio. En lugar de hacer 100 flexiones al día, comienza con 10. Los hábitos tienen más probabilidades de tener éxito cuando comienzas pequeño y lo amplías gradualmente.

Nota y disfruta de los pequeños beneficios de hacer estos cambios en tu vida. Por ejemplo, si has decidido llevar una vida más saludable o activa o perder peso, nota cómo te sientes después de unos minutos de ejercicio durante los primeros días. ¿Notaste algún cambio en el nivel de energía después de comenzar una rutina de ejercicios o una nueva dieta? Visualízate obteniendo calificaciones más altas y el trabajo de tus sueños después de cambiar tus hábitos de estudio.

Según la investigación, se necesitan aproximadamente cuatro semanas para que un hábito se vuelva automático. Si una persona puede mantener el ciclo inicial de condicionamiento mental, el hábito se volverá casi involuntario y mucho más fácil de sostener.

Un mes es un tiempo bastante razonable para comprometerse a un hábito positivo. Al igual que Benjamin Franklin, dedica un mes para desarrollar y mantener un nuevo hábito.

La consistencia es integral para el éxito de desarrollar y mantener nuevos hábitos. Si has decidido correr un par de kilómetros cada mañana, levántate y hazlo todos los días durante los primeros treinta días sin ninguna interrupción. Si decides ir solo algunos días de la semana, el hábito será más difícil de mantener. Los hábitos que se practican en intervalos son más difíciles de consolidar.

Haz algo continuamente y sin descanso, si quieres convertirlo en un hábito. Cuanto más consistente y regular seas al seguir un hábito, más fácil y sin esfuerzo se vuelve mantenerlo.

Hábito 10 - Swish

Swish es una técnica de Programación Neurolingüística que tiene que ver con entrenar tu mente a través de la visualización negativa. En la técnica swish, una persona se visualiza realizando el hábito negativo. Luego, imagina eliminar el mal hábito y reemplazarlo con una alternativa más positiva.

Supongamos que quieres dejar de fumar. Visualízate levantando físicamente un cigarrillo y colocándolo de nuevo. Luego, imagina/visualiza que estás respirando aire fresco o escapando del cigarrillo. Repite esto varias veces hasta que experimentes involuntariamente el patrón antes de realmente dejar el hábito negativo.

Haz que este consejo lleno de energía sea aún más impactante combinándolo con un modelo a seguir. Pasa tiempo con una persona o personas cuyos hábitos quieras modelar en tus propios hábitos. Investigaciones recientes han descubierto que las personas que tenían amigos obesos tenían más probabilidades de volverse obesas. Así, realmente te conviertes en lo que eliges dedicar tu tiempo y energía.

Reestructura tu entorno de una manera que te facilite dejar el mal hábito o formar nuevos hábitos positivos. Por ejemplo, si deseas dejar el alcohol, evita tomar una ruta que tenga demasiados bares en el camino. Toma una ruta diferente del trabajo a casa. De manera similar, elimina la comida chatarra de la casa si deseas llevar una vida más saludable y en forma. Si te encuentras pasando demasiado tiempo en Netflix, cancela tu suscripción. Deshazte de los cigarrillos y el alcohol si deseas dejar la adicción. Además, deja de moverte en círculos sociales que refuercen los hábitos que deseas abandonar.

Por ejemplo, si planeas dejar de beber, lo mejor es dejar de moverte o socializar con personas que beben. Esto eliminará tu lucha por la fuerza de voluntad. Más bien, encuentra un compañero que te mantenga optimista y motivado para mantener tu hábito.

De manera similar, si estás dispuesto a ir al gimnasio cada mañana antes de ir al trabajo, prepara tu equipo de gimnasio la noche anterior. Ten tu bolsa de gimnasio completamente lista y situada en la entrada de la habitación. Cuando te levantes por la mañana, lo primero que verás al salir de la habitación es la bolsa. Esto te recordará tu objetivo o hábito de visitar el gimnasio cada mañana. Estas son pistas del entorno que ayudarán a crear el ambiente adecuado para que persigas tus hábitos y objetivos positivos.

Hábito 11 – Recompénsate de maneras saludables

La razón por la que muchas personas desarrollan hábitos negativos o malos es porque les proporciona una buena sensación. Si quitas esta gratificación o buena sensación de una vez, será un desafío mantener el buen hábito. Más bien, hazte el hábito de recompensarte de vez en cuando cuando logres resistir la tentación. Por ejemplo, si logras evitar comer postres durante la semana, recompénsate con un pequeño pastel o cupcake el domingo.

De manera similar, date un capricho con tu café favorito durante el fin de semana si logras mantenerte alejado del alcohol durante toda la semana. Buscamos una experiencia que nos haga sentir bien porque nos hace sentir menos estresados. Sin embargo, después de la experiencia placentera, desarrollamos un sentimiento de culpa o arrepentimiento. Para evitar caer en el antiguo patrón de malos hábitos, date un premio ocasional. Asegúrate de que tus recompensas sean saludables y equilibradas.

Cómprate un libro nuevo, recompénsate con un vestido nuevo, ve un concierto que has querido ver por mucho tiempo, compra nuevo equipo de ejercicio y más. ¡Incluso algo tan simple como una taza de tu latte favorito o tomarte un tiempo para visitar una galería de arte pueden ser recompensas increíbles! Trabaja duro para ganar estas recompensas y disfrútalas sin culpa.

Una de las mejores maneras de renunciar a hábitos poco saludables es contar con el apoyo de familiares y amigos. Siempre informa a las personas en las que confías sobre lo que te esfuerzas por lograr. Ellos mostrarán más comprensión cuando rechaces la bebida o no los acompañes al pub después del trabajo o omitas el postre. De hecho, te motivarán y apoyarán para resistir la tentación de recaer en el viejo patrón. Te ayudarán a mantenerte alejado de las tentaciones, serán tus animadores e incluso te brindarán el apoyo moral tan necesario cuando te sientas decaído. Todos podríamos beneficiarnos de algunos animadores que nos apoyen en la consecución de nuestros objetivos.

Una cosa que funciona de maravilla para algunas personas es hacerse responsable ante un grupo de personas de confianza. Por ejemplo, puedes dar a estas personas dentro de tu círculo cercano algo de dinero y pedirles que no te lo devuelvan hasta que hayas implementado el buen hábito, o resistido la tentación de ceder al mal hábito un número específico de veces. Por ejemplo, si intentas llevar una vida más saludable y dejar la comida chatarra, pídele a un amigo que te devuelva tu dinero solo después de que hayas evitado la comida chatarra y comido saludablemente durante una semana. De esta manera, te haces responsable ante alguien mientras desarrollas hábitos positivos.

Hábito 12 - Predecir problemas potenciales y tener un plan listo para superarlos

Cuando buscas desarrollar hábitos positivos o abandonar hábitos destructivos, habrá algunos obstáculos o desafíos en el camino. Planifica tus pasos de acción con anticipación para combatir estos desafíos potenciales.

Toma, por ejemplo, que decidiste ir al gimnasio antes de ir al trabajo despertándote a las 6 cada mañana. Puede haber varios desafíos para esto, incluyendo aplazar la alarma cuando suena a las 6 am. Ahora, ya eres consciente de estos desafíos potenciales porque sabes que no eres una persona que se levanta temprano o que puede haber intentado sin éxito despertarse a las 6 am cada mañana anteriormente.

Sin embargo, ahora que sabes que el enfoque anterior no ha funcionado, intenta pensar en una nueva estrategia donde no te estés preparando para otra decepción. Intenta pensar en diferentes maneras, donde se necesite más esfuerzo para apagar el despertador. Esto te dificultará volver a dormir. ¿Qué te parece colocar el despertador un poco más lejos de la cama para que te veas obligado a despertarte y caminar cierta distancia para apagarlo?

De esta manera, es mucho menos probable que vuelvas a la cama, ya que te ha costado esfuerzo caminar y ahora ya estás completamente despierto.

Aprende a replantear los errores si tu intento inicial no tiene éxito. No te rindas si tu primer intento fracasa. Inténtalo de nuevo. Trata de convertir estos errores en oportunidades sólidas. Por lo que sabes, intentar unas cuantas veces más puede ayudarte a desarrollar un hábito positivo o a abandonar un hábito negativo. Los investigadores descubrieron que nuestro cerebro tiene dos posibles respuestas a un error: resolver el problema o desconectarse de él.

Cuando prestas atención conscientemente al error, puedes idear formas novedosas de combatirlo y corregirlo en el futuro. Desconectarte del error neurológicamente puede sentirse bien en el momento presente. Sin embargo, no te ayuda en circunstancias futuras. Observa de cerca dónde careces o los errores que cometes para que puedas abordarlo mejor en el futuro.

Los hábitos son bucles continuos en los que trabajamos a un nivel más automatizado. Ten un plan claro de si-entonces para romper el bucle vicioso de un mal hábito y reemplazarlo con hábitos más positivos. Conozco personas que hacen diagramas de flujo para guiarlos cuando surgen desafíos potenciales o incluso cuando logran resistir el hábito con éxito (tiempo de recompensa).

Hábito 13 - Usa un diálogo interno positivo

Los malos hábitos se hicieron un lugar en tu vida por alguna razón. Podría ser por baja autoestima, estrés, falta de orientación, sensación de placer o simple aburrimiento. Podrías estar mordiendo tus uñas por estrés o bebiendo en exceso debido al puro aburrimiento. Sin embargo, no hay nada que no puedas entrenar tu mente para hacer cuando te entregas a un diálogo interno positivo, alentador e inspirador. Los hábitos malos o negativos pueden ser sustituidos por hábitos positivos cuando eres honesto contigo mismo y serio acerca de realizar cambios positivos en tu vida a través de la autodisciplina.

Puede haber mucha autocrítica negativa durante la fase de superar malos hábitos. A veces, puede que no tengas éxito en resistir un impulso y te juzgues severamente por no poder controlar el hábito. Muéstrate amor y compasión. No sigas recordándote lo mal que lo haces al ceder a la autocrítica negativa.

Intenta hacer el hábito de usar "pero" en tus oraciones cada vez que sientas la tentación de sucumbir al diálogo interno negativo. Independientemente de lo que digas, siempre añade un "pero" a tu declaración para transformarla en un diálogo interno más constructivo. Por ejemplo, "No estoy en una forma perfecta ahora pero podría estarlo muy bien en los próximos meses si sigo mi dieta" o "Soy un fracaso trabajando en este proyecto pero estoy aprendiendo cosas nuevas y puedo mejorar cada día si paso menos tiempo jugando videojuegos o viendo televisión."

Cada vez que te saltas un entrenamiento, comes comida poco saludable o duermes horas extra, no te conviertes en una mala persona. No es una razón para volver al antiguo patrón. Muchas personas cometen errores un par de veces y piensan que no pueden renunciar a un mal hábito. Eso no es cierto. No estás siendo un mal humano; simplemente estás siendo humano.

En lugar de golpearte duro por todos los errores, planifica posibles desafíos con anticipación y sigue animándote a través de un diálogo interno positivo. Los mejores performers no son aquellos que nunca se desvían. ¡Simplemente vuelven a encaminarse más rápido que los demás!

Mantén tu autoconversación enfocada en el presente en lugar de llenarla con la ansiedad del futuro. Cuando te sientas atrapado en un hábito o situación, piensa en cómo puedes cambiarlo en el presente, y deja que tu autoconversación gire en torno a ello.

Capítulo Cuatro: Ganando el Juego de la Gestión del Tiempo

"Time is the most valuable coin in your life. You and you alone will determine how that coin will be spent. Be careful that you do not let other people spend it for you." – Carl Sandburg.

¿Te has preguntado por qué, mientras todos tienen 24 horas en un día, algunas personas logran hacer tanto en un día y otras apenas logran completar sus tareas? Todo se trata de gestionar el tiempo y maximizar la productividad. Con las técnicas, estrategias e ideas ingeniosas adecuadas, puedes aprovechar al máximo el día. Cuando alguien dice que no tiene tiempo para hacer múltiples cosas, puede simplemente significar que no tiene la capacidad de planificar su tiempo muy bien. Gestionar bien tu tiempo te hace más eficiente, productivo, libre de estrés y con un propósito o orientado a objetivos.

Aquí están algunos de mis mejores consejos para administrar bien tu tiempo y maximizar la productividad.

Día 14 – Prioriza las tareas

El coautor de First Things First, Stephen Covey, ha propuesto un excelente truco para priorizar tus tareas en cuatro categorías basadas en dos parámetros: importante y urgente.

Mira cuidadosamente cómo pasas el tiempo a lo largo del día.

¿Cuáles son las actividades típicas que consumen tu tiempo? Categoriza cada tarea en tu lista de tareas en una de las cuatro clasificaciones. Las tareas que son importantes y urgentes deben ser abordadas primero, ya que tienen un límite de tiempo además de ser importantes. No pospongas estas tareas para después y termínalas de inmediato. Puede ser un proyecto importante y con límite de tiempo que debes entregar en un par de días o una cita con el médico por un asunto importante de salud.

Las siguientes dos categorías son importantes pero no urgentes y urgentes pero no importantes. En la primera categoría, puede que tengas tiempo, pero sigue siendo importante y debe completarse. Por ejemplo, puede que tengas que enviar una propuesta preliminar a un cliente potencial que realmente no tiene prisa por recibirla. Puede que no haya una fecha límite, pero son una gran empresa/cliente, así que sigue siendo importante.

Dedícale tu tiempo porque es importante. Lo último "urgente pero no importante" puede ser tareas limitadas por el tiempo que en realidad no valen la pena. Puede que no tengan mucho valor al completarlas. Por ejemplo, alguien puede decirte que se está retrasando con una fecha límite y que si podrías ayudarle con un proyecto. Puede parecer urgente pero tiene poco valor o importancia para ti. Si no es importante para ti, es mejor que te enfoques en cosas que son urgentes e importantes o al menos importantes para ti. Estas tareas pueden ser delegadas a otras personas.

Toma, por ejemplo, que estás manejando un gran cliente y otro cliente pequeño que no tiene mucho presupuesto y apenas está comenzando y necesita tus servicios a tiempo. Ya estás ocupado con un cliente grande y, aunque cada cliente importa, el pequeño no va a aportar mucho valor a tu negocio u organización. Así que, aunque el trabajo del cliente es urgente, no es tan importante para ti como, digamos, un cliente más grande. Puedes delegar la comunicación con el cliente más pequeño a un subordinado, lo que puede ayudarte a concentrarte en el cliente más grande y importante que está aportando un mayor valor a la organización.

De manera similar, algunas pequeñas tareas administrativas pueden ser urgentes, pero no son importantes desde tu perspectiva o la de la empresa. Estas pueden ser externalizadas o delegadas para hacer tiempo para tareas más urgentes e importantes. Así es como priorizas y gestionas el tiempo.

De manera similar, la última categoría es aquellas tareas que no son ni importantes ni urgentes. Se espera que se ubiquen en la parte inferior de la lista, ya que no están limitadas por el tiempo ni tienen mucho valor. Todas tus actividades improductivas, como navegar por la red sin rumbo, pasar tiempo en redes sociales, jugar juegos virtuales, ver televisión durante horas y otras actividades infructuosas, caen bajo esta lista. No te dejes llevar por cosas de baja prioridad que te dan la idea de estar ocupado. Déjalas para después de haber completado las tareas en las otras tres categorías.

Comienza cada día enumerando al menos tres o cuatro tareas que sean importantes y urgentes, las cuales necesitan ser abordadas de inmediato. Máchalas de tu lista una vez que las completes. Esto te brindará una sensación de logro y te mantendrá enfocado en tus metas.

Día 15 – Domina el arte de decir un firme no

Eres el único jefe de tu día y actividades. Tienes control total sobre lo que quieres y no quieres hacer, lo que significa que tienes todo el derecho a rechazar actividades que no se ajusten a tu objetivo o que tengan baja prioridad para ti. Conozco a muchas personas cuyo horario se descontrola completamente simplemente porque no son capaces de decir un no asertivo a las personas, debido al miedo de parecer groseras o inconsideradas.

Bueno, milagrosamente, están bien siendo groseros e injustos consigo mismos. Si eres uno de estos, ¡comienza a decir que no hoy!

Esto no significa que no ayudes a las personas o que no tomes tiempo para los demás. Simplemente significa no dejar que las personas se aprovechen de ti para encerrarte en sus tareas cuando tienes tareas de alta prioridad que terminar. Cualquier cosa que no te haga productivo puede no valer el tiempo y el esfuerzo.

No seas una persona que busca complacer a todos todo el tiempo. Sé rápido y firme. No te tomes demasiado tiempo al responder a solicitudes que no deseas cumplir o que no tienes tiempo para cumplir. Si estás indeciso y necesitas más tiempo, reconoce su solicitud y pide más tiempo para responderles. Además, cuando digas que no, asegúrate de darles una razón clara.

Deja que la otra persona entienda por qué respondiste de una manera particular en lugar de simplemente leer una respuesta concisa y asertiva. "Por qué" hará que sea más fácil para ellos digerir el hecho de que simplemente no estás dispuesto a la tarea actualmente. Además, sé más directo, no te andes con rodeos y luego finalmente dar una excusa débil en el último minuto. Cuando sabes que no puedes hacer algo, sé claro y asertivo desde el principio. Esto ayudará a la otra persona a buscar alternativas en lugar de depender de ti.

Mantén tu respuesta simple y al grano, mientras ofreces una razón clara para decir que no. Sé directo, claro y firme. Utiliza frases como: "Gracias por acercarte a mí para ayudar con este proyecto, pero me temo que no es el mejor momento para asumir más trabajo." Mantén tu postura (lenguaje corporal) asertiva y fuerte. No parezcas culpable ni te disculpes en exceso.

Así como alguien piensa que tiene derecho a pedirte un favor, también es tu derecho negarte. Entiende que has rechazado la solicitud de la persona y no a la persona. Esto te ayudará a ser más sincero y justo contigo mismo.

Haz tiempo para las cosas que son importantes o que te importan en lugar de un sí impulsivo. Conoce las consecuencias de cumplir con una solicitud cuidadosamente antes de aceptar cumplir con la solicitud. Por ejemplo, si aceptas ayudar a un amigo a mudarse durante el fin de semana, tendrás que cancelar un viaje de fin de semana con otros amigos.

¿Estás preparado para renunciar a ayudar a un amigo a mudarse? ¿Puede él o ella encontrar a alguien más para que no tengas que sacrificar un viaje ya planeado? ¿Está el amigo dispuesto a esperar otra semana para que puedas hacer ambas cosas, ayudarle a mudarse y disfrutar del viaje? Conoce las consecuencias de tu decisión y piensa en todas las opciones posibles si realmente quieres ayudar.

Si no quieres ayudar, un simple y asertivo "Lo siento, me habría encantado ayudarte a mudarte, pero ya tengo un viaje planeado para este fin de semana" debería ser suficiente. No debes sentir la necesidad de explicarte demasiado después de tomar una decisión.

Cuidado con las tácticas que la gente utiliza para inducirte un sentido de culpa. Todas estas son tácticas de persuasión. A veces, rechazarás una gran solicitud y la gente puede hacer una más pequeña con la esperanza de que la aceptes por culpa de haber rechazado la primera. Di un no firme y claro también para la segunda solicitud si no estás dispuesto a aceptarla. No te convierte en una mala persona.

Las personas intentarán compararte con otros solo para que aceptes su solicitud. Simplemente di que eres tu propia persona y lo que otra persona haga no tiene ninguna importancia para ti. No estás obligado a decir "sí" porque alguien más lo haya hecho.

Ofrece un cumplido y expresa gratitud si no quieres que tu "no" se perciba como insensible. Por ejemplo, si un amigo te pide que cuides a los niños mientras están en una fiesta, di algo como: "Realmente me conmueve que confíes en mí para cuidar de Suzie. Significa mucho para mí que confíes en mí para cuidar de tu hija porque sé que ella es todo para ti. Sin embargo, estoy trabajando en un proyecto importante y no podré cuidar de los niños esta noche. No sería justo para mi trabajo y para Suzie si intento manejar ambas cosas." Ahí, acabas de decir no de la manera más dulce posible.

Hábito 16 - La técnica Pomodoro

Esta es una técnica de gestión del tiempo que muchas personas exitosas de todo el mundo recomiendan. Es una estrategia simple pero sorprendentemente efectiva para administrar bien tu tiempo.

La técnica fue desarrollada por primera vez por Francesco Cirillo en los años 80. Usando esta técnica, configuras un temporizador para una tarea preestablecida de 25 minutos. Una vez que los 25 minutos han pasado, marcas la tarea como completada. Esta es la finalización de un solo ciclo de pomodoro.

Cirillo usó un temporizador de cocina en forma de tomate como su temporizador y el nombre se quedó. Pomodoro es italiano para tomate.

Si tienes menos de cuatro marcas de verificación en la lista, te otorgas un pequeño descanso de 5 minutos. Sin embargo, si completas con éxito cuatro ciclos de pomodoro de 25 minutos cada uno, te recompensas con un descanso más largo de 15-30 minutos.

Después de completar cada cuatro pomodoros, tomas un descanso largo (15-30 minutos). Después de completar cada pomodoro, puedes tomar un mini descanso de 3-5 minutos antes de volver al siguiente ciclo o pomodoro. Si completas la tarea en mano antes de los 25 minutos, el tiempo restante debe ser utilizado para aprender o adquirir conocimiento sobre cómo realizar la tarea específica de manera aún más efectiva.

El objetivo de la técnica es minimizar las distracciones internas y externas mientras se completa una tarea. Se trata de abrir paso a un mayor enfoque, esfuerzo y fluidez. Inviertes toda tu energía en una sola tarea durante 25 minutos seguidos, asegurando así pocas distracciones y resultados óptimos. Haciendo matemáticas simples, completas cuatro pomodoros o 100 minutos de trabajo con 15 minutos de tiempo de descanso entre los pomodoros. Después de esto, tomas un descanso de 15 a 30 minutos. Cualquier interrupción durante un pomodoro en curso se retrasa hasta que termina el pomodoro de 25 minutos.

Por ejemplo, si recibes una llamada, simplemente le dices a la persona que te comunicarás con ella en la próxima media hora.

¿Cómo pueden ayudar los descansos frecuentes?

Las pausas frecuentes ayudan a mantener la mente enfocada, refrescarse y pensar con claridad. Según la página oficial de Pomodoro, la técnica es altamente efectiva y los resultados se pueden ver casi de inmediato (en uno o dos días). Usa la técnica durante una a tres semanas de forma consecutiva y la dominarás.

La técnica funciona porque te concentras de manera unilateral en completar una tarea a la vez en lugar de hacer varias cosas a la vez. Cuando un reloj está sonando frenéticamente en tu escritorio y tienes que completar una tarea en los próximos 25 minutos, pasarás por alto todas las demás cosas innecesarias, como revisar correos electrónicos o tu feed de redes sociales. Puede ser un cambio radical en la productividad personal si entiendes su potencial.

No solo dejarás de trabajar mientras haces varias otras cosas sin sentido al mismo tiempo, sino que también desarrollarás un sentido de urgencia y enfoque.

Muchos de nosotros tenemos esta molesta tendencia a dedicar más tiempo a una tarea del necesario en un intento de lograr una sobreperfección.

La técnica Pomodoro te ayudará a dividir tu tiempo para completar múltiples tareas sin necesidad de gastar más tiempo del requerido en una sola tarea y, posteriormente, retrasar todas las demás.

También desarrollarás una mayor autodisciplina, niveles más altos de concentración y más fuerza de voluntad. ¿Puedes imaginar la cantidad de estrés que se reduce cuando te concentras solo en una tarea a la vez?

Hábito 17 – Superar distracciones

Uno de los aspectos más importantes de la autodisciplina es eliminar o resistir las distracciones cuando tienes tareas importantes que completar o te beneficiarías más invirtiendo tu tiempo en actividades productivas. Registra las interrupciones, particularmente aquellas que provienen de las redes sociales y aplicaciones de mensajería. Estos son los asesinos de tiempo insidiosos y adictivos.

Se requiere una enorme reserva de fuerza de voluntad para cerrar la puerta a estas distracciones aparentemente interesantes y cautivadoras. En lugar de estar siempre en varias cosas simultáneamente, haz tiempo para estas "cosas interesantes" durante un descanso.

Cada vez que evites una distracción con éxito, recompénsate con un descanso cuando puedas hacer todas las actividades diversas que no forman parte de tu trabajo, como revisar las fotos de vacaciones de tu amigo en Instagram o ponerte al día con un amigo en el mensajero instantáneo para hacer planes para el fin de semana.

Mantén tu entorno libre de distracciones mientras trabajas o completas tareas importantes. Por ejemplo, elimina todos los dispositivos de tu sala de trabajo o escritorio. En su lugar, mantén solo carteles motivacionales, libros y documentos relacionados con el trabajo en la sala o el escritorio.

Hábito 18 – Realiza auditorías de tiempo

Me gusta hacer una auditoría del tiempo, tan hilarante como suena. Me permite medir y hacer un seguimiento de dónde paso la mayor parte de mi tiempo. Esto, a su vez, me ayuda a identificar actividades innecesarias y reducir el tiempo dedicado a estas actividades.

Realiza una auditoría de siete días para saber exactamente en qué estás gastando tu tiempo. Usa una aplicación para smartphones o registra físicamente la cantidad de tiempo que se dedica a cada tarea. Incluso si juegas un juego durante minutos entre el trabajo, regístralo. Hablamos de los cuatro cuadrantes anteriormente (basado en urgente e importante). Pon un conteo contra el cuadrante al que pertenece una tarea. Al final de la semana, cuenta todo y calcula en qué cuadrante pasaste más tiempo. ¡Los resultados pueden ser aterradores! Sabes que es hora de actuar si el conteo de las tareas 'no urgentes y no importantes' es alto.

Hábito 19 – Sé un ave temprana

Hablé de esto brevemente en un capítulo anterior, pero créeme, si me pidieras mi consejo favorito sobre la gestión del tiempo, sería comenzar tan temprano como puedas. Te dará una ventaja como ninguna otra. Mark Twain dijo una vez: "Si tu trabajo es comer una rana, es mejor hacerlo a primera hora de la mañana. Y si tu trabajo es comer dos ranas, es mejor comer la rana más grande primero." Esto resume todo sobre la gestión del tiempo, en realidad.

Si te sientes abrumado por la perspectiva de tener que hacer mucho en un solo día, comienza temprano. Ten todo lo que necesitas para realizar la tarea listo el día anterior para que no pierdas tiempo tratando de resolverlo en el último minuto.

Por ejemplo, si estás preparando un informe importante basado en hechos y cifras que has recopilado durante un período de tiempo, asegúrate de que todos los documentos estén ordenadamente organizados en una sola carpeta para hacer la información más accesible para ti. Si tienes toda tu investigación lista, puedes comenzar a preparar el informe de inmediato al día siguiente en lugar de perder tiempo tratando de encontrar documentos de investigación dispersos por todas partes.

De manera similar, si tienes una reunión importante programada para el día siguiente, ten tu ropa y accesorios listos para la noche anterior. De este modo, no perderás tiempo ni te estresarás (cuando ya estás estresado por la reunión) sobre qué ponerte. Pasarás ese tiempo y energía enfocándote en lo que debes decir durante la reunión o en cómo representarte mejor a ti mismo o a tu empresa.

Si tienes más de una tarea para realizar durante el día y todas son importantes, elige la tarea más difícil primero. La idea es completar la tarea más desafiante o difícil antes del mediodía. Una vez que completes una tarea aparentemente grande o desafiante, sentirás un fuerte sentido de logro. Esto te motivará a afrontar las otras tareas con una mentalidad más positiva.

Cuando sabes que tienes muchas tareas que completar a lo largo del día o que tendrás un día largo por delante, evita quedarte despierto hasta tarde. Ve a la cama temprano, disfruta de un sueño ininterrumpido de 7-8 horas y despiértate temprano para comenzar a trabajar con una mente fresca. Ver Netflix hasta la medianoche y despertarte con los ojos de sueño no contribuirá a tus metas. Si acaso, traerá más ingresos a Netflix, pero tus metas personales/profesionales del día pueden quedar sin cumplir o cumplirse de manera ineficaz.

Una de las cosas más ineficaces que puedes hacer es sumergirte en un día de trabajo sin tener absolutamente ninguna idea de lo que necesitas hacer. Imagina pasar una hora tratando de pensar o planificar lo que se debe hacer a lo largo del día, cuando podrías haber utilizado ese tiempo para comenzar las actividades del día y terminar temprano.

Ahora, terminarás tarde, lo que significa que no tendrás el tiempo ni la energía para planificar las tareas del día siguiente. Sin darte cuenta, estás atrapado en un círculo vicioso. Seguirás saltando de una tarea a otra y perdiendo tiempo valioso. Ser autodisciplinado significa planificar tu día con anticipación para aumentar la productividad.

Tómate unos minutos para despejar tu escritorio un día antes y haz una lista de las cosas que necesitan ser abordadas al día siguiente. Se le conoce como la técnica de descompresión. Te sentirás mucho más fresco y rejuvenecido cuando llegues a un escritorio más limpio a la mañana siguiente. Llega un poco antes y empieza a reunir tu material de trabajo. Esta puede ser literalmente la parte del día que determina cuán productivo serás durante todo el día.

Hábito 20 – Adhiérete a la regla 80-20

Esta es otra maravillosa técnica de gestión del tiempo, productividad y autodisciplina conocida como el Principio de Pareto. La regla se basa en el hecho de que el 80 por ciento de nuestros resultados proviene del 20 por ciento de nuestro esfuerzo, y el 20 por ciento restante de nuestros resultados se origina del 80 por ciento de nuestros esfuerzos. Esta regla también es aplicable en ventas y negocios, donde el 80 por ciento de las ventas de un negocio provienen del 20 por ciento de sus clientes.

Identifique cuáles son estas tareas del 20 por ciento que están contribuyendo al 80 por ciento de sus resultados. Aumente estas tareas. Por ejemplo, puede notar que capacitar a su fuerza laboral y delegarles tareas está ocupando el 20 por ciento de su tiempo pero generando el 80 por ciento de los resultados. Puede querer aumentar esto ya que claramente le está ayudando a aprovechar su tiempo. De manera similar, identifique el 80 por ciento de esas tareas ineficaces que solo están contribuyendo al 20 por ciento de los resultados y reduzca su número.

Hábito 21 – Reserva un tiempo separado para enviar y responder correos electrónicos

Una de las cosas que consume mucho tiempo es responder correos electrónicos a lo largo del día, a menos que hayas contratado a alguien para que responda específicamente a los correos. También es una gran distracción tener correos que llegan constantemente durante el día cuando intentas concentrarte en completar una tarea importante.

La mejor manera de abordar la amenaza del correo electrónico es reservar un tiempo separado para revisar y responder correos electrónicos en lugar de hacerlo a lo largo del día, y en el proceso, interrumpir el flujo o el impulso de tu tarea. Si algo requiere atención inmediata, es más probable que una persona te llame o te envíe un mensaje de texto. Es más difícil volver a la tarea una vez que has sido interrumpido. A menos que estés esperando un correo electrónico realmente importante, apaga tu correo electrónico y reserva un tiempo al final del día para responder a todos los correos.

Hábito 22 – Eliminando la procrastinación

Piensa en un tablero de dardos como las actividades de todo el día. Si has acertado en el centro del tablero, has dado en el blanco. Sin embargo, si estás merodeando alrededor del blanco, no estás dedicando tu tiempo a actividades constructivas y solo estás retrasando tareas importantes. La procrastinación es el virus insidioso que envenena tu productividad y reduce tu apetito por cumplir con tareas que contribuyen positivamente a tus objetivos. El número uno enemigo de la productividad, la gestión del tiempo y la autodisciplina es la procrastinación.

Aquí hay algunos consejos prácticos y altamente efectivos para superar la procrastinación.

Evita exagerar las tareas más de lo que son. A menudo llevamos engañosamente una tarea fuera de proporción al decirnos que nuestra carrera, vida o negocio entero depende de esta única cosa. Cuando crees que tu vida depende de esta única tarea, te estás poniendo una presión excesiva sobre ti mismo. Esto te hace caer en una mentalidad de excusas donde buscas una razón para retrasar la acción. Te presionas y te abrumas hasta llegar a la inacción.

Deja de decirte a ti mismo que solo porque no puedes hacer una tarea perfectamente, no deberías hacerlo en absoluto o posponerlo hasta un momento en el que puedas hacerlo perfectamente. Esto no es más que una excusa envuelta en el papel brillante de la perfección. La acción imperfecta a menudo es mejor que ninguna acción. Comenzar es mejor que ser perfecto. Adquirirás la perfección en el camino una vez que comiences. No esperes no actuar y desarrollar la perfección automáticamente.

Cambia tu percepción sobre elegir hacer algo en lugar de tener que hacerlo. La procrastinación ocurre cuando crees que debes o que te sientes obligado a hacer algo. Por el contrario, "elegir hacer" es algo que disfrutas hacer. Por ejemplo, cuando tu cónyuge te molesta para arreglar un problema de plomería, procrastinas porque crees que "tienes que" hacer algo porque tu cónyuge quiere que lo hagas.

Esto te hace cerrarte a la idea de completar la tarea y eliges pasar tiempo viendo películas y jugando en lugar de arreglar el problema de fontanería. Sin embargo, cuando cambias la perspectiva y lo ves como algo que eliges para mantener tu casa en orden y a tu cónyuge feliz, es más probable que lo hagas. Un pequeño cambio en nuestra perspectiva puede eliminar la procrastinación. No tienes que arreglar el problema de fontanería, eliges arreglar el problema de fontanería.

Un consejo que funciona de maravilla para mí cuando se trata de vencer la procrastinación es desglosar una tarea grande en partes más pequeñas. Cuando la tarea que quieres abordar es bastante grande, es más fácil sentirse intimidado por la perspectiva de terminarla.

Una investigación realizada por científicos del comportamiento encontró que cuando los niños veían televisión y no entendían lo que estaban mirando, apartaban la mirada de la televisión. De manera similar, cuando no entendemos por dónde empezar y qué hacer, tendemos a buscar distracciones. En lugar de sentirnos abrumados y no saber por dónde empezar, desglosa la tarea en partes pequeñas y enfréntalas una a la vez.

De manera similar, divide una tarea en plazos más pequeños para que no te cueste completarla un día antes de la fecha límite. Por ejemplo, si tienes que entregar un informe de 12 páginas en las próximas 3 semanas, no establezcas un plazo de 21 días. En su lugar, establece un plazo de 7 días para cada 4 páginas. Terminas 4 días a la semana y comienzas con las siguientes 4 a lo largo de la próxima semana. Descompón un gran proyecto en subtareas y establece una fecha límite clara para cada subtarea. Esto asegura que trabajes en un proyecto de manera constante durante el período de 3 semanas en lugar de dejar las cosas para el final.

Dividir las tareas en plazos fraccionados significa que no estás desvelándote durante 48 horas para completar el informe un par de días antes de la fecha de entrega. Te estás dando suficiente tiempo para escribir el informe bien y entregarlo a tiempo.

Haz una tarea interesante si simplemente la estás posponiendo porque es aburrida. No comenzarás si encuentras algo poco inspirador y aburrido, lo que retrasará la tarea hasta que sea demasiado tarde. Por ejemplo, si estás posponiendo una visita a un supermercado porque lo ves como una tarea aburrida, busca maneras de hacerlo más desafiante. Hazlo un juego donde encuentres todos los artículos en tu lista dentro de 30 minutos con un presupuesto preasignado. Si logras comprar todo dentro del tiempo y presupuesto dados, has ganado.

Date un gusto con una taza de café en tu cafetería favorita o cómprate un helado. Otro consejo sorprendente que funciona de maravilla es la penalización. Así como te recompensas cada vez que logras completar una tarea a tiempo o resistes la tentación de ceder a un mal hábito, te impones una penalización si no completas una tarea según los plazos preestablecidos.

Por ejemplo, digamos que decides escribir un capítulo de tu novela cada día. Cuando no logras escribir un capítulo, pones $15 en un fondo. Al final del mes, dona ese dinero a una fundación en la que no crees o que no te gusta. ¿Qué te parece esta penalización retorcida? Te odiarás por regalar dinero precioso a una fundación cuyas ideas no compartes, lo que te motivará a cumplir tu objetivo cada día.

Aunque a simple vista, programar tiempo para jugar puede parecer contraintuitivo, es uno de los mejores trucos para vencer la procrastinación. Cuando te das suficiente tiempo para relajarte, jugar y participar en actividades de ocio, estás reduciendo el impulso de distraerte mientras completas una tarea importante.

Por ejemplo, si sabes que saldrás a jugar al golf con tus amigos después de las 4 p.m., es más probable que estés más motivado para completar una tarea que si simplemente estás pasando por un día lleno de monotonía. Date algo que esperar para que estés suficientemente motivado para completar una tarea sin distracciones. Puede ser cualquier cosa, desde una película que planeas ver más tarde en la noche hasta una comida en tu restaurante favorito. La idea es hacer que la perspectiva de terminar tu trabajo sea interesante para que no lo retrases.

Hábito 23 – Selecciona tu propia canción de procrastinación

Elige una canción de tu elección que te haga sentir energizado, inspirado y listo para salir y conquistar el mundo. Reprodúcela cada vez que tengas que enfrentar una tarea que has estado procrastinando. El cerebro tiene un desencadenante para crear nuevos hábitos. Cada vez que reproduces la canción y haces cosas, tu cerebro asocia la canción con "hacer." Tienes más probabilidades de cumplir cuando te sientes maravilloso en tu cuerpo y mente.

Hábito 24 – Evita esperar hasta que estés de humor

Cuando se trata de hacer las cosas, seguimos diciéndonos que no estamos de humor. Le sucede a los mejores de nosotros. Esperamos hasta sentir que estamos en el "humor" para hacer algo. No necesitas estar de humor para tomar acción. Por ejemplo, si quieres ser autor, debes establecer un horario y una meta para escribir cada día, independientemente de si estás de humor o no. Eliges un momento para sentarte y escribir un número designado de páginas cada día. ¡Así es como funciona cuando tienes que hacer las cosas!

No puedes estar motivado e inspirado todo el tiempo, incluso si estás en una profesión creativa. A veces, simplemente tienes que salir y hacer el trabajo, te sientas de ánimo o no. Tienes que hacer acciones consistentes en dirección a tus metas, sin importar si tienes ganas de hacer algo o no.

Hábit 25 – Establecer recordatorios periódicos

Establezca alarmas en su teléfono u otros dispositivos o cree recordatorios visuales de las tareas que deben completarse. Establezca un recordatorio para la fecha límite final. Sin embargo, también establezca recordatorios para las fechas límite intermedias para mantenerse en el camino a lo largo del proceso.

Por ejemplo, digamos que tienes un proyecto que debe entregarse en las próximas 3 semanas. Es posible que desees establecer recordatorios no solo al final de los 21 días, sino también el día 7, 10, 15 y 17. Esto asegura que no andes como un pájaro sin cabeza el día final de tu plazo para completar la tarea. Se te recuerda la tarea a lo largo del proceso, lo que es más probable que te mantenga en el horario.

Hábito 26 – Siestas energéticas

Las siestas cortas funcionan maravillosamente bien para mí. Cuando has estado trabajando durante mucho tiempo y tu cuerpo siente que se está apagando, no luches ni resistas. En su lugar, escúchalo y disfruta de una breve siesta revitalizante. Incluso una siesta de 7 a

15 minutos es suficiente para recargar tus sentidos y rejuvenecer tu espíritu. El cerebro obtiene el descanso tan necesario y estás listo para comenzar otra tarea.

No siempre es posible alejarse del trabajo o incluir incluso un pequeño ejercicio de despejar la mente. En tal escenario, lo mejor es tomar un descanso de agua en el baño o estirarse/meditar durante un par de minutos. ¡Todo lo que tu cerebro necesita son un par de minutos!

Capítulo Cinco: Dominando Hábitos Positivos

Los humanos son criaturas de hábito. Si te rindes cuando las cosas se ponen difíciles, se vuelve mucho más fácil rendirse la próxima vez. Por otro lado, si te obligas a seguir adelante, la determinación comienza a crecer en ti. " – Travis Bradberry

En el corazón de casi todas las personas exitosas está su capacidad para ser autodisciplinadas, independientemente de si se trata de su vida personal o profesional. Comienza con una habilidad intrínseca para ejercer autocontrol y disciplina en todo lo que hacen. Todo, desde sus pensamientos hasta emociones, acciones y hábitos, está impulsado por un fuerte sentido de autodisciplina.

Si deseas lograr grandes metas, la autodisciplina es, de hecho, el ingrediente principal en la receta de tu éxito. Es integral al proceso de alcanzar tu meta y llevar una vida más plena.

Aristóteles una vez comentó famosamente: "Los buenos hábitos formados en la juventud pueden hacer toda la diferencia." Formar estos hábitos no es posible si no tenemos la capacidad de disciplinar nuestros pensamientos y acciones. El 40 por ciento de nuestro comportamiento está impulsado por hábitos, lo que significa que son parte integral del proceso de lograr nuestras metas y llevar una vida más disciplinada. Cuando un comportamiento se repite constantemente, se convierte en un proceso subconsciente y permite que la mente se concentre en otras tareas.

Aquí hay algunos de los hábitos más positivos que, si se practican de manera constante, pueden transformar tu vida por completo.

Hábito 27 - Practicar la gratitud

Mucho de nuestro tiempo se pasa queriendo o deseando cosas, lo cual no es tan malo porque nos impulsa a alcanzar nuestro potencial. Sin embargo, practicar la gratitud nos hace contar nuestras bendiciones y nos ayuda a darnos cuenta de que somos afortunados de tener los dones que disfrutamos, eliminando así lo negativo, como la avaricia y los deseos excesivos. Desarrolla este simple hábito hoy y nota el cambio en tu vida durante los próximos días.

La gratitud tiene muchos beneficios positivos. No solo mejora nuestra salud mental y emocional, sino que también cambia la perspectiva de un estado de "falta de cosas" a un estado de "abundancia."

Piensa en vivir en un estado de escasez. ¿Cómo se siente cuando crees que te falta algo en lugar de creer que tienes algo en abundancia? Es prácticamente imposible concentrarse en ser autodisciplinado y lograr tus metas cuando operas desde un punto de vista de "escasez". Estamos tan consumidos por lo que nos falta que vivimos eternamente en un estado de miedo e inseguridad. Nuestras energías mentales están enfocadas en lo que nos falta en lugar de en lo que podemos tener y en lo que podemos lograr además.

Adquiere el hábito de expresar gratitud por tus bendiciones hoy. Al final de cada día, haz una lista de diez cosas que sucedieron durante el día por las que estás agradecido o diez regalos que te han sido otorgados de los cuales realmente estás agradecido. Piensa en un conjunto diferente de regalos cada día.

Te sorprenderá la cantidad de bendiciones que tienes. Pueden ser desde los ojos que te permiten ver el maravilloso mundo que te rodea hasta las piernas que te ayudan a correr el maratón, la educación que te ayuda a crear informes sobresalientes en el trabajo hasta el techo sobre tu cabeza. Expresa gratitud hacia las personas y las cosas que posees. Incluso si crees que no tienes nada por lo que estar agradecido, piensa y busca con determinación. Siempre encontrarás bendiciones por las que estar agradecido. Incluso la pluma y el papel que tienes en la mano mientras haces tu lista son una bendición.

El hábito de la gratitud te somete a un menor estrés, te ayuda a ser más positivo y transforma tus pensamientos. Te vuelves aún más motivado y decidido a alcanzar tus metas cuando eres consciente de las bendiciones en tu vida.

Hábito 28 - Practica el perdón

Imagina pasar una gran parte de tu día consumido por sentimientos de ira, odio, venganza, culpa y otras emociones negativas que te impiden concentrarte en actividades o tareas más productivas. El odio consume mucha más energía en comparación con el perdón y el amor. Cuando aprendemos a dejar ir las cosas, no le haces un favor a la otra persona.

De hecho, nos hacemos un gran favor al desviar la energía llena de odio hacia actividades más productivas. No te concentres demasiado en cómo alguien te hizo daño o actuó injustamente contigo. Más bien, concentra tus pensamientos y energías en lograr tus metas.

Si alguien te hiere, simplemente aprende a perdonar. No significa que has olvidado lo que te han hecho. Simplemente significa que has elegido liberar la energía negativa de tu cuerpo, mente y espíritu. Aunque el perdón no se relaciona inmediatamente con la autodisciplina a simple vista, si indagas más profundo te sorprenderá notar cuánto de tu tiempo, energía y pensamientos son consumidos por pensamientos vengativos.

Ponga todo por escrito para hacer que el proceso de perdón sea aún más efectivo. Piense en todos los que le han hecho daño o no le han tratado bien. Anote la razón por la que ha decidido perdonarlos en lugar de guardar rencor. Intente ser más empático poniéndose en su lugar.

Intenta entender por qué hicieron lo que hicieron. ¿Cómo actuarías en una situación similar? Uno de los mejores enfoques que siempre me funciona es intentar encontrar algo de humor en la situación. Además, trata de aprender una lección importante y eventualmente dejarlo ir.

Te sorprenderá la cantidad de energía positiva que creas en tu vida cuando eres capaz de avanzar más allá del odio, el dolor y la animosidad. El tiempo que pasabas preocupándote y estresándote por los acontecimientos negativos en tu vida ahora se utilizará para acercarte a tus objetivos o la vida de tus sueños. Deja de pensar en lo que no querías y, en su lugar, enfócate en la vida que deseas crear adelante.

Hábito 29 - Comer Saludable

Lo que no nos damos cuenta es que los seres humanos gastan una gran parte de su energía en procesar así como en digerir los alimentos que consumen. Cuando comemos alimentos que son altos en carbohidratos o grasas, el cuerpo necesita mucha energía para procesar y digerir alimentos que tienen poco valor para el cuerpo.

Por otro lado, las frutas y verduras crudas nos ofrecen un impulso de energía. Son más fáciles de digerir y no consumen mucha energía en el proceso de digestión. Esto nos deja con más energía, por lo que nos sentimos más activos y concentrados. Es difícil tener autodisciplina cuando no tenemos la energía para centrarnos en una tarea. Si estás demasiado somnoliento después de comer comidas pesadas, grasosas y ricas en carbohidratos, se vuelve un desafío concentrarse. Aleja esta sensación de pesadez incluyendo más alimentos crudos, frescos y no procesados en tu dieta.

Resiste la tentación de consumir alimentos enlatados, procesados, azucarados artificialmente y comida chatarra alta en almidón. En su lugar, opta por alimentos integrales que son ricos en nutrientes y ofrecen al cuerpo la energía adecuada para mantenerse enfocado y disciplinado. Intenta comer en porciones pequeñas y ejercita la moderación o el equilibrio.

Créalo o no, la comida que comemos impacta la composición neurológica de nuestro cerebro. Tiene un impacto considerable en la conexión física y mental de nuestro cuerpo. Opta por granos enteros, alimentos crudos, nueces enteras y alimentos orgánicos, y disminuye la cantidad de comida chatarra en tu dieta. La próxima vez que te sientas tentado a picar una bolsa de papas fritas, intenta reemplazarla con rodajas de vegetales frescos sumergidas en hummus u otra salsa deliciosa recién hecha.

Hábito 30 - Desarrollar patrones de sueño saludables

El sueño es una parte fundamental de la autodisciplina. Está directamente relacionado con nuestra capacidad para enfocarnos y concentrarnos en las tareas en mano. Nota cómo cuando no duermes lo suficiente (no, no se trata de despertarse del lado equivocado de la cama), impacta negativamente tu estado de ánimo, concentración, juicio, toma de decisiones, eficiencia, productividad y mucho más. Se vuelve aún más grave con investigaciones que sugieren que las personas privadas de sueño tienen un mayor riesgo de desarrollar enfermedades graves y un sistema inmunológico debilitado.

Es importante dormir al menos 7-8 horas cada día. Evita ver televisión o pasar tiempo en dispositivos móviles un par de horas antes de ir a la cama para disfrutar de un sueño más relajado. Deja de consumir cafeína al menos 5-6 horas antes de ir a la cama para evitar interrumpir el flujo natural de tu ciclo de sueño. Si deseas dormir mejor, evita el consumo de alcohol, nicotina y comida chatarra.

Hábito 31 – Organiza tu espacio, pensamientos y vida

Organizar tu espacio, pensamientos y vida es integral para el proceso de desarrollar una mayor autodisciplina.

Empieza con tu espacio personal y de trabajo. En lugar de tener documentos esparcidos, usa archivos etiquetados para almacenarlos. De esta manera, cuando necesites una hoja de papel importante, no perderás tiempo buscándola por todas partes.

Mantiene tu escritorio acogedor, positivo, organizado y con un aspecto limpio. Un espacio de trabajo limpio refleja una mente organizada y despejada que es capaz de generar ideas frescas.

Regala cosas que no necesitas o aquellas que ya no sirven en tu vida para hacer espacio para cosas nuevas. Donálas a una ONG u organización para los desfavorecidos. A menudo, las cosas viejas están ligadas a dolorosos recuerdos del pasado (especialmente pertenencias que nos recuerdan relaciones pasadas) que nos impiden avanzar. Nos detienen los sentimientos de culpa, vergüenza y arrepentimiento, que nos impiden enfocarnos en lo nuevo.

Si todo tu espacio de oficina o tu oficina en casa está desordenado, intenta abordar un cajón a la vez porque organizar todo de una vez puede ser abrumador. Dedica un pequeño espacio a la vez durante los próximos siete días. Incluso cuando se trata de deshacerse del desorden u organizar tu hogar, aborda una habitación o una sección de una habitación a la vez en lugar de intentar ser sobrehumano organizando toda la casa en un día. Si has organizado o limpiado tu hogar durante días, no será posible de repente tenerlo en orden, limpio y funcionando en unas pocas horas, a menos que tengas ayuda.

Asegúrate de que cuando levantes o uses algo, lo devuelvas a su lugar original, por mucho que te tiente dejarlo por ahí. De esta manera sabrás dónde buscarlo cuando lo necesites y ahorrarás tiempo precioso.

Invariablemente desarrollarás tu músculo de autodisciplina cuando tus pensamientos, el espacio a tu alrededor y tu vida estén más organizados.

Hábito 32 – Diario

Llevar un diario o escribir tus objetivos (usando un diario para la superación personal) es una de las mejores maneras de obtener una mayor autodisciplina. Escribir tus objetivos no solo te compromete físicamente con esos objetivos, sino que también dirige tu mente subconsciente a lograr esos objetivos, desarrollar nuevos hábitos o llevar una vida más disciplinada. Llevar un diario tiene múltiples beneficios, incluidos el aumento de la creatividad, el impulso de la autodisciplina y la mejora de tu salud en general.

Cuando escribes tus objetivos, les das forma o los traes a la vida. Le das a los objetivos mentales una especie de forma tangible, lo que te hace aún más responsable de cumplirlos. Mantén tus objetivos SMART. Deben ser específicos, medibles, alcanzables, realistas y con plazos determinados. Esto facilitará el seguimiento del progreso de tus objetivos.

Nuestra mente subconsciente es una herramienta muy potente. Cuando escribes sobre algo que deseas lograr, la mente subconsciente no puede diferenciar entre el presente y el futuro o entre el hecho de que tienes o deseas algo. Cree que ya lo tienes y, posteriormente, dirige tus acciones en línea con ese objetivo.

Por ejemplo, si deseas más dinero y prosperidad en tu vida y sigues escribiendo sobre tu objetivo, la mente subconsciente cree que es tuyo y alineará invariablemente tus acciones para atraer aún más dinero y prosperidad.

El subconsciente no es capaz de diferenciar entre lo real y lo imaginado. Para él, todo es real. Por lo tanto, la mente subconsciente dirige tus acciones en línea con el objetivo, creyendo que es real. Así, canaliza tus acciones en la dirección de obtener recompensas financieras aún mayores y una prosperidad general.

Aquí hay algunos consejos para hacer que el proceso de escribir en un diario sea aún más efectivo.

Comienza por donde te encuentras actualmente en tu vida. ¿Dónde estás en este momento en tu vida? Describe tu situación general en el trabajo, la vida y las relaciones. ¿Realmente estás donde te visualizaste de niño o adolescente?

Luego, pasa a los objetivos que deseas alcanzar. ¿Dónde te gustaría verte al final del año o en los próximos cinco años? ¿Cuáles son los objetivos que deseas lograr al final de la semana, del mes y del año?

Escribe en un flujo de conciencia sin editar tu escritura. Reserva la gramática, la ortografía, la estructura de las oraciones y las habilidades lingüísticas impecables para tu informe de trabajo. Los sentimientos, las emociones y los pensamientos no deben ser editados. Escribe sin censurar tus pensamientos. Silencia al editor interno porque estás escribiendo solo para ti.

Inicia un diálogo con tu yo interior escribiendo con la mano no dominante. ¿Cuáles son los desafíos que experimentas?

Luego, comienza a incluir una lista de gratitud al final de cada día. Haz una lista de las cosas por las que estás agradecido a diario. Sigue actualizando la lista cada día encontrando cosas nuevas por las que estar agradecido. Gradualmente notarás que las cosas por las que estás agradecido aumentarán. Cuanto más agradecido estés, más cosas tendrás por las que estar agradecido en el futuro.

Tu diario es un relato personal que te define por completo. Incluye todo, desde tiras cómicas, pegatinas, citas motivacionales, fotografías personales, cuentos cortos, imágenes de internet y casi cualquier cosa que te conecte con tus metas o la vida de tus sueños.

Lleva un registro de todos tus éxitos y logros. Puede ser algo tan simple como que alguien te elogie por tu caligrafía. Sigue anotando los cumplidos, recompensas y logros que obtengas durante la semana, por pequeños que te parezcan. A medida que te vuelvas más consciente y cultives la lista, notarás que poco a poco se transforma en un éxito mayor.

Estás condicionando tu mente para actuar en conjunto con tus metas de una manera más consciente y con propósito.

Me gusta escribir sobre cosas que me preocupan o me inquietan en un estilo más objetivo, en tercera persona. Esto te permitirá distanciarte del evento o situación y verlo con una perspectiva más fresca. A veces, estamos tan involucrados en las circunstancias que nos afectan que no podemos verlo desde una perspectiva diferente. La autodisciplina también se trata de conectar con tu yo superior para cumplir tus objetivos.

Abandona el uso de la tecnología (aplicaciones de journaling) y opta por escribir a mano en tu diario en su lugar. El proceso físico de escribir tiene un impacto poderoso en tu mente y la condiciona para cumplir tus metas.

Puedes tener diferentes diarios con un tema diferente cada uno. Conozco a muchas personas que llevan diferentes diarios, como un diario de pensamientos, un diario de sueños, un diario de metas y un diario de gratitud. Dale a cada diario un propósito claro y convincente.

Si realmente admiras a una persona/celebridad, escribe una conversación imaginaria con ellos. Diles qué admiras de ellos y por qué su historia de vida te inspira. ¿Cómo planeas modelar tu vida a partir de la suya? ¿Qué aspectos de su vida te gustaría incorporar en la tuya? Puede ser cualquier persona, desde tu rockstar favorito hasta una persona fallecida que hubieras deseado que estuviera presente.

Uno de los mejores trucos de autodisciplina es rastrear tu progreso mientras avanzas hacia el cumplimiento de tu objetivo o abandonas un mal hábito o desarrollas un hábito positivo. Sigue registrando tu progreso a medida que completes tareas importantes o renuncies a hábitos negativos o domines nuevas habilidades. ¿Qué tal tener una barra de estado diaria, semanal y mensual? ¿O el porcentaje de lo lejos que has llegado con tu objetivo?

También está bien ser aleatorio con tu diario y no seguir un solo tema si eso es lo que te hace sentir más cómodo. Si amas el arte o sientes una conexión con los artefactos, incluye imágenes de artefactos para estimular la creatividad. Los diarios son excelentes salidas creativas para dibujar y pintar lo que deseas expresar a través de visuales. No hay ninguna regla que diga que el diario solo se trata de escribir. Puedes dejar volar tu imaginación y pintar lo que deseas expresar a través de tus dibujos y esbozos.

Intenta escribir tu diario a una hora fija cada día para que se convierta en una parte integral de tu rutina.

Capítulo Seis: Construye tu Red y Relaciones

"Si estás con cinco personas exitosas, entonces tú eres la sexta persona exitosa. Lo contrario también es cierto, así que, ¿con quién te estás relacionando?" — Michael E. Gerber

No vives en una jungla ni en un agujero de conejo. Por talentoso, trabajador, disciplinado y perseverante que creas que eres, necesitas a otras personas para tener éxito. Recuerda, construir riqueza sostenible a largo plazo no se trata de correr un maratón, sino de correr una carrera de relevos donde aprovecharás el tiempo, habilidades y esfuerzos de otras personas. Para tener éxito, necesitas sólidas habilidades de networking para construir contactos, una excelente relación con las personas con las que haces negocios o trabajas, y personas de las que puedes aprender. Según estudios, nos volvemos como las cinco personas con las que pasamos más tiempo. Si pasas el máximo tiempo con personas exitosas, observando y admirando sus estrategias de éxito, tus posibilidades de éxito aumentan multiplicadamente. Construir grandes relaciones y tener acceso a excelentes mentores es la clave del éxito, que desafortunadamente es pasada por alto por muchas personas.

Aquí hay algunos consejos para establecer contactos y construir relaciones para el éxito.

Hábito 33 – Utiliza el poder de las redes sociales

No hay mejor manera de hacer contactos laborales que codearse virtualmente con ellos en LinkedIn y otras plataformas. Hay muchos grupos especializados en LinkedIn y Facebook donde puedes contactar a personas afines para oportunidades, asociaciones o simple consejo. Aprovecha el poder de las redes virtuales para hacer crecer tu negocio/trabajo y riqueza. La presión en estas reuniones es mucho menor en comparación con el encuentro cara a cara. Además, estos profesionales afines en Google Plus, LinkedIn y Twitter pueden abrirte varias puertas de oportunidades que de otro modo no habrías considerado posibles. Comenta en sus publicaciones, genera discusiones inteligentes en los grupos, deja un comentario valioso y perspicaz en un blog que disfrutaste leer, y comienza una conversación en cualquier oportunidad que se presente. De esta manera, no solo conocerás a nuevas personas, sino que también tendrás muchas cosas que decirles cuando los encuentres en persona.

Hábit 34 - Pedir referencias a personas existentes

Otra gran manera de conocer gente es a través de personas que ya conoces. De esta manera, estás ampliando constantemente tu lista de contactos. Si estás buscando conocer a personas influyentes, quédate un rato con quienes los conocen antes de pedir sus datos de contacto o solicitar una cita. Puedes pedir educadamente una presentación con las personas con las que deseas establecer contactos. Participa en la conversación y es posible que recibas una cálida bienvenida. También hay una herramienta de presentación en LinkedIn donde puedes ser presentado a nuevos conocidos a través de contactos existentes.

Si ves un círculo de personas en un evento de networking y conoces a algunos de ellos, acércate y preséntate. Intercambia tarjetas de presentación y obtén tantos números como puedas para mantener el contacto. No pidas trabajo o negocios de inmediato. Si estás buscando asociaciones a largo plazo con personas y enfocado en aprovechar estos contactos para el éxito y la riqueza en el futuro, no pidas favores inmediatos. Supongamos que estás buscando un trabajo. Evita pedir un trabajo a las personas de inmediato. En su lugar, busca su consejo pidiéndoles recomendaciones que te ayuden en tu búsqueda de empleo. Esto te hará parecer más profesional y creíble.

Tu objetivo principal debe ser construir una buena relación y conexión con las personas, los favores pueden seguir. De esta manera, cuando surja una oportunidad, estarás en la mente de ellos. Abre tantas puertas de oportunidad como sea posible diversificando tu lista de contactos sociales. Nunca sabes quién será esa persona que puede cambiar tu fortuna. Uno de mis consejos favoritos en los primeros años cuando se trataba de aprovechar al máximo mis oportunidades de conseguir un trabajo era pedir a las personas que revisaran mi currículum. Nunca pediría directamente un trabajo.

Sin embargo, revisar mi currículum fue una buena manera de hacer que la gente conociera mi trayectoria, habilidades, trabajos anteriores, y más. De esta manera, la mayoría de las veces, ellos me proporcionarían algunas pistas que coincidían con mi experiencia o lo tendrían presente cuando surgieran oportunidades similares. Es un truco ingenioso. A la gente le gusta que les pidas que revisen tu currículum, y tú también terminas infiltrándote en su círculo.

Pide sugerencias sobre cómo hacer crecer tu red. Cada nueva persona que conoces conocerá aproximadamente a 200 personas. Estás aprovechando una fuente de red valiosa. Si accedes a contactos tomando sugerencias de contactos existentes, rápidamente expandirás tu red. Pregunta por organizaciones profesionales, clubes y sugerencias o nombres de personas que crees que pueden ser buenas para una asociación contigo. La mayoría de las personas son abiertas y serviciales a la hora de sugerir personas de su lista de contactos, y estarán aún más felices de hacerlo si puedes darles algunos contactos de tu lista también. Es un mundo de 'tú me rascas la espalda, yo te rasco la espalda'.

Hábito 35 – Encuentra o crea razones para hacer seguimiento

Crea razones para mantener una relación con las personas de manera continua una vez que las conoces. Digamos que conociste a alguien en un evento de networking y discutieron un tema en particular. Envíales un correo electrónico con un blog o un artículo que disfrutaste leer sobre el tema y menciona la conversación.

Les envías información valiosa que puede beneficiarlos o una nota de agradecimiento si te ayudaron con algo. Enviar saludos y deseos en festivales también es una buena manera de mantener la relación. Si no te mantienes conectado con las personas, te olvidarán después de un tiempo. Busca dos o tres oportunidades al año para reconectar con ellos en persona. No solo quieres seguir conociendo gente nueva sin mantener el contacto con ellos.

Hábito 36 – Participa en la mayor cantidad de eventos de networking posible

Participa en estos almuerzos, reuniones de networking, conferencias y eventos. Ten tus tarjetas de presentación listas. Preséntate a las personas diciéndoles lo que haces. Puede que no tengan algo para ti de inmediato. Sin embargo, si dejas una impresión positiva, lo más probable es que seas el primer nombre que se les ocurra cuando haya algo para ti. Un consejo profesional para mantenerte visible dentro de tu organización es asumir responsabilidades adicionales como voluntario dentro de tu organización. Esta es una excelente manera de retribuir a la empresa y mantenerte visible. También mostrará a las personas que vas más allá de tu deber, lo que significa que es más probable que te elijan sobre otros cuando surja una oportunidad adecuada.

Hábito 37 – Rodéate de personas positivas y exitosas

Si quieres ser rico y exitoso, haz un esfuerzo consciente por relacionarte con personas exitosas. Sus consejos, sugerencias, hábitos, estilo de vida, mentalidad, creencias y ética laboral impactarán invariablemente tu propia mentalidad y forma de pensar. Desarrollarás una mentalidad de riqueza y creación de ingresos, y comenzarás a adoptar hábitos que canalizan tus esfuerzos hacia el éxito.

Su aura positiva y frecuencia de pensamiento te afectarán a un nivel más profundo y subconsciente. Comenzarás a comportarte y pensar como una persona rica y exitosa. Encuentra mentores que te guíen en la dirección correcta.

Una de las mejores maneras de hacer que alguien sea tu mentor es decirle cuánto admiras su trabajo y pedirle sugerencias.

Capítulo Siete: ¿Obstáculos u Oportunidades?

Cuando se trata de limitar o mejorar tus posibilidades de éxito, el factor más importante es tu percepción. Al alterar tu percepción, puedes programar tu mente para un mayor éxito. La buena noticia es que no es difícil crear una mentalidad de ruptura que perciba los contratiempos como oportunidades de aprendizaje y no como obstáculos. Puedes trabajar fácilmente a través de las barreras que te limitan y desarrollar estrategias para contrarrestar esos llamados obstáculos que se interponen en el camino de tu éxito y abundancia.

Hay una historia budista sobre un rey cuyo reino estaba lleno de ciudadanos con sentido de auto-importancia. No satisfecho con esto, decidió darles una lección que no olvidarían. Tenía un plan simple e ingenioso. Colocó una enorme roca justo en el centro de la calle principal, bloqueando la entrada de la gente. El rey decidió esconderse en los arbustos cercanos y observar las reacciones de sus ciudadanos.

Se preguntó cómo reaccionarían. ¿Se unirían y lo descartarían? ¿Se sentirían desilusionados y regresarían? El rey observó con decepción cómo un súbdito tras otro se rendía y regresaba, en lugar de intentar quitar la roca de su camino. En el mejor de los casos, algunos intentaron levantarla sin mucho entusiasmo, pero rápidamente se dieron por vencidos. Muchas personas abusaron abiertamente del rey o murmuraron sobre el inconveniente sin pensar en maneras de superarlo.

Después de unos días, un campesino se topó con la roca. En lugar de retroceder como los demás, intentó empujar la roca fuera de su camino varias veces. Entonces, de repente, se le ocurrió una idea. Fue al bosque adyacente a buscar una rama grande que usó como palanca y deslodó la enorme roca de la calle. Tan pronto como la roca masiva se movió, debajo había una bolsa de monedas de oro y una nota manuscrita del rey que decía: "El obstáculo en el camino se convierte en el camino. Nunca olvides, dentro de cada obstáculo hay una oportunidad para mejorar nuestra condición."

¿Estás utilizando los obstáculos en tu camino a tu favor? ¿Estás aprovechando el poder de los desafíos en tu vida para convertirlos en oportunidades? Como discutimos anteriormente, los obstáculos son oportunidades disfrazadas. ¿Tienes la previsión de convertir las desilusiones en tu vida en riqueza y éxito? Aquí hay algunas estrategias para cambiar tu percepción hacia los desafíos y usarlos para construir una mayor riqueza y éxito.

Hábito 38 - Modifica tu perspectiva

Recuerda que no siempre puedes elegir tus circunstancias y las cosas que te suceden en la vida. Sin embargo, puedes elegir tu reacción ante ello. No siempre puedes determinar el curso que puede tomar tu vida, pero puedes elegir tu percepción y respuesta ante ello. Los ganadores ven oportunidades, los perdedores ven excusas. Controla cómo percibes y abordas un obstáculo. Esto puede hacerse controlando tu pensamiento catastrófico o emociones irracionales. No pienses en términos de extremos. Un fracaso o un despido no significan la perdición de tu carrera. Un mal negocio no quiere decir que es hora de cerrar la tienda. Evita exagerar las cosas y míralas de una manera más equilibrada. Ve las cosas como son y no como crees que son. Te estás reorientando mentalmente o editando selectivamente tus pensamientos para desarrollar una mentalidad de victoria incluso en medio de lo que se llama fracaso. La perspectiva correcta puede llevar a acciones positivas.

Hábito 39 – Pon al monstruo patas arriba

Hay muchos aspectos positivos en todo si solo tenemos la visión para buscarlos. Las cosas que creemos que son negativas pueden contener muchos aspectos positivos. Un error técnico que crees que ha destruido todo tu trabajo es una oportunidad para volver a trabajar en ello y hacerlo incluso mejor que el anterior porque ahora estás más preparado y conocedor. Recuerda, ¿el amigo que perdió su trabajo y pasó a establecer su propia empresa rentable? ¿Qué pasaría si no lo hubieran despedido de su organización? Todavía sería un cargador de cubos, trabajando sin parar para lograr las ganancias de otra persona en lugar de construir riqueza para sí mismo.

Tener un jefe que es negativo y desalentador es una maravillosa oportunidad para aprender lo que no deberías ser como jefe o mejorar tu currículum para un mejor trabajo en otra organización. Confía en mí, cada situación tendrá algo bueno en ella. Solo tienes que ser lo suficientemente perceptivo para verlo.

Hábito 40 - Mantén en mente el panorama general

A veces, cuando estás atrapado en medio de una situación aparentemente imposible, lo mejor que puedes hacer es – ¡pensar! Creas muchas oportunidades y caminos al pensar de manera racional y objetiva. Genera movimiento pensando en cosas como ¿cómo puedo resolver este problema o desafío? Si no puedo resolverlo, ¿cómo puedo mejorarlo para mí y para otras personas? Te sorprenderás de cómo unas pocas preguntas simples y positivas pueden cambiar la forma en que abordas el problema en cuestión. Piensa en otras personas, especialmente en tus seres queridos.

Esto te da la fuerza para superar desafíos. La próxima vez que te sientas abrumado por un desafío, no te quedes ahí maldiciendo tu destino. Si no lo intentas, no irás lejos de donde estás actualmente y nunca crecerás. Todas las personas que admiras en algún momento han enfrentado y superado obstáculos, lo que es responsable de su gloria actual. En lugar de sufrir sus circunstancias menos que deseables, aprovecharon al máximo los desafíos que se les presentaron. Si tu imagen más grande es retirarte para cuando tengas 40 años o conseguir libertad financiera para tu familia o cualquier otra razón convincente, seguirás adelante a pesar de los obstáculos.

Hábito 41 – Deja ir los desafíos que están más allá de tu control

Por mucho que desees controlar todo en tu vida, algunos desafíos estarán más allá de tu control. Piensa en la devaluación de tu hogar debido a una calamidad natural en la región o en perder tu trabajo debido a una fusión o recesión global. Estas son circunstancias en las que tienes poco control. En cambio, concéntrate en los desafíos que puedes controlar.

Por ejemplo, no conocer una habilidad particular que puede ayudarte a ganar más dinero o hacer crecer tu negocio es un desafío que puedes superar fácilmente dominándola. Si aún no te has graduado, lo cual está suponiendo un desafío en tus perspectivas laborales futuras o para ganar más dinero, ve y obtén ese título. Desvía la atención de los desafíos que no se pueden controlar y, en su lugar, presta atención a aquellos que se pueden superar.

Hábito 42 – Crece más grande que el desafío

Mientras la mentalidad pobre ve su problema y a menudo lo atribuye a la mala suerte o a las circunstancias, la mentalidad rica se rascará la cabeza intensamente hasta que descubra una solución. Rara vez se rendirán. En cambio, cambiarán el rumbo de su acción o intentarán una forma diferente de hacerlo.

Los ricos, a diferencia de los Joe promedio, no tienen una mentalidad de "esto o aquello". Puedo comprar esto o aquello. En cambio, encontrarán la manera de comprar ambos al retrasar la gratificación. No buscarán el placer inmediato, sino que trabajarán para obtener todo lo que quieren. Digamos que una persona con una mentalidad rica tiene $10.

Ahora, quieren tanto helado como caramelos por $10. En lugar de pensar, puedo tener caramelos o helado, evitarán comprar ambos. Van a comprar cuatro docenas de botellas de agua embotellada y las venderán a viajeros sedientos por 50 centavos cada una para hacer $24. Ahora pueden comprar caramelos, helado y tener algunos dólares de sobra. Los ricos tienen una mentalidad de "ambos" y no de "uno u otro".

Capítulo Ocho: Ejercicio Diario y Salud

Somos lo que comemos no es una afirmación descabellada, sino la verdad. Nos convertimos en lo que comemos. Si estás comiendo comidas poco saludables, tu cuerpo y mente se vuelven letárgicos, lo que no te coloca en el marco adecuado de productividad. Necesitas energía para trabajar largas horas, que a su vez se alimenta de una dieta equilibrada, nutritiva y controlada. Combina esto con ejercicio y un régimen regular de acondicionamiento físico y tienes la receta perfecta para una buena salud.

Aquí hay algunos consejos seleccionados para una alimentación saludable y el ejercicio.

Hábito 43 – Desayuna una hora antes de entrenar

Si haces ejercicio o practicas cualquier forma de actividad física, toma el desayuno al menos una hora antes del entrenamiento. Estar suficientemente energizado para el entrenamiento. Según investigaciones, consumir carbohidratos antes de hacer ejercicio puede mejorar tu rendimiento en el entrenamiento y permitirte sostener tu entrenamiento por más tiempo o aumentar su intensidad. No comer puede hacer que te sientas con poca energía o lento. Toma un desayuno ligero si estás haciendo ejercicio después del desayuno o agarra una bebida deportiva energética. Consigue carbohidratos para una energía óptima.

Hábito 44 - Tamaño de tus comidas

Come alrededor de tres a cuatro comidas grandes si estás haciendo ejercicio. También, come comidas o bocadillos más pequeños y saludables entre las comidas. Incluye nueces enteras, frutas y verduras crudas, y dips caseros como el hummus. Evita picar chatarra, alimentos grasientos, y golosinas con sabor y endulzadas artificialmente con frecuencia. La comida enlatada y la comida cargada de conservantes también deben ser evitadas. No añaden ningún valor nutricional a tu cuerpo y terminan haciéndote sentir letárgico.

Hábito 45 – Come bocadillos saludables

Los bocadillos previenen los dolores de hambre entre las comidas. Sin embargo, evita picar cosas poco saludables que te hagan sentir somnoliento, con poca energía, irritable y con baja productividad. Aquí hay algunas opciones de bocadillos saludables: barras energéticas, frutas frescas, yogurt, batido de frutas frescas, barras de granola, palitos de verduras crudas y otros alimentos similares para picar.

Hábito 46 - Crear un plan de comidas

Un plan de comidas es maravilloso cuando se trata de hacer cambios en tu estilo de alimentación y de comer de manera más disciplinada, con comidas llenas de nutrientes. Trátalo como un plano de tus elecciones alimenticias. Incluye opciones sobre lo que planeas comer para el desayuno, el almuerzo y la cena cada día de la semana, junto con una estimación aproximada de la nutrición que consumirás en cada comida. Tener algunas comidas mencionadas en detalle puede ayudarte a verificar si estás tomando decisiones alimenticias inteligentes. Puedes darte cuenta de que tu ingesta de verduras es baja o que tu cena no es muy equilibrada. Deja que tu plan de comidas te guíe hacia elecciones alimenticias inteligentes. También puede ayudarte a hacer tu lista de compras, lo que llevará a compras acertadas y a determinar si estás cumpliendo con tus objetivos dietéticos.

Hábito 47 – Consume proteínas magras

La proteína magra es un componente importante cuando se trata de darle a tu cuerpo componentes dietéticos esenciales. Para cumplir con los requisitos nutricionales diarios, incluye 3-4 oz de porción de proteína en cada comida. Las proteínas magras son buenas porque son bajas en grasa y calorías. Elige alimentos como huevos, tofu, aves de corral, mariscos, legumbres y carne magra. Limita las proteínas grasas como tocino, salchichas y carne procesada.

Hábito 48 - Apegarse a los alimentos basados en granos

Incluye alimentos a base de granos, como pan integral de trigo, pasta, arroz integral y otros alimentos de 100% granos enteros en tu dieta. Los granos enteros son deliciosos y son una opción de comida saludable. Requieren un procesamiento mínimo y reúnen la bondad de cada porción de grano.

Los granos enteros son ricos en fibra, tienen proteínas y contienen muchos nutrientes beneficiosos. Cambia a quinoa, avena, cebada, pan integral y mijo en lugar de pan blanco y pasta.

Hábito 49 – Toma más vitaminas y minerales

Los estadounidenses no obtienen la ingesta requerida de minerales y vitaminas de acuerdo con varias investigaciones sobre nutrición. Se basa más en alimentos procesados, carbohidratos, azúcares refinados y otros alimentos poco saludables. Encuentra suplementos de vitaminas y minerales que se puedan consumir diariamente para compensar cualquier deficiencia. La consecuencia de ignorar las necesidades de tu cuerpo puede no ser inmediata, sin embargo, a lo largo de un período más prolongado, puede ser considerablemente perjudicial. Esto nos afecta a lo largo de un período más prolongado en lo que respecta a la claridad física, mental, emocional y espiritual.

Hábito 50 - Beber líquidos suficientes

Consuma suficiente agua a lo largo del día para mantener su cuerpo hidratado. La mayoría de los profesionales de la salud recomiendan beber un mínimo de ocho vasos de 8 onzas de agua cada día. Evite las bebidas con cafeína y endulzadas artificialmente. Opte por bebidas claras, naturales y sin azúcar. Además, limite el consumo de alcohol.

Hábito 51 - Sal a la naturaleza

Pocas cosas pueden hacerle bien a su cuerpo, mente y alma como estar al aire libre como parte de su régimen de acondicionamiento físico. Haga cualquier cosa, desde caminar hasta correr o andar en bicicleta. Nadar, jugar al tenis y saltar en su jardín son todo maravillas. Aproveche un poco de sol temprano en el día si puede. Salga al bosque y experimente la naturaleza. ¡Le sorprenderá lo revitalizado y rejuvenecido que se sentirá al final!

Hábito 52 - Incluye entrenamientos más placenteros y equilibrados en tu horario.

¿Quién dice que los entrenamientos tienen que ser aburridos y monótonos? Te diviertes un montón bailando, haciendo aeróbicos, Zumba, kickboxing y simplemente saltando. Hay varias maneras de estar más activo y agregar actividad física estimulante a tu rutina. Cuanto más te diviertas haciendo estos entrenamientos, menores serán tus posibilidades de rendirte a largo plazo. Incluye una mezcla de cardio y fuerza para disfrutar de un régimen de fitness físico más equilibrado.

Hábit 53 - Consigue un compañero de gimnasio para rendir cuentas

Inscríbete en el gimnasio local con un compañero de entrenamiento que te mantenga responsable por tus entrenamientos. También puedes unirte a clases grupales o a una clase de yoga. La actividad física no siempre requiere que salgas de casa. Si llevas una vida ocupada, simplemente busca videos de ejercicio o yoga en línea o compra DVDs. Programa estas actividades en tu calendario semanal.

Hábito 54 - Aumenta tus actividades básicas

Aunque es posible que no se incorporen en tu rutina de ejercicios diaria, haz el hábito consciente de aumentar tus actividades físicas diarias. Experimentarás muchos beneficios para la salud al hacer pequeños cambios en tus actividades básicas. Realiza cambios lentos pero graduales en tu estilo de vida que te pueden ayudar a largo plazo. Camina a la tienda en lugar de conducir. Usa las escaleras en lugar del ascensor. Rastrilla las hojas en tu patio trasero. Estas actividades pueden sumar rápidamente el equivalente a más de 2 horas de cardio a la semana.

Hábito 55 - Comienza un blog o diario de rendición de cuentas

Tu compromiso y responsabilidad con una resolución aumentan cuando la haces pública. Obviamente, nadie quiere ser visto como una persona que no cumple su palabra. Comienza a poner las cosas en papel (o en un blog si lo prefieres) para seguir tu progreso en el fitness. Al final de cada día, menciona tu dieta, actividades físicas y régimen de ejercicios.

Escribe sobre los viejos hábitos de los que deseas deshacerte y cómo los estás reemplazando con hábitos más nuevos y positivos para experimentar una transformación completa. Menciona cómo el nuevo plan y los alimentos están impactando tu cuerpo, mente y espíritu de manera positiva. Si hay algún desafío en el camino, menciónalo y también las medidas que tomaste para superarlos. Haz un seguimiento del progreso que realizas en la dirección de tus metas.

Hábito 56 – Realizarse chequeos de salud regularmente

Además de comer saludablemente y llevar una vida físicamente activa, es importante hacerse un chequeo físico regular. Puede ayudar a apoyar tus objetivos de acondicionamiento físico y salud, al mismo tiempo que resalta cualquier disfunción. Consulta a un dietista, médico o nutricionista profesional antes de probar cualquier nuevo plan de dieta. También puedes contratar los servicios de un entrenador personal para guiarte hacia tus objetivos de salud y acondicionamiento físico.

Capítulo Nueve: ¿Por qué reinventar la rueda?

La mayoría de las cosas en la vida no necesitan ser reinventadas. Probablemente necesites mejorar una idea, concepto o pensamiento existente. Quizás encontrar una manera de hacer las cosas de manera diferente para producir una mayor eficiencia o resultados. Sin embargo, no hay necesidad de reinventar la rueda todo el tiempo.

Piénsalo, tu tiempo en la tierra es limitado, y solo tienes unos pocos años para ser productivo y construir riqueza. ¿Por qué harías algo desde cero que consume todo tu tiempo cuando puedes simplemente copiar y pegar un sistema que ya está funcionando bien para otros? La forma más inteligente de progresar en el mundo de hoy es seguir algo que ya ha demostrado ser un éxito o emular un modelo probado.

Hábito 57 - Comienza donde empezaron tus ídolos, no donde están actualmente.

El éxito radica en los detalles. Duplicar un sistema con éxito es también un arte. Por ejemplo, no puedes modelar tu negocio en alguien que está 2000 pasos por delante de ti. Si estás construyendo una red social para viajeros, no puedes emular lo que Facebook está haciendo ahora. Tendrás que retroceder a lo que Zuckerberg hizo cuando lanzó Facebook. El enfoque correcto sería identificar todos los puntos clave que implementó para ayudar a Facebook a ganar la tracción inicial adecuada. Por ejemplo, enfocándose hiper en estudiantes de Harvard, induciendo un sentimiento de pertenencia a una comunidad exclusiva y desarrollando una plataforma para individuos afines.

En resumen, toma el principio básico de fundación de un plan y aplícalo a tu idea. En el ejemplo anterior, utilizamos los principios básicos de fundación de Facebook para construir una red social exclusivamente para viajeros. Entiendes la idea, ¿verdad? Tienes que elegir con juicio lo que ellos hicieron en la misma etapa o nivel en el que te encuentras actualmente.

Supongamos que eres una startup de entrega de alimentos que tiene cuatro empleados. Ahora, no te modelas alrededor de lo que un gigante de la entrega de alimentos está haciendo actualmente con más de 2000 empleados. Emulas lo que hicieron cuando empezaron con cuatro empleados. ¿Cómo puedes modelar los métodos actuales de un multimillonario con $200 en tu bolsillo? Debes adoptar los métodos que él/ella adoptó para convertirse en multimillonario cuando tenía $200.

Hábito 58 - Mantente al día con las tendencias que cambian dinámicamente

Los principios de la tecnología, hacer negocios y comprar pueden no ser los mismos hoy que hace unas décadas o años. También hay que tener en cuenta el tiempo, las tendencias cambiantes y un cambio en la forma en que se hacen los negocios. Por ejemplo, hace unos años, los minoristas de comercio electrónico dependían únicamente de las computadoras para generar ventas. Hoy, si ignoras a los usuarios de teléfonos inteligentes y tabletas, dejarás mucho dinero sobre la mesa para los competidores.

Si quieres emular un negocio, observa los principios en los que se basa en lugar de cómo lograron exactamente algo. Las cosas cambian dinámicamente en la era de hoy. Para mantenerte al día en el mundo empresarial acelerado y lleno de acción, busca los principios más amplios que la técnica exacta. Sin embargo, si puedes encontrar el éxito utilizando lo exacto, ¿qué te impide usarlo?

Hábito 59 – Por qué no crear un método único

Quizás te preguntes por qué no deberías crear tus propios métodos y sistemas únicos. Si estás en el negocio de la invención, entonces sí, por supuesto, crea tus propios métodos y sistemas a través de prueba y error. Sin embargo, si tu objetivo es tener éxito en un campo que ya está establecido, no hay necesidad de reinventar la rueda ni gastar tiempo, dinero y esfuerzo tratando de encontrar una forma diferente de hacer las cosas (cuando el método actual claramente está funcionando).

Identifica lo que es efectivo para otros, imítalo de manera inteligente y añade tu propio toque único para luego recrear un modelo diferente y mejor. Necesitas ideas que enciendan las tuyas, un proceso de trabajo ya establecido para emular. Piensa en corporaciones como Apple. Ciertamente no fue la primera en inventar su línea de productos. Fueron lo suficientemente ingeniosos como para innovar sobre cosas que ya estaban en su lugar.

¡Los emprendedores inteligentes son imitadores más astutos! No pierden el tiempo creando cada uno de los radios de la rueda o cada aspecto de su modelo de negocio. Son innovadores astutos, no inventores que consumen tiempo. La mayoría de las grandes organizaciones alcanzaron su gloria a través de la innovación y la imitación.

¿Por qué crees que los comercializadores de Internet están ganando una fortuna vendiendo sus estrategias secretas para hacer dinero en línea? Ganan más dinero enseñando sobre estas estrategias de lo que probablemente ganan con su negocio en línea. Lógicamente, si estuvieran ganando más con el negocio, ¿no estarían guardando estos secretos para sí mismos en lugar de invitar a más competencia? Esto se debe a que hay una gran demanda de sistemas imitadores en el mundo en línea y fuera de línea hoy en día. La gente quiere invertir su dinero, tiempo y energía en cosas que ya han demostrado funcionar.

Construir algo desde cero lleva mucho tiempo, dinero y esfuerzo y ofrece pequeños resultados. El tiempo es precioso. Pasas una gran cantidad de tiempo tratando de construir un negocio solo para darte cuenta de que has gastado tu tiempo en un fracaso o has obtenido pocos resultados que simplemente no valen la pena. Ajusta lo que ya está en su lugar y hazlo tuyo como un jefe. ¡Esa es la forma inteligente de hacer negocios hoy en día! Piensa en productividad y eficiencia — piensa en términos de crear grandes resultados en un periodo de tiempo más corto para aprovechar al máximo tu tiempo, esfuerzo y dinero invertido. Las empresas efectivas generan grandes ganancias en un periodo de tiempo relativamente corto. En lugar de buscar nuevos sistemas y probar plataformas tecnológicas, encuentra un negocio exitoso en tu campo y copia el sistema que utilizan. ¡Ellos lo están haciendo increíblemente bien!

Hábito 60 - Encuentra un líder empresarial en tu industria

Identifica a una persona que tenga éxito en un negocio similar al tuyo o en uno en el que aspiras a entrar. Si estás presenciando un crecimiento lento en algún aspecto del negocio, sería inteligente identificar quién tiene éxito o buscar un líder en el mismo ámbito empresarial y copiar su método. Por ejemplo, si te va bien con la retención de clientes pero el negocio flaquea en lo que respecta a la adquisición de nuevos clientes. Identifica un negocio en tu industria que tenga un desempeño sobresaliente en la adquisición de nuevos clientes. A continuación, copia sus métodos de adquisición de clientes (quizás añadas tus propios giros innovadores).

Hábito 61 – Apunta a estar más cerca del líder de la industria

Estudia al líder empresarial cuidadosamente intentando entrar en su círculo íntimo tanto como sea posible. Opta por estar en la lista de su líder. Inscríbete en sus boletines informativos. Sigue su rastro en sus redes sociales para ver qué tipo de publicaciones obtienen reacciones máximas. Observa qué hace que su audiencia participe, converse y actúe. Intenta establecer una relación con el fundador, líder de pensamiento o influencer del negocio. Asiste a seminarios que sean dirigidos por ellos o donde puedas encontrarte con ellos. Síguelos en Facebook, LinkedIn y Twitter. Conéctate para ingresar a su círculo íntimo.

Una de las mejores maneras de hacer esto es dejando consistentemente comentarios perspicaces en sus blogs y publicaciones en redes sociales. Cuando dejas comentarios valiosos en las publicaciones de alguien o contribuyes a la discusión de manera perspicaz, la gente se da cuenta. Tarde o temprano, el líder te notará. Añade valor y sigue ayudando a otros para que estos líderes de pensamiento te noten y te ayuden cuando necesites colaboración, sugerencias y consejos. Los líderes de pensamiento son naturalmente atraídos por otros pensadores perspicaces y conocedores que presentan ideas y soluciones innovadoras.

Otro consejo excelente para acercarse a líderes de pensamiento es enviarles un correo electrónico y decirles por qué los admiras. No pidas ningún favor o sugerencia. Simplemente menciona una o dos razones específicas por las que los admiras. Por ejemplo, "realmente aprecio la forma en que traes soluciones estratégicas e innovadoras para la retención de empleados" o "tus opiniones sobre fusiones y adquisiciones fueron inusuales y bien pensadas." No hagas cumplidos vagos como "realmente amo tu blog" o "soy fan de tu escritura y opiniones." Ser específico es la clave. No parezcas desesperado cuando les envíes un correo. También recomendaría usar sus productos o servicios y compartir tus reseñas/comentarios sobre los mismos.

Hábito 62 – Observa cómo hace negocios

Aprehende (bueno, no literalmente) a tu líder empresarial para aprender cómo hacen negocios y por qué. Identifica y destaca sus mejores prácticas. Observa cómo conducen su negocio. Cuando aprendes cómo lo hacen los maestros, ¿por qué hacerlo de otra manera? ¿Cómo opera la persona su negocio? ¿Cuáles son los diversos aspectos de su negocio? Comprende su modelo de negocio y monetización.

Toma una o dos cosas de su operación para acelerar tu negocio. Por ejemplo, puedes observar que los mejores performers y los fundadores de la empresa casi siempre están comprometidos en dar presentaciones a los clientes para aumentar sus resultados, mientras que han contratado personal de apoyo para actividades que consumen tiempo, como enviar correos electrónicos en su nombre a posibles clientes. Te das cuenta de que la delegación aprovecha el tiempo, los esfuerzos y las habilidades. Sigue su ejemplo y emplea las mismas estrategias para tu negocio.

En el mundo de hoy, es fácil entender un modelo de negocio porque todo está en línea. Estudia el negocio a fondo en línea para conocer su funcionamiento interno. ¿El negocio tiene presencia en línea? ¿Cómo están diseñadas sus páginas de aterrizaje, blogs y sitios web? ¿Cómo están redactados sus correos electrónicos y publicaciones en redes sociales? ¿Cómo se redacta su contenido de ventas? ¿Cómo se escriben sus blogs? ¿Cómo interactúa el propietario/fundador/personal con los seguidores en los canales de redes sociales? ¿Cómo lanzan sus productos? ¿Cómo generan expectativas antes, durante y después del lanzamiento?

Líderes empresariales imitadores. Comience a aplicar las prácticas más efectivas de su mentor empresarial a su negocio, un pequeño paso a la vez. Varios negocios en línea y fuera de línea han encontrado un gran éxito al emular e innovar sobre los sistemas de otras empresas exitosas.

Por supuesto, el trabajo duro no se puede descontar. Sin embargo, hoy en día, también se trata de estrategias de trabajo inteligente y una de las cosas más inteligentes que puedes hacer para disparar tu camino hacia la riqueza y el éxito es seguir sistemas establecidos para hacer dinero.

Si piensas que el empaque de un producto es extremadamente atractivo para los clientes, ¿por qué optar por otros colores? De manera similar, si la fuente y la colocación de la imagen están funcionando maravillosamente para el diseño de una portada de un libro, ¿por qué experimentar con algo diferente? Ha habido personas exitosas antes que tú que ya han hecho el trabajo duro al experimentar. Ahórrate el esfuerzo y simplemente imita el camino hacia el éxito siguiendo lo que ha demostrado funcionar.

Hábito 63 – Lleva un registro de todo lo que te inspira

Un inteligente imitador siempre tiene un álbum de recortes lleno de ideas. Hay muchas funciones de notas en aplicaciones que puedes usar en tu smartphone o tableta para el proceso de creación de ideas o toma de notas. Observa a cualquier visionario exitoso con muchas ideas. Sus libros y aplicaciones siempre están llenos de bocetos, imágenes, historias, pistas de una sola palabra y ideas escritas de forma aproximada.

De esta manera, cuando te encuentres con una idea que puedas usar para tu propio negocio, puedes anotarla rápidamente para referencia futura. Las ideas a menudo se pierden cuando no se registran en un documento porque nuestro cerebro hiperactivo solo puede recordar tanto. Adopta el hábito de registrar tus ideas y los sistemas que deseas emular. Puede ser cualquier cosa, desde una nueva palabra o frase utilizada por un competidor que se pueda usar en tu propio texto, o un sistema que una empresa esté utilizando para reducir sus costos operativos.

A veces, las ideas de otra persona te inspirarán y te impulsarán a construir tus propias ideas en torno a ellas. Nuestras propias ideas provienen de una combinación de diferentes ideas, que fueron creadas por otros líderes en fragmentos ásperos.

Hábito 64 – Copiar ideas y conceptos

A menos que haya una clara ley o legislación de derechos de autor intelectual en tu región de la que no esté al tanto, afortunadamente, no hay nada que te impida tomar prestadas las ideas de otras personas. Consideremos un ejemplo. Digamos que quieres tener un gran éxito en la industria de la autoedición. Ahora, te das cuenta de que un autor de eBooks exitoso está ganando mucho dinero autoeditando libros en Kindle.

Obviamente no puedes copiar lo que ellos escriben ya que está protegido por derechos de autor. Sin embargo, hay ideas y conceptos que puedes tomar prestados para lograr el mismo éxito que el autor best-seller.

Así que notas que el autor no solo crea eBooks, sino también versiones en audio y discursos a partir de ellos. Esta es la fórmula principal para su éxito. O probablemente ofrecen libros en versión combinada para dar un mayor valor a sus lectores. ¡No hay nada que te impida usar su fórmula de éxito! Así que, aunque no puedes en esencia copiar todo, puedes tomar prestadas ideas exitosas, fórmulas, conceptos y estrategias para tu propio trabajo o negocio.

Como un imitador, es extremadamente importante respetar las leyes y la cortesía básica. Sea respetuoso con el trabajo de otras personas. Reconozca el crédito donde sea debido. No haga nada a los demás que no le gustaría que le hicieran a usted. Tenga en cuenta los derechos de autor y otras leyes antes de simplemente copiar y pegar el sistema o las ideas de alguien. Mire a su alrededor, y encontrará imitadores en todas partes. FedEx tomó prestado del Servicio Postal de EE. UU. y creó su propio envío a tarifa plana. ¿Es una nueva idea? Si vio el programa de CNBC "The Costco Craze, Inside the Warehouse Giant", sabrá de qué estoy hablando. Costco envió a sus empleados a las tiendas de la competencia para rastrear y enviar detalles sobre productos y precios a la oficina central de la empresa. Lo llamaron astutamente investigación de mercado, cuando no era más que imitación. No se presione para crear nuevas ideas todo el tiempo. La originalidad a veces está ligeramente sobrevalorada, a menos que se le ocurra algo verdaderamente revolucionario y rompedor. En su lugar, salga y busque ideas ganadoras que pueda copiar o mejorar.

En el ejemplo anterior, escribe tu propio eBook exitoso sobre un tema que funcione pero dale tu propio giro único. Por ejemplo, si te das cuenta de que los libros sobre cómo disfrutar de un matrimonio feliz funcionan bien, puedes darle tu propio enfoque sobre cómo reconstruir la confianza y disfrutar de un matrimonio feliz después de la infidelidad. Estás tomando un tema ya establecido y probado, pero también añadiendo tu propio ángulo único para definir a tus lectores. Las costillas y huesos ya están ahí, solo añade el cuerpo. La hamburguesa está lista, disfrútala con tu propia salsa original. ¿Captas la idea?

Hábito 65 – Formar asociaciones beneficiosas

Las colaboraciones y asociaciones mutuamente beneficiosas son una excelente manera de hacer crecer su negocio a largo plazo. Puede que tenga una página en redes sociales o una comunidad para madres o viajeros. ¿Cómo puede monetizar ahora? Quizás acercarse a otras comunidades similares y unir fuerzas para acercarse a marcas de mamá-bebé o de viajes para publicidad con una mayor cantidad de seguidores. De manera similar, un negocio puede beneficiarse de algo que usted tiene, como una audiencia más grande, mientras que usted puede aprovechar su experiencia en el tema. Es una situación en la que todos ganan, mientras que también ayuda a ambas empresas a ahorrar dinero, tiempo y esfuerzo preciosos.

Capítulo Diez: Consigue un Mentor

"Dicho esto, también debo agregar que aprendí mucho al ser admitido en estos círculos privilegiados y estoy agradecido por la oportunidad de haber trabajado estrechamente con algunas de las personas más poderosas y exitosas en el negocio, incluidos Steven Spielberg y Ted Turner." — Douglas Wood

¿Te preguntas cómo adquirieron conocimiento las personas antes de Google, las universidades o incluso los libros? Aprendieron de otras personas. Acercarse y aprender de otras personas se ha vuelto aún más fácil ahora con la llegada de Internet y las redes sociales. Los influencers, los líderes empresariales y los líderes de pensamiento son más accesibles y están más abiertos a interactuar con su audiencia que nunca. El mentoría se remonta a la antigua Grecia, cuando los filósofos tenían sus propias disciplinas a través de las cuales transmitían todo su conocimiento y sabiduría. Es un método probado y comprobado de aprender de la experiencia, la sabiduría y las estrategias de los jugadores experimentados en el mercado.

Conseguir un mentor sólido, experimentado y conocedor puede acelerar tu éxito 10 veces más rápido. ¿No sabes las mejores prácticas para conseguir un mentor? ¡Estoy revelando todos los secretos aquí!

Hábito 66 - Nunca preguntes directamente

La cosa más estúpida que alguien ha hecho es acercarse a mí con correos preguntando si sería su mentor. ¡Un gran no! Nunca acerques a los líderes que admiras con correos instándolos a ser tu mentor. Ellos pensarán que estás bastante desilusionado. La mayoría de las personas son serviciales y no les importa ayudar cuando necesitas orientación o sugerencias, pero no van a estar pegados a ti. Así que la palabra mentor probablemente los hará huir en otra dirección.

Además, la ayuda no es un camino de una sola dirección. Si las personas se esfuerzan por hacer algo por ti, esperarán que devuelvas el favor también. ¡No hay almuerzos gratis en el mundo! Mantén tu comunicación breve, al grano y simple. Puedes hacerles una o dos preguntas o hacerles un cumplido específico (como se discutió en el capítulo anterior). Evita pedir un gran favor desde el principio.

Cuando alguien te está ofreciendo un gran valor, no lo menosprecies ofreciendo comprarles un café o algo tonto en esa línea. Tienes que ser lo suficientemente convincente para merecer el tiempo y la atención de alguien.

He probado múltiples enfoques al acercarme a mentores, el que funciona eficazmente para mí es, ofrecer un cumplido específico al mentor líder de pensamiento, seguido de mi propia opinión sobre algo que han bloggeado recientemente, y finalmente terminar con una pregunta sobre la que necesito más orientación. ¡Casi siempre funciona! Has satisfecho su ego al decirles que admiras su trabajo y luego has revelado tu conocimiento/inteligencia al ofrecer tu propia perspectiva única sobre un tema que discutieron recientemente. Finalmente, dándoles la máxima importancia al buscar sus valiosas opiniones sobre un problema, cuestión o tema. ¿A quién no le gusta que las personas busquen su orientación y sugerencias?

Hay toneladas de hilos de discusión y comunidades en LinkedIn, que es una mina de oro para mentores. Encuentra un hilo o comunidad que sea relevante para tu negocio/industria, busca líderes de pensamiento activos y mentores que inicien conversaciones regularmente, y agrega valor a las discusiones que ellos inician. Así es como construyes tu presencia. No solo le pides algo a alguien, ¡ganas tu lugar como su mentee!

Diga que está buscando trabajo y se encuentra con alguien influyente en una industria donde desea establecerse. Se le presenta a la persona en un evento de networking/seminario. ¿Qué hace a continuación? ¿Les pide un trabajo? ¡Parecerá un perdedor total! En su lugar, ¿qué tal si les pide un pequeño favor (revisar su CV para obtener sugerencias o comentarios antes de enviarlo a posibles empleadores)?

De esta manera, presentarás ingeniosamente tu conjunto de habilidades completo ante ellos, mientras te mantienes en su mente cuando surja un rol similar. Pueden conocer a alguien que podría utilizar tus habilidades o pueden contactarte para una posición en su organización o en la de sus referencias. No pediste directamente un trabajo al influencer, pero aun así hiciste avances en el mundo de oportunidades dentro de su organización o industria. Ser inteligente y ingenioso es la clave.

Además, a las personas realmente les agrada cuando les pides que compartan su opinión sobre algo. Así que, estás cumpliendo un doble propósito al pedir a mentores de alto nivel que revisen tu currículum.

Hábito 67 – Pasar tiempo con personas activas aumenta nuestra propia energía de 'hacer'

La investigación ha demostrado que nos volvemos más como las cinco personas con las que pasamos más tiempo. Obviamente, cuando pasas tiempo con personas, ya sea que te guste o no, terminamos asumiendo su energía a un nivel subconsciente. Ocurre de manera tan sutil y sin saberlo que ni siquiera lo notas. Así, si pasas más tiempo con personas atrapadas por la inercia, la procrastinación, la pereza, la negatividad, etc., comienzas a pensar y sentir como ellas.

En su lugar, elige a las personas con las quepasas más tiempo.

Relaciona con los exitosos y ricos para adquirir su energía dinámica, mentalidad y acciones. Estar con personas que discuten ideas y soluciones en lugar de problemas. Pregúntate si interactuar con una persona añade valor a tu búsqueda de ser exitoso y rico. ¿Contribuyen a tu crecimiento general?

Me gustaría que hicieras un pequeño experimento la próxima vez que estés con un grupo mixto de personas o en una fiesta de oficina. Interactúa con un grupo de personas de alto rendimiento o exitosas y con un grupo de personas que no rinden tan bien o que son de rendimiento medio. Las charlas del primer grupo serán muy diferentes de las del segundo.

Mientras que los intérpretes siempre consideran en términos de su próxima acción, ideas o soluciones, los intérpretes promedio estarán ocupados culpando al sistema, a otras personas y a las circunstancias por su inacción. Tendrán un enfoque más reactivo que proactivo. Sus charlas se centrarán en excusas y problemas, ¡no en soluciones e ideas!

Rápidamente aprenderás a distinguir entre estos dos grupos y harás un esfuerzo por rodearte de personas exitosas una vez que observes cómo impacta en tus propios pensamientos, acciones, mentalidad y hábitos.

La mayoría de las personas exitosas y adineradas no se volvieron ricas y exitosas de la noche a la mañana. Transformaron su vida al provocar una transformación en su mentalidad. Antes de poder adquirir riqueza y éxito en persona, empezaron a pensar como ricos y exitosos. Cuando te mezclas con estas personas ricas y exitosas, desarrollas las mismas ideas ganadoras y una mentalidad de solución.

Hábito 68 - Mantente en contacto

No esperes recibir una respuesta con un solo correo electrónico o comentario en redes sociales. Cuando te acercas a las personas directamente para que sean tus mentores, hay diferentes formas de hacerlo. Probablemente los conociste en un evento de networking y no quieres que te olviden, en cuyo caso puedes enviarles un mensaje o correo electrónico diciendo que fue maravilloso conocerlos y que te gustaría mantenerte en contacto con ellos para futuras asociaciones/colaboraciones.

Deja mensajes en días festivos y festivales para que sigas presente en su conciencia. A veces, cuando pides algo, es posible que no respondan o que respondan negativamente, diciendo que están ocupados. Acepta esto con gracia y diles que comprendes. Intenta enviarles información o enlaces que sean relevantes e interesantes para ellos en el futuro. Intercambiar correos electrónicos sobre recomendaciones de libros, blogs, artículos de periódicos y preguntas es una buena manera de mantenerte conectado con tus mentores.

Es posible que no te reúnas frecuentemente con estas personas. Sin embargo, pregúntales amablemente por sus sugerencias y aplícalas. Dale tiempo a la relación para que se desarrolle. Sin embargo, mantén el impulso manteniéndote en contacto con ellas regularmente. Si te ofrecen una sugerencia, un consejo o una recomendación que ha funcionado, no olvides enviarles un correo mencionándolo. Los mentores estarán aún más animados a ofrecer sus consejos, sugerencias y recomendaciones a las personas que realmente lo aprecian.

Crea razones inteligentes para dar seguimiento a la persona y mantener la conexión y relación de manera continua. Si discutiste un tema específico con ellos durante tu reunión cara a cara, envíales blogs o artículos relacionados con ese tema junto con una nota sobre cuánto disfrutaste discutir el asunto con ellos y pensaste que podrían encontrar el blog/artículo interesante o valioso. Agrega referencias o fragmentos de la conversación que ambos compartieron.

Nunca olvides enviar una nota de agradecimiento si te hacen un favor o te ofrecen valiosos consejos/sugerencias/recomendaciones. Si algo que te dijeron los mentores funcionó maravillosamente bien, no olvides mencionárselo. Sigue encontrando razones y oportunidades para mantenerte conectado. No tiene sentido construir tu red sin hacer un esfuerzo por mantener el contacto regularmente.

Hábito 69 - Tómate en serio tu oficio

Cuando te acerques a alguien que es altamente exitoso en su campo, hay muchas posibilidades de que se tome su oficio muy en serio. Las personas exitosas y bien posicionadas desprecian a los que desperdician energía y tiempo. Tienes que demostrar que tomas tu oficio en serio para que ellos te tomen en serio. Mantén la misma intensidad, pasión, energía y entusiasmo por el trabajo que ellos. Muéstrales cómo estás preparado para hacer un esfuerzo adicional solo para aprender de ellos. Amplía los límites. Deja que tu energía y entusiasmo contagien a los demás.

Hábito 70 - Evita ser un aprendiz pasivo

Conozco personas que piensan que han alcanzado el éxito del mundo una vez que se aferran a un mentor. No funciona así. No eres un aprendiz pasivo. Tú estás a cargo de tus metas, cultivando una relación con tu mentor, buscando activamente su consejo y asistiendo a eventos cada vez que se te presenta la oportunidad.

Tus esfuerzos no deberían terminar una vez que consigas un mentor. Construir una red fabulosa de mentores requiere compromiso, tiempo y energía. A veces, tendrás que viajar a lugares lejanos solo para conocer a alguien a quien siempre has admirado de una industria. Conócete a ti mismo, tus valores y tu estilo de trabajo para obtener el máximo valor de tu relación con el mentor.

Hábito 71 – Encuentra a alguien que complete las lagunas de tu conjunto de habilidades

No persigas a un mentor que sea tu clon. Por supuesto, quieres encontrar a alguien cuyas ideologías, valores y estilo de trabajo coincidan con los tuyos. Sin embargo, busca a alguien que pueda compensar las deficiencias en tus habilidades. Hay valor en hacer que tus fortalezas sean aún más fuertes, pero hay un mayor valor cuando alguien puede ofrecerte orientación y consejo en un área en la que claramente estás luchando. Alguien que pueda complementar tus habilidades hace un gran mentor.

Construir éxito y riqueza se trata de estar en un estado constante de aprendizaje y tener a las personas adecuadas a tu alrededor para acelerar el proceso de aprendizaje. Es importante que el mentor complemente tus propias fortalezas.

Por ejemplo, puedes ser un maravilloso diseñador de aplicaciones que crea las aplicaciones más elegantes con la destreza tecnológica necesaria. Sin embargo, puedes carecer del sentido comercial para promocionar estas aplicaciones a los usuarios. Un buen mentor es alguien que puede intervenir y llenar el vacío para ayudarte a generar mejores ideas de marketing y promoción.

Hábito 72 – Evita seguir a un mentor ciegamente

Entiende que nadie puede vivir tu vida. Los mentores están ahí para ofrecerte consejos, sugerencias y perspectivas basadas en su experiencia. Sin embargo, estos pueden no ser adecuados para ti o pueden necesitar algunos ajustes o puede que necesites construir sobre sus ideas. Los mentores no pueden tomar decisiones drásticas o unilaterales por ti.

Solo pueden ofrecer sugerencias. Si debes aplicar estas sugerencias y recomendaciones a tu negocio/trabajo debería ser tu decisión y opción. El papel de un mentor es más ayudar a reflexionar sobre algo que seguirlo ciegamente.

Hábito 73 - Tómate el tiempo para hacer conexiones genuinas

No fingas ser una mariposa social saltando de un grupo a otro, dando la impresión de que conoces a mucha gente. Lo que importa es la calidad de tus conexiones, no la cantidad. Tómate un tiempo para hacer conexiones genuinas con cada persona. Explora cómo puedes agregar valor a lo que están haciendo y cómo puedes beneficiarte de su experiencia y conocimientos. No te apresures de una persona a otra en un intento de adquirir muchas tarjetas de presentación. Sin embargo, pasar media hora con un buen contacto es más valioso que pasar de 2 a 3 minutos con 10 contactos.

Aprovecharás al máximo tus oportunidades de networking al enfocarte con láser en contactos genuinos. Identifica un puñado de líderes, mentores y contactos, y concéntrate en ellos en lugar de adquirir un montón de tarjetas de presentación sin sentido, donde las personas ni siquiera recuerdan haberte conocido. Tómate el tiempo para averiguar cómo tú y el líder/mentor pueden agregar valor a los proyectos o negocios del otro. Si les ofreces una propuesta de valor sólida, es probable que se asocien contigo de alguna manera.

Construir conexiones se trata de nutrir relaciones. No olvides agradecer a tus mentores, influencers o líderes de pensamiento por sus sugerencias, información o ayuda. Toma notas sobre lo que se discutió en tu última interacción con ellos para poder impresionarlos al referirte a la conversación anterior. Esto añade un toque personalizado a la correspondencia.

Hábito 74 - Intenta ser parte de la mayor cantidad posible de grupos profesionales

Sé parte de grupos profesionales, organizaciones, cuerpos

empresariales y clubes, tanto en línea como fuera de línea, donde es más probable que se reúnan personas de tu industria. Estos son excelentes lugares para encontrarse con personas afines de las que puedes aprender o colaborar en el futuro. No te pierdas los eventos de networking empresarial, seminarios, conferencias, charlas, exposiciones y almuerzos dentro de tu ciudad o industria. Estos son los mejores lugares para conocer a personas de tu campo.

Hábito 75 - Ofrecerse como voluntario para contactar a las personas

Un consejo profesional que puedo ofrecerte para causar una impresión positiva en las personas es el voluntariado. Asume responsabilidades adicionales dentro de tu organización/fuera de la organización o ofrece ayudar al mentor y ve más allá de tu deber. Esta es una excelente manera de atraer la atención de las personas y aumentar tu visibilidad. Cuando haya una oportunidad adecuada para una colaboración, asociación o trabajo, tu disposición proactiva aumentará tus posibilidades de ser considerado sobre otros. Intenta buscar consejos de expertos sobre cómo expandir tu red.

Hábito 76 – Aprovecha el poder de tus contactos sociales pidiendo referencias

¿Recuerdas la regla de los seis grados de separación? Establece que cada persona en el planeta puede estar conectada a otra persona a través de un enlace que comprende un máximo de cinco conocidos o contactos. Esto significa que estás más cerca de tu mentor de lo que piensas. Simplemente tienes que aprovechar el poder de tu lista de contactos existente para construir más contactos o adquirir un mentor. Conocer personas a través de contactos que ya conoces te ahorra la molestia de acercarte a tu mentor como un extraño. Si deseas que te presenten a un gran líder o mentor dentro de la industria, pasa un tiempo con personas que lo/la conozcan.

No pidas sus datos de contacto ni solicites una cita de inmediato.

Haz una solicitud educada para que te presenten al importante. Presta atención a la función de presentación en LinkedIn, donde los contactos existentes pueden presentarte a nuevos conocidos profesionales.

Cuando veas un gran grupo en un evento de networking empresarial y conozcas a algunas personas del grupo, acércate y saluda a las personas que conoces, mientras te presentas a nuevos conocidos. Intercambia tarjetas de presentación y trata de obtener los datos de contacto de todos. Por supuesto, este no es el lugar para pedir un trabajo, asociación, mentoría, negocio o ningún favor. En cambio, pregunta por las sugerencias, consejos o recomendaciones de la persona.

Recuerda que estás aprovechando estos contactos para el futuro, lo que significa que los favores inmediatos son un gran no-no. Por ejemplo, si estás buscando un trabajo, no puedes pedirle a alguien un trabajo de inmediato. En cambio, puedes buscar su consejo sobre consejos que puedan ayudar en tu búsqueda de empleo. Esto te presenta como un profesional menos desesperado y más creíble.

El objetivo principal al hacer networking con personas antes de acercarte a un mentor debe ser construir una relación y desarrollar asociaciones profesionales sostenibles y a largo plazo. No busques ganancias rápidas y a corto plazo cuando se trata de construir relaciones con mentores o personas influyentes dentro de tu industria.

Sigue pidiendo a tus contactos existentes referencias o introducciones. Cada persona que conoces, a su vez, conoce alrededor de 200 personas. No dejes una valiosa fuente de red sin aprovechar. Una de las maneras más rápidas de hacer crecer tu red es solicitar recomendaciones a tus contactos existentes. Estarán aún más felices de compartir nombres de su lista de contactos si tú compartes algunos de la tuya.

Hábito 77 – Consigue un compañero de escucha

Cuando hablas, solo refuerzas lo que ya sabes. Sin embargo, cuando escuchas, aprendes algo nuevo. Evita hablar todo el tiempo para impresionar a un posible mentor y escucha. Pide el consejo, la opinión y la perspectiva de la otra persona sobre un tema importante dentro de la industria.

Deja que ellos añadan valor a tu conocimiento. Si sigues hablando, la otra persona tendrá la impresión de que no estás interesado en lo que están diciendo. Además, ofrece reconocimientos verbales y no verbales de que les estás escuchando atentamente. Las pistas verbales pueden ser "ajá", "ohh" y "hm", mientras que las pistas de escucha no verbal pueden ser asintiendo con la cabeza. También puedes parafrasear lo que la otra persona dijo para demostrar que has estado escuchándoles activamente. También me gusta hacerle preguntas a la persona sobre lo que dijo, no solo para comprobar mi comprensión, sino también para señalar de manera astuta a la otra persona que he estado escuchándoles atentamente. A menudo no nos damos cuenta de que nuestras habilidades de escucha impresionan a las personas tanto como nuestras habilidades de habla. Puedes plantear preguntas profundas sobre algo que han dicho para deslumbrarles.

Consejos para acercarse a influencers y líderes de pensamiento en redes sociales y otras plataformas en línea

Hábito 78 – Investigación y más investigación

Hay múltiples herramientas como Buzzsumo (con su potente conjunto de influencers) que te permiten no solo descubrir, sino también contactar y estudiar datos de influencers. Tienen un práctico motor de búsqueda que permite a las personas encontrar a los influencers más poderosos en cualquier tema/industria. También hay características adicionales que ayudan con tu plan de alcance. Otra aplicación útil que te permite identificar influencers en redes sociales y monitorizar conversaciones es Hootsuite. Puedes crear y guardar una lista de Twitter en la plataforma para rastrear fácilmente los detalles de tus influencers y tu compromiso. ¿Qué tan genial es eso?

Hábito 79 - Únete a los chats en línea en los que tu influencer objetivo esté especialmente activo.

Hay muchas conversaciones ocurriendo en plataformas en línea si estás tratando de perseguir una relación con el influencer deseado y luego participar activamente en las conversaciones. Encuentra las conversaciones más activas y expertos en Reddit, Quora, Grupos de LinkedIn y otros seminarios web de nicho. Identifica dónde se reúnen tus influencers y comienza a hacer que tu presencia se sienta en estas plataformas. Twitter es un buen lugar para comenzar a impresionar a los influencers dentro de tu industria. Organizadas por un hashtag, hay muchas conversaciones ocurriendo en el mundo en línea. Encuentra las que sean relevantes para tu industria o área de experiencia y ¡dalo todo!

Hábito 80 - Aprovechar contactos mutuos

Esta no es la estrategia más revolucionaria, pero a menudo son los conceptos básicos que ignoramos. Busca cualquier conexión mutua entre tú y el influencer. El mundo es más pequeño de lo que creemos. Acércate a tu propio contacto o seguidor en las redes sociales y pídeles que te presenten al influencer. De esta manera, no se sentirán sorprendidos.

Hábito 81 – Mantenlo organizado

Si estás contactando a muchos influencers con la esperanza de que uno de ellos acepte mentorizarlos, mantén todo organizado. Lleva un registro de las fechas en que te acercaste a ellos, las conversaciones que tuviste, la fecha/hora en que te pidieron que les volvieras a contactar y más. De esta manera, es probable que impresionas a estos influencers con tu diligencia y esfuerzos disciplinados. Además, evitarás muchas situaciones incómodas.

Hábito 82 - Prueba MicroMentor o Mentoría SCORE

Estas dos son plataformas en línea que proporcionan a los propietarios de pequeñas empresas y a los novatos acceso a un mentor. Puedes encontrar muchos mentores aquí o incluso ofrecerte como voluntario para ser uno tú mismo. SCORE Mentoring cuenta con voluntarios con experiencia en 62 industrias, así que hay muchas posibilidades de que encuentres a alguien que conozca tu industria a fondo. Aprovecha el poder de estas plataformas para encontrar tus mentores en línea.

Cómo encontrar y retener un mentor - los pasos

La mayoría de las personas no entienden el concepto de mentoría, y eso me incluye a mí en mis días iniciales también. A menudo pensamos que la mentoría se trata de nosotros y de encontrar al mejor mentor/profesor. ¡No! Necesitas a alguien que no solo conozca bien su oficio, sino también a alguien que invierta en ti y te enseñe. Y, por último, tienes que hacer el trabajo; ¡el mentor solo te llevará a ello! Aquí están mis pasos secretos para no solo conseguir un mentor increíble, sino también para mantenerlo.

Hábito 83 - Busca a alguien a quien quieras emular

No te limites a cazar mentores y a tomar el primer pato que encuentres. No solo necesitas a alguien que sea rico, exitoso y bueno en su trabajo. También quieres a alguien cuyos valores, estilo de trabajo y perspectiva coincidan con los tuyos. ¿A quién aspiras a parecerte? Encuentra a alguien que admires, te guste y con quien puedas identificarte. Tómate tu tiempo para examinar varios candidatos antes de decidirte por tu mentor, que es probablemente la persona en la que quieres convertirte en unos años.

Hábitos 84 - Investigar a la persona

Una vez que hayas identificado a un mentor o un par de mentores, conócelos a fondo. Sigue sus blogs y cuentas de redes sociales. ¿Te gusta su persona pública? Asegúrate de comprender sus fortalezas y limitaciones. Mantén expectativas realistas.

Hábito 85 - Programar una reunión

Como discutimos anteriormente, no pidas a la persona que sea tu mentor. En su lugar, prepara una lista de preguntas, pero no la saques a la vista del mentor. Úsala para guiar tus conversaciones, que deben fluir de manera orgánica. Adáptate al estilo de comunicación del mentor. Si él/ella es más formal, adopta un enfoque similar. Sin embargo, no caigas en la trampa de actuar como viejos amigos si él/ella actúa muy relajado y casual. Evita tomar libertades con tu mentor y mantén la relación de mentor-aprendiz durante todo el tiempo.

En lugar de solicitar una reunión formal, pide hablar con tu mentor mientras tomas un café o en un brunch. Mantén la charla en menos de un par de horas. La primera reunión debe ser clara y concisa para que ellos anhelen volver a conocerte. Si se alarga demasiado, los harás huir.

Hábito 86 – Evaluar la interacción

Una vez que conozcas a esta persona, pregúntate si quieres pasar más tiempo interactuando con ella. ¿Cómo son sus vibras? ¿Te hacen sentir positivo, inspirado y motivado para alcanzar tus metas? ¿Te hicieron suficientes preguntas y las correctas? ¿Te proporcionaron respuestas a las preguntas que planteaste? ¿Sentiste una conexión con ellos? ¿Crees que la relación puede continuar a lo largo del tiempo? Si la respuesta es mayormente sí, crea un plan de seguimiento.

Hábito 87 – Seguimiento

Está bien, ahora esto no es como salir. Puedes parecer ansioso y demasiado ambicioso. De hecho, debes mostrar un entusiasmo extra por ser el aprendiz de alguien. Solo asegúrate de no parecer demasiado desesperado. Hay una delgada línea entre los dos. Haz un seguimiento agradeciendo al mentor por su tiempo, paciencia y conocimientos. Puedes enviar un correo electrónico o un mensaje de texto sin parecer agobiante.

Aprovecha esta oportunidad para mencionar que te gustaría volver a encontrarte con ellos. Si él/ella está de acuerdo, toma un calendario y fija una fecha y hora inmediatamente si puedes. Asegúrate de que el mentor esté relajado y no se sienta presionado a ceder a tu solicitud.

Hábito 88 – Deja que la relación se desarrolle de manera natural

No pongas demasiadas expectativas en el mentoreo ni fuerces la construcción de relaciones. Permite que evolucione de manera natural a lo largo del tiempo. Es muy parecido a cualquier otra relación, basada en la confianza mutua, la lealtad y el respeto. Dale tiempo para florecer. Forzar la relación solo matará una relación maravillosa que de otro modo sería.

Capítulo Once: Mantén un Enfoque Proactivo, No Reactivo

Una joven pareja estaba haciendo preparativos para la cena. La señora cortó los bordes del jamón antes de ponerlo en una bandeja para hornear. Su esposo le preguntó por qué lo hacía, ya que parecía un desperdicio.

La dama respondió. "Realmente no lo sé." Corté los bordes del jamón antes de hornearlo porque eso es lo que vi hacer a mi mamá."

La pareja luego se acercó a la madre de la dama y le preguntó por qué cortaba los bordes del jamón antes de hornearlo. "No lo sé. Mi madre siempre lo hacía y yo seguí su ejemplo."

A continuación, van a la abuela de la dama y le preguntan por qué siempre cortaba los extremos del jamón antes de hornearlo. Pat vino la respuesta: "esa era realmente la única manera en que podía hacer encajar el jamón en mi sartén pequeña."

Esto es prácticamente lo que la mayoría de las personas hace en su vida. Viven su vida en piloto automático, haciendo lo que hacen otras personas sin tomar el control de su vida o saber por qué hacen lo que hacen. Caminar dormido a través de la vida no te llevará a ninguna parte. Apenas nos detenemos a reflexionar sobre por qué hacemos lo que hacemos. Simplemente reaccionamos a lo que se nos presenta en lugar de ser lo suficientemente valientes como para construir nuestro propio camino. Hay múltiples opciones disponibles para nosotros y en nuestra perspectiva limitada y reactiva de las cosas – no logramos ver el panorama completo.

No hagas lo que otros hicieron con su 'pan.' Tienes tu propio 'pan' único. Sé lo suficientemente proactivo para determinar cómo y por qué haces algo.

Déjame ser claro como el cristal aquí: raramente vas a construir una vida próspera, exitosa y satisfactoria adoptando un enfoque reactivo. Las personas reactivas son guiadas por sus circunstancias externas, otras personas y cosas fuera de su control, lo que significa que si mantienes un enfoque reactivo, estás limitando tus posibilidades de éxito. Si tu empresa está en una ronda masiva de despidos para reducir costos y pierdes tu trabajo, ese es el fin del mundo para ti. Las personas reactivas responden a circunstancias y a otras cosas que están más allá de su control, mientras que las personas proactivas aceptan la responsabilidad de sus acciones, independientemente de sus circunstancias, personas y otros factores que están fuera de su control. Ellos sostienen el volante de su vida y la llevan a donde quieren, sin importar los baches y obstáculos a su alrededor. En lugar de ofrecer excusas o culpar a otros o esperar a que una oportunidad llame a su puerta, ¡salgan y creen puertas!

Las personas proactivas aceptan la responsabilidad de sus acciones y se hacen responsables de todo lo que hacen. O tienes una razón para tener éxito, donde tienes éxito a pesar de todos los obstáculos, o tienes una excusa para no tener éxito, donde fracasas a pesar de que se te ofrecen varias oportunidades. No puedes tener ambas cosas. Las personas reactivas tienen excusas, mientras que las personas proactivas tienen razones convincentes para tener éxito (sus motivos).

Acepta lo que está más allá de tu control y trabaja en ello. Hay algunas cosas que estarán fuera de tu control por mucho que desees cambiarlas. Tu raza, color de piel, etnia, antecedentes familiares, circunstancias de crecimiento, altura, lugar de nacimiento o lugar donde fuiste criado y otros. Estos son algunos ejemplos de factores que están más allá de tu control. Simplemente no puedes hacer nada al respecto.

Todo lo que puedes controlar es cómo reaccionas ante ello. Puedes quejarte del hecho de que naciste en un entorno desfavorecido y racial, o puedes convertir tus supuestas debilidades en fortalezas y llegar a ser un campeón empático de las personas de diferentes ámbitos de la vida al ser el presentador de televisión mejor pagado; piensa en Oprah Winfrey. Las personas exitosas se dan cuenta bastante pronto de que están a cargo de su vida y que la clave para desbloquear su destino de ensueño está en sus manos.

Sé que algunos de ustedes están pensando, sé que es genial ser proactivo, pero estoy luchando por desarrollar una mentalidad proactiva. No se preocupen, al igual que otras estrategias y principios de éxito, también aquí los tengo cubiertos. Aquí están algunos de mis mejores consejos para desarrollar un enfoque más proactivo.

Hábito 89 – Enfócate en soluciones, no en problemas

Una gran diferencia entre las personas proactivas y reactivas es que mientras las personas reactivas se centran en los problemas, las personas proactivas son centradas en soluciones. Ellos eligen enfocarse en la solución en lugar de obsesionarse con un problema. Todos se enfrentan a desafíos y circunstancias que están más allá de su control. Sin embargo, cómo abordar estos obstáculos es lo que distingue a un ganador de un perdedor. Olvida lo que está fuera de tu ámbito de control y, en cambio, concéntrate en lo que puedes hacer.

En el ejemplo de despido anterior, no puedes controlar la recesión global y el aumento de los costos operativos. Sin embargo, puedes controlar cómo decides usar el tiempo que tienes una vez que te despiden. Puedes volver a la universidad, aprender un curso para mejorar tus habilidades, tomar un trabajo a tiempo parcial mientras estudias, construir un negocio en línea desde casa, o hacer varias otras cosas similares. Este es un enfoque proactivo. Un enfoque reactivo o de víctima sería: "Me han despedido o me han afectado las difíciles condiciones del mercado. No puedo hacer nada al respecto, solo esperar otro trabajo. Este es mi destino miserable." ¿Ves la diferencia? Las personas proactivas nunca se comportarán como víctimas. Tendrán una visión más dinámica, amplia y orientada a soluciones de la vida.

Aprende a ganar tus desafíos en lugar de culpar a otras personas o circunstancias por ello. Tú solo eres responsable de cumplir tus objetivos y resolver tus problemas. Aunque muchas personas te apoyarán y te nutren, tú solo eres responsable de tu éxito o fracaso. Asume la responsabilidad de los desafíos en tu vida y conviértelos en oportunidades. Trabaja para resolver tus problemas en lugar de culpar a otros.

Hábito 90 – Crea tu propia suerte

No puedes dormir hasta que la oportunidad adecuada llegue a ti. Tienes que salir y crear tus propias oportunidades. ¿Qué tal si das unos pasos cada día para ser mejor de lo que eras el día anterior mientras avanzas en una trayectoria progresiva y positiva?

Haz un plano en papel sobre dónde quieres estar. Esboza hitos para ti mismo con plazos precisos. Las cosas no suceden solo porque las desees con desesperación. Suceden cuando haces que sucedan.

Hábito 91 – Anticipa el futuro y ten tu plan listo

Las personas proactivas no se sientan a esperar ser arrastradas por la lluvia. Estarán listas con sus paraguas. Desarrolla un enfoque más proactivo hacia la vida anticipando el futuro y preparándote con suficiente antelación. Al considerar los problemas potenciales que pueden surgir en el futuro, puedes planificarlo con tiempo. Supongamos que has planeado unas vacaciones dentro de unos meses. Comienzas a ahorrar fondos para las vacaciones reduciendo las comidas fuera y optando en su lugar por comidas caseras o eligiendo café en la máquina expendedora en lugar de comprarlo en cafeterías.

Esto te ayuda a cuidar tus gastos de comida, viaje y actividades durante el destino. Un enfoque reactivo sería planificar actividades, comida y otros gastos dependiendo de la cantidad que te quede durante el tiempo de tus vacaciones. El primer punto en el que trabajar para desarrollar un enfoque proactivo es anticipar el futuro y prepararse para él.

Las personas con una mentalidad proactiva tienen una gran perspicacia. Rara vez son sorprendidas o están desprevenidas ante cualquier problema. Comprende cómo funciona todo a tu alrededor. Observa patrones, identifica rutinas regulares y anticipa lo inesperado. ¿Cuáles son las prácticas diarias en tu trabajo o negocio? ¿Cuáles son sus ciclos naturales? ¿Cuáles son los factores inesperados que pueden impactar tu negocio o trabajo? De igual manera, no te limites por el pasado cuando se trata de hacer predicciones o anticipar el futuro.

Utiliza tu imaginación para anticipar resultados futuros. Usa una combinación de lógica, ingenio y creatividad. Propón varios escenarios de cómo pueden desarrollarse los eventos en el futuro. Algunas de las personas más proactivas que conozco están siempre de pie - anticipando, pensando, planeando y ejecutando. Son personas trabajadoras que no creen en quedarse atrás o volverse complacientes.

Hábito 92 – Participar en lugar de ser una audiencia pasiva

Sé parte de tantas oportunidades, responsabilidades e iniciativas como sea posible sin agotarte. Si hay una responsabilidad adicional que asumir en tu lugar de trabajo, ¡ofrécete proactivamente para ello! Sé parte de iniciativas comunitarias, competencias y eventos. No seas una audiencia pasiva que simplemente observa a otros hacer lo suyo. Levántate, sal y hazte visible. ¡Esta es la única manera de atraer más oportunidades hacia ti, en lugar de sentarte y esperar a que sucedan!

Conozco a muchas personas que simplemente asisten a las reuniones sin aportar ningún valor ni sus propias ideas, y luego se preguntan por qué no son promovidos. Aporta tus propias ideas en las reuniones y contribuye para añadir valor a cualquier esfuerzo profesional. No te limites a escuchar o reaccionar a las sugerencias de otras personas, incluye las tuyas. Observar desde la línea de banda no es lo mejor que puedes hacer si deseas desarrollar un enfoque más proactivo.

Hábito 93 – Evita saltar a conclusiones negativas y gestiona tus reacciones

Es fácil sucumbir a impulsos emocionales o hacer juicios apresurados. Las personas proactivas raramente se involucran en pensamientos catastróficos o se rinden ante sus emociones. Reúne toda la información que puedas antes de llegar a una conclusión. Mantén una perspectiva más amplia y abierta para pensar lógicamente y encontrar soluciones más equilibradas.

Así que le enviaste un mensaje a alguien y no respondió. No asumas automáticamente que él/ella te está evitando o que deliberadamente no está contestando tus llamadas. Piensa en pensamientos más equilibrados o realistas, como que debe estar ocupado, conduciendo o que no debe tener su teléfono con él/ella en este momento. Pueden haber innumerables posibilidades.

En lugar de imaginar lo peor, piensa en posibilidades más realistas. Este es otro super consejo para construir un enfoque proactivo.

Ser proactivo requiere que te pongas en el lugar de la otra persona para entender las cosas desde su perspectiva. Esto evita que veas las cosas únicamente desde tu perspectiva y te otorga la capacidad de intentar encontrar una solución.

Hábito 94 - Rodéate de las personas adecuadas

Rodearte de personas positivas, trabajadoras, inspiradoras y proactivas es una de las mejores maneras de desarrollar la mentalidad de un ganador. Dedica tu tiempo y energía a personas que tienen empuje. No puedes pasar una gran parte de tu tiempo con personas reactivas que se hacen las víctimas y esperar demostrar un enfoque más proactivo. Evita a las personas perezosas, desmotivadas y negativas como a la peste. Te arrastrarán con su mentalidad negativa, y serás consumido por su inercia antes de que te des cuenta.

Hábito 95 - Haz un inventario de tus tareas

Ser proactivo se trata de estar organizado. Esto puede incluir desde tu mentalidad hasta tu espacio de trabajo físico y tu horario. Organizar proactivamente tus tareas permite que se completen de manera más eficiente y te da más tiempo para explorar oportunidades. Lleva una vida equilibrada, programa un tiempo de inactividad para el ocio y mantén una perspectiva general positiva en la vida. Evalúa tus responsabilidades. Siempre sé el empleado, trabajador o empresario dispuesto a hacer un esfuerzo adicional. Una actitud lista y dispuesta te hace más proactivo. Serás visto como alguien en quien se puede contar. Aquí hay una lista de preguntas que puedes hacerte para desarrollar una mentalidad más proactiva.

1. ¿Cuáles son tus tareas/objetivos a largo plazo y a corto plazo?
2. ¿Cuáles son tus prioridades actuales?
3. ¿Qué tareas puedes consolidar, acortar o eliminar por completo?
4. ¿Cómo puedes mantenerte al día con tareas que no son urgentes?

5. ¿Qué cosas necesitas aprender para ser excepcionalmente bueno en tu trabajo?
6. ¿Cuál es tu enfoque para resolver problemas?
7. ¿Puede prever problemas y planificar alternativas y soluciones en anticipación a estos problemas?
8. ¿Puedes automatizar tareas para volverte más efectivo y ahorrar tiempo?

Como persona proactiva, aprende a hacer las cosas. Hazte responsable de completar una tarea. Asegúrate de lograr algo en el tiempo designado. Una de las mejores maneras de aumentar tu responsabilidad hacia el objetivo o la tarea es enlistar la ayuda de un compañero de responsabilidad. Esta persona es alguien en quien puedes confiar y que te hace responsable de tus acciones mientras te recuerda constantemente tus metas.

Otra manera que funciona maravillosamente bien para algunos es comenzar a escribir un blog de responsabilidad o publicar en redes sociales. Cuando te comprometes públicamente a un objetivo o tarea, hay mayores posibilidades de que los cumplas porque obviamente no quieres ser visto como una persona que no cumple su palabra o que es demasiado perezosa para trabajar en lo que se compromete. Haz un seguimiento de tu progreso a través de tu blog. Esto no solo te ayudará a mantenerte en el camino de tus objetivos, sino que también se convertirá en un viaje para inspirar a otros.

Hábito 96 - Cuanto más haces, más aprendes

Me encantaría decirte que el secreto para ser una persona rica y exitosa es solo leer o escuchar libros electrónicos como estos. Desafortunadamente, así no es como funciona. Puedes adquirir todo el conocimiento e inspiración del mundo, pero es inútil si no lo implementas. El conocimiento gana poder solo cuando se pone en acción. Las personas proactivas no solo leen, ven y escuchan cosas inspiradoras para sentarse y incubar huevos. Se esfuerzan por aplicar el conocimiento que adquieren actuando rápidamente sobre él. Para ellos, el fracaso es preferible a la inacción.

Cuando las personas proactivas fracasan, aprenden una forma más de no hacer algo o se dan cuenta de que necesitan cambiar o repensar su estrategia. Digamos que construyes tu propio blog/página de crianza en Facebook y sigues publicando contenidos asombrosos en él. Quiero decir, al menos tú crees que estás publicando contenido fenomenal. Promocionas agresivamente tu blog para dirigirte a un grupo de audiencia adecuado (piensa en padres) utilizando concursos e invitando a amigos a que les guste tu página. Sin embargo, a pesar de que has construido un seguimiento bastante impresionante en un corto período de tiempo, el blog no presume de un gran compromiso en términos de Me gusta, comentarios, publicaciones de usuarios y conversaciones.

Te das cuenta de que, aunque lograste conseguir rápidamente muchos seguidores debido a los concursos y las invitaciones de amigos, no atrajiste un grupo de audiencia realmente interesado, lo que llevó a un bajo compromiso. Probablemente, la gente siguió el blog solo para ganar algunos premios o porque se sentía obligada a hacerlo, ya que eran tus amigos. Esto lleva a la realización de que necesitas una audiencia que esté realmente interesada en tu blog. Así, comienzas a dirigir tu público con publicidad en Facebook. ¿Por qué te estoy contando todo esto? ¿Cómo demonios sabrías qué funciona y qué no si no tomas acción? Todas las personas exitosas y ricas que han logrado el dominio de la vida tomaron acción en la dirección de sus sueños. Intentaron, fracasaron, ajustaron, reinventaron, duplicaron y así sucesivamente. Sin embargo, solo pudieron hacer todo esto porque fueron lo suficientemente proactivos como para implementar el conocimiento adquirido.

¿Cómo sabrías qué funcionó o no funcionó para un blog de crianza si no comenzaste uno en primer lugar? Sí, hay otros sistemas que duplicar, pero algunas lecciones internas tendrás que aprender por tu cuenta. Nadie va a compartir todas sus estrategias secretas de éxito contigo. Ni siquiera los mejores mentores. Es tu viaje único, que debe ser vivido y definido solo por ti, demostrando un enfoque más proactivo. Existen sistemas, pero tendrás que darles tu propio giro basado en tu enfoque, objetivos e ideales únicos.

En el ejemplo anterior, si simplemente hubieras leído sobre cómo construir un blog en Facebook y no hubieras actuado por miedo a no generar lo suficiente, ¿habrías aprendido la manera correcta de hacerlo? No tuviste éxito desde el principio. Sin embargo, obtuviste información sobre lo que no funciona, ¿no es así? ¡Ahora estás armado con conocimiento y sabiduría sobre cómo construir una comunidad de seguidores más comprometida en Facebook! No dejes que el miedo al fracaso te sumerja en la inacción. No aprenderás nada si ni siquiera lo intentas.

Sé proactivo acerca de tus fracasos. En su libro más vendido Cómo ser una Bawsee, la estrella de YouTube y artista/performer Lily Singh menciona cómo nunca puede hacer las omelets perfectas. Según su propia admisión, los huevos siempre se rompen "en al menos tres piezas".

A partir de entonces, en lugar de abandonar la tortilla menos que perfecta, se deleita con huevos revueltos al romperlos en pedazos aún más pequeños con una espátula.

¿Por qué debería el fracaso significar un callejón sin salida para una idea, empresa o proyecto? Reúne tu omelet imperfecto y conviértelo en deliciosos huevos revueltos al ser más proactivo. A veces, puede que tengas que empezar de nuevo después de experimentar un fracaso. Sin embargo, a veces el fracaso también puede ser la puerta a un éxito inesperado. Esto sucederá con más probabilidad solo cuando tengas un enfoque más proactivo para enfrentar los desafíos de manera directa en lugar de adoptar un enfoque reactivo, donde culpas a todo lo que te rodea por tus fracasos.

Capítulo Doce: Desarrolla tu músculo de perseverancia

"Temo no al hombre que ha practicado 10,000 patadas una vez, sino al hombre que ha practicado una patada 10,000 veces." – Bruce Lee

Aquí hay algunas maneras poderosas de fortalecer tu músculo de perseverancia y determinación.

Hábito 97 – Empújate poco a poco cada día

Hacer pequeños incrementos en tu progreso diario es una excelente manera de desarrollar perseverancia. Digamos que caminas 2 millas cada día o haces 100 flexiones al día. Intenta aumentar este número gradualmente. Camina una media milla adicional o intenta acomodar 110 flexiones en tu entrenamiento. Pequeñas distancias aumentarán tu capacidad para correr durante más tiempo sin sentirte agotado. El objetivo es esforzarte para hacer más saliendo de tu zona de confort. Si te sientes cómodo escribiendo 15 páginas al día, esfuérzate por hacer 17-18. Gradualmente, aumenta esto a 20 páginas al día. Sigue aumentando tu capacidad para sostener. Esfuérzate lentamente para evitar el agotamiento.

Hábito 98 – Enfrentar cualquier crisis de manera lógica, equilibrada y con calma

No hay necesidad de convertir todo en tu vida en una telenovela o saga. Enfrenta los desafíos de una manera lógica y racional. El estrés es un componente inevitable en la vida de cualquier persona exitosa. Donde hay éxito, riqueza y gloria, seguramente hay una responsabilidad adicional, agotamiento y estrés. A veces, las circunstancias están fuera de nuestro control. Sin embargo, la forma en que elegimos responder a nuestras circunstancias determina la influencia que tienen sobre nosotros.

Hábito 99 - Desarrollar un sólido sistema de apoyo

Construye un sistema de apoyo positivo, poderoso e inspirador del cual derivar fuerza cuando sea necesario. Durante momentos desafiantes, deberías poder compartir tus sentimientos con un grupo de personas cercanas, de confianza y alentadoras. Intercambia tus pensamientos, solicita su apoyo, aprende sobre su trayectoria, obtén retroalimentación positiva, recibe apoyo y habla sobre posibles soluciones. Terminarás ganando una perspectiva completamente diferente sobre una situación.

Hábito 100 – Habla con personas que te inspiran regularmente

Hablar con personas de confianza puede ofrecerte nuevas ideas, perspectivas y soluciones sobre los desafíos, lo que a su vez aumenta tu poder de perseverancia. Simplemente pasar tiempo con personas que son positivas, inspiradoras y solidarias te ayuda a superar situaciones perturbadoras y negativas. Cuando estás lleno de dudas sobre ti mismo, estas personas solidarias disiparán tus nociones incorrectas al animarte. Te ofrecerán una evaluación de la realidad más equilibrada y menos catastrófica.

Hábito 101 - Tómate un descanso

Si tus desafíos parecen demasiado abrumadores para continuar, descansa un rato o toma un breve descanso en lugar de rendirte. Imagina si estuvieras a solo unos centímetros del éxito o de tu destino después de caminar varias miles de millas, y simplemente te rindes porque estás cansado de caminar más. ¿Qué desafortunado sería eso? El éxito a menudo está más cerca de lo que creemos. Si tan solo hubieras dado los últimos pasos, habrías tenido un gran éxito. Cuando algo no logra los resultados esperados, intenta tomar un descanso y cambiar tu estrategia en lugar de simplemente rendirte. Aborda la tarea con una perspectiva fresca y completamente nueva después de un descanso. El verdadero éxito llega a las personas que evitan rendirse.

Una de las autoras más vendidas y ricas del mundo, J.K. Rowling (famosa por Harry Potter), tuvo su manuscrito de Harry Potter rechazado por un asombroso total de 12 editores antes de que Bloomsbury decidiera continuar con la publicación de algunas copias. ¿Habría alcanzado la riqueza, la gloria y el éxito que tiene hoy si hubiera dejado que esos 12 rechazos determinaran su destino? ¿Disfrutarían varios millones de lectores en todo el planeta de su escritura si hubiera dejado que un puñado de personas evaluara su habilidad?

Independientemente de los fracasos pasados, el éxito puede estar mucho más cerca de lo que crees. Tómate un tiempo si te sientes cansado o estresado. Sin embargo, no te rindas. No tendrías nada desde Windows hasta Disneylandia, pasando por la bombilla, los aviones, Facebook o los iPhones si sus fundadores se hubieran rendido debido a fracasos y decepciones tempranas. En lugar de ver los fracasos como obstáculos para tu éxito, míralos como escalones que te acercan al éxito.

Imagina un escenario en el que te ves obligado a recorrer una distancia considerable a pie. Sigues caminando una larga distancia, pero te sientes cansado después de un rato. ¿Qué haces? ¿Regresas todo el camino o simplemente te detienes un momento y continúas? El viaje de tu vida no es diferente. ¡El éxito puede estar más cerca de lo que piensas!

Hábito 102 - Desarrollar una mentalidad de solución

La razón por la que algunas personas se ven superadas por sus problemas es porque los ven simplemente como eso – un problema o un obstáculo. Ve los desafíos y obstáculos desde una perspectiva de soluciones. La falta de capacidad para encontrar soluciones es lo que lleva a las personas a rendirse. Cuando te enfrentas a un desafío, haz una lluvia de ideas. Genera un montón de soluciones, ideas y posibilidades para resolverlo. Tal vez necesites un cambio en el enfoque o un leve ajuste en la estrategia. Identifica diferentes maneras de superar una situación desafiante o abrumadora.

De hecho, ve un paso adelante y piensa en soluciones para problemas o desafíos que puedan surgir. ¡Ten soluciones y un plan B listos! Tu confianza aumentará cuando tengas más soluciones prácticas y viables a tu disposición. Desarrolla la habilidad de pensar en soluciones fuera de lo común.

Hábito 103 - Desarrollar un sentido del humor

Esto es tan fácil y agradable, sin embargo, la gente no aprovecha esto. Cuando los tiempos difíciles llegan a ti, el humor puede llevarte a través de ellos. Mirar el lado más ligero de la situación ayuda a superar el estrés y la ansiedad relacionados con ella. Obtienes una perspectiva diferente y refrescante sobre los desafíos.

Del mismo modo, cuando vemos una película divertida, leemos un libro lleno de risas o asistimos a un espectáculo de comedia en vivo o pasamos tiempo con personas humorísticas, nuestros niveles de dopamina (hormona del bienestar) aumentan. Esto, a su vez, potencia el mecanismo de defensa de tu cerebro. Equilibra situaciones difíciles con cosas agradables que te salven de la desesperación y la depresión. No dejes que las situaciones negativas te consuman o las tomes cada vez más en serio.

Mira el lado más brillante y ligero de las cosas y ríe. Desarrollar un sentido del humor puede que no haga tu problema más pequeño. Sin embargo, aumentará tu capacidad para afrontar el desafío. La riqueza y las personas exitosas entienden que el camino hacia el éxito está lleno de desafíos, y tienen listos sus mecanismos de afrontamiento.

Hábito 104 - Desarrolla una perspectiva positiva sobre tus habilidades y capacidades

La autoestima y la autoimagen de una persona impactan, en gran medida, su capacidad para mantener la perseverancia. Recuerda tus fortalezas, logros, habilidades y momentos gloriosos. Haz una lista de situaciones desafiantes que enfrentaste anteriormente y cómo las superaste. Busca inspiración en momentos positivos.

Hábito 105 - Inscribirse en clases de oratoria

Inscríbete en cursos de oratoria para aumentar tu confianza. Asiste a eventos de networking, seminarios y talleres para conocer personas positivas que te hagan sentir bien contigo mismo. De igual manera, domina nuevas habilidades que aumenten tu confianza, autoestima y fuerza de voluntad. A veces, lo único que necesitas es un poco de desahogo creativo. Intenta redecorar un espacio, escribir un cuento corto o componer un poema.

Hábito 106 – Observa tu autoconversación

¿Cómo es tu conversación interna? Si no está alineada con la positividad, la riqueza y el éxito, es mejor que la sintonices en otra frecuencia. Nuestro diálogo interno puede hacer o deshacer nuestras oportunidades de éxito. Puede ayudarte a navegar a través de situaciones difíciles o sumergirte en el fracaso. Modifica tu diálogo interno para el éxito haciéndolo más constructivo y positivo. Ya has escuchado la famosa cita, "los pensamientos se convierten en cosas." Si tu conversación interna es más autoderrotista, ¡el éxito definitivamente te eludirá!

En lugar de decir: "Nunca puedo hacer esto", di: "Esto puede no ser fácil, pero eso no me impide dar lo mejor de mí. Solo es cuestión de tiempo para dominarlo."

Detente en seco con una acción física (dátele un chasquido con una banda elástica en la mano, pínchate, golpéate en la cabeza, muérdete la lengua - haz lo que quieras) cada vez que participes en un diálogo mental negativo o de "no puedo".

Reemplace palabras y frases negativas por términos más positivos. Deje que su voz interior lo guíe hacia la positividad y las posibilidades. Evite hablar en términos fijos o absolutos como que algo nunca se puede hacer. Mantenga las opciones abiertas y explore alternativas. Diga para sí mismo: "cada paso me acerca más a mi sueño" o "estoy verdaderamente feliz y agradecido de poder aprender esta lección."

Otra cosa contra la que hay que estar alerta es la catastrofización de los eventos o imaginar lo peor. Algunos desafíos y fracasos en el pasado no significan que fallarás en todo lo que hagas. Este no es un pensamiento realista. ¡No permitas que algunos desafíos desanimen tu espíritu! Evita personalizar tus fracasos o culparte por ellos. Supéralos encontrando evidencia en contrario. Piensa en todas las veces que has tenido éxito. Cada vez que pienses que algo no se puede hacer, vuelve a un momento en que creías que no podías hacer algo y terminaste dominándolo.

¿Cuál es la fuente principal de tu autocrítica negativa? ¿Proviene de las personas que te rodean? ¿Estás pasando más tiempo con personas que te instan a rendirte en tus sueños? ¿Están minando tu sentido de valor personal y autoestima al dudar de tus habilidades? Cuando las personas dicen que algo no se puede hacer, están hablando de su incapacidad para hacerlo. No define necesariamente tus habilidades. Mantente alejado de quienes te desvían de tus objetivos porque, invariablemente, impacta en tu autocrítica.

Hábito 107 – Di tus afirmaciones

Las afirmaciones son poderosas declaraciones positivas que se pronuncian repetidamente para ayudar a implantar una idea o meta en la mente subconsciente. Este proceso permite que la mente subconsciente crea en estas ideas/metas y alinee tus acciones con ellas. La clave es seguir diciendo estas declaraciones en voz alta o escribiéndolas continuamente para que el subconsciente las acepte como tu realidad definitiva.

Cuando decimos algo repetidamente, nuestras palabras tienen un impacto tremendo en la mente subconsciente. Hay ciertas vibraciones de energía asociadas con palabras específicas, que crean imágenes mentales positivas y empoderadoras o imágenes negativas y derrotistas. La frecuencia de energía que alimentamos a nuestra mente a través de las palabras y frases que usamos continuamente impacta finalmente nuestras acciones. Así, al alimentarla con imágenes mentales empoderadoras, estamos canalizando nuestra mente subconsciente hacia el éxito, la riqueza y el dominio de la vida.

Comienza esto de inmediato. Empieza creando una afirmación positiva sobre un aspecto de tu vida que deseas cambiar. Por ejemplo, si quieres desarrollar una actitud más proactiva y decidida cuando se trata de reconocer y aprovechar oportunidades, intenta decir: "Soy una persona proactiva y orientada a la acción que siempre está lista para identificar y abrazar nuevas oportunidades."

De manera similar, si deseas ganar dinero, tu afirmación puede ser algo así como: "Soy un poderoso imán de dinero. El dinero viene a mí sin esfuerzo." Si deseas desarrollar una mayor confianza o asertividad, di algo como: "Soy una persona segura de sí misma, asertiva y confiada que tiene control sobre las personas y las situaciones."

www.ingramcontent.com/pod-product-compliance
Lightning Source LLC
Chambersburg PA
CBHW071954290426
44109CB00018B/2017